Constituição da República e Direitos Fundamentais

Dignidade da Pessoa Humana, Justiça Social e Direito do Trabalho

1ª Edição — Junho, 2012

1ª Edição — 2ª Tiragem — Agosto, 2012

1ª Edição — 3ª Tiragem — Outubro, 2012

1ª Edição — 4ª Tiragem — Novembro, 2012

2ª Edição — Maio, 2013

3ª Edição — Abril, 2015

Mauricio Godinho Delgado
Ministro do Tribunal Superior do Trabalho.
Professor Titular do Centro Universitário UDF.
Doutor em Filosofia do Direito (UFMG).
Mestre em Ciência Política pela (UFMG).

Gabriela Neves Delgado
Advogada. Professora dos Programas de Graduação e
Pós-Graduação da Faculdade de Direito da UnB. Líder do Grupo
de Pesquisa "Trabalho, Constituição e Cidadania" (UnB-CNPq).
Doutora em Filosofia do Direito pela UFMG.
Mestre em Direito do Trabalho pela PUC Minas.

Constituição da República e Direitos Fundamentais

Dignidade da Pessoa Humana, Justiça Social e Direito do Trabalho

3ª edição

LTr®

EDITORA LTDA.

Rua Jaguaribe, 571
CEP 01224-001
São Paulo, SP – Brasil
Fone: (11) 2167-1101
www.ltr.com.br
Abril, 2015

Versão impressa: LTr 5258.6 – ISBN 978-85-361-8380-0
Versão digital: LTr 8651.9 – ISBN 978-85-361-8345-9

Dados Internacionais de Catalogação na Publicação (CIP)
(Câmara Brasileira do Livro, SP, Brasil)

Delgado, Mauricio Godinho
Constituição da República e direitos fundamentais : dignidade da pessoa humana, justiça social e direito do trabalho / Mauricio Godinho Delgado, Gabriela Neves Delgado. — 3. ed. — São Paulo : LTr, 2015.

Bibliografia.

1. Brasil — Constituição (1988) 2. Direito constitucional — Brasil 3. Direito fundamental 4. Direitos civis — Brasil I. Delgado, Gabriela Neves. II. Título.

15-02005 CDU-342.4(81)

Índices para catálogo sistemático:

1. Brasil : Constituição de 1988 : Direitos fundamentais : Direito constitucional 342.4(81)
2. Constituição de 1988 : Direitos fundamentais : Brasil : Direito constitucional 342.4(81)

Dedicatória:

À

Ministra Rosa Maria Weber,

nossa homenagem, com amizade e admiração.

Sumário

Sumário

Introdução

A presente obra, *Constituição da República e Direitos Fundamentais — Dignidade da Pessoa Humana, Justiça Social e Direito do Trabalho*, resulta de esforço conjugado dos dois autores no sentido de pensar o Direito Constitucional e o Direito do Trabalho estreitamente vinculados, a partir de elaborações teóricas que já vêm construindo ao longo de suas trajetórias acadêmicas.

A obra procura articular os fundamentos de proteção ao trabalho a partir dos argumentos constitucionais nessa linha. Parte do pressuposto de que qualquer sistema jurídico de proteção reconhece as premissas constitucionais e se volta a elas, reafirmando-as. Em síntese, procura demarcar a sólida relação entre a Constituição da República e o Direito do Trabalho, colocando o processo de interpretação jurídica, nessa seara normativa, em plano superior, de modo a garantir a inter-relação necessária entre as duas esferas.

O livro pretende, pois, *verticalizar as pesquisas sobre o Direito do Trabalho a partir da matriz constitucional de 1988*. Tal vinculação parece óbvia, mas nem sempre se apresenta destacada nos estudos correntes da área justrabalhista.

Na verdade, no paradigma do Estado Democrático de Direito, ganha especial ênfase o *valor trabalho*, compreendido como instrumento decisivo para a realização do projeto constitucional de afirmação da dignidade da pessoa humana, democratização da sociedade política e da sociedade civil e alcance da justiça social — o que transforma os princípios e regras do Direito do Trabalho em parte integrante do núcleo principal da Constituição da República.

Além disso, desconhecer o *status* constitucional do segmento justrabalhista significa, em outra medida, esvaziar o próprio conteúdo social da Constituição de 1988.

Aliás, é o conteúdo social imprimido pela Constituição Federal de 1988 que assegura densidade ao conceito de trabalho, elevando-o à condição de princípio fundamental da República Federativa do Brasil (art. 1º, IV) e direito fundamental do ser humano (art. 6º, *caput*).

O Direito do Trabalho contemporâneo, desde a Constituição de 1988, deve ser interpretado a partir de dois eixos temáticos de sustentação: os *direitos fundamentais da pessoa humana* e o paradigma do *Estado Democrático de Direito*. É que a concretização das premissas teleológicas básicas do Direito do Trabalho depende, necessariamente, da articulação dos direitos fundamentais nas relações de trabalho, premissa essencial à conformação efetiva do conceito magno de Estado Democrático de Direito.

A presente obra é composta de onze capítulos estruturalmente vinculados, antecedidos por uma *Introdução*. Quatro entre os textos foram pensados e redigidos em conjunto, inclusive esta *Introdução*; cinco textos são de autoria individual de Mauricio Godinho Delgado; três textos, de autoria individual de Gabriela Neves Delgado.

Naturalmente, alguns desses textos já haviam sido elaborados e até mesmo anteriormente publicados. Porém todos foram adequados e aperfeiçoados de modo a se integrarem organicamente ao espírito e objetivos da obra.

A obra compõe-se de quatro partes, que totalizam onze capítulos.

A Primeira Parte, sob o título *Constituição da República, Estado Democrático de Direito e Direitos Fundamentais*, trata dos conceitos estruturantes da Constituição de 1988, quais sejam, Estado Democrático de Direito e Direitos Fundamentais da Pessoa Humana. Discorre também sobre conceitos cardeais dentro da normativa constitucional e necessariamente correlatos entre si, como democracia, justiça social e dignidade da pessoa humana. Todos esses conceitos encontram-se estreitamente vinculados ao Direito do Trabalho, sendo sua base principiológica constitutiva.

A Segunda Parte, sob o título *Democracia, Direitos Fundamentais e Inclusão Social — o papel do Direito do Trabalho no Brasil*, trata das funções do Direito do Trabalho, da constitucionalização dos direitos trabalhistas no Brasil e do expansionismo do Direito do Trabalho.

A Terceira Parte, sob o título *Justiça do Trabalho — estrutura e funções no sistema trabalhista brasileiro*, trata da estruturação, desenvolvimento e papel da Justiça do Trabalho no Brasil. Também se ocupa da discussão sobre medidas que possibilitem maior efetividade ao Direito do Trabalho e ao Processo do Trabalho.

A Quarta Parte, sob o título *Direito Internacional do Trabalho e Direitos Fundamentais Trabalhistas no Brasil*, trata dos Direitos Humanos dos Trabalhadores na perspectiva dos princípios internacionais do Direito do Trabalho e do Direito de Seguridade Social.

Os capítulos estão assim distribuídos: na primeira parte, *Constituição da República, Estado Democrático de Direito e Direitos Fundamentais*, há três capítulos: I – Os Paradigmas do Estado Constitucional Contemporâneo; II – Constituição da República, Estado Democrático de Direito e Direito do Trabalho; III – Estado Democrático de Direito e Direito Fundamental ao Trabalho Digno.

Na segunda parte, *Democracia, Direitos Fundamentais e Inclusão Social — o papel do Direito do Trabalho no Brasil*, há quatro capítulos: IV – Funções do Direito do Trabalho no Capitalismo e na Democracia; V – Cidadania, Trabalho e Emprego no Brasil; VI – Relação de Emprego e Relações de Trabalho — o antigo e o novo expansionismo do Direito do Trabalho; VII – Direito do Trabalho e Inclusão Social — estrutura, evolução e papel da CLT no Brasil.

Na terceira parte, *Justiça do Trabalho — estrutura e funções no sistema trabalhista brasileiro*, há três capítulos: VIII – Estruturação e Desenvolvimento da Justiça do Trabalho no Brasil; IX – Papel da Justiça do Trabalho no Brasil; X – Justiça do Trabalho e Sistema Trabalhista — elementos para a efetividade do Direito do Trabalho e do Direito Processual do Trabalho no Brasil.

Na quarta parte, *Direito Internacional do Trabalho e Direitos Fundamentais Trabalhistas no Brasil*, há, por fim, um capítulo: XI – Direitos Humanos dos Trabalhadores: perspectiva de análise a partir dos princípios internacionais do Direito do Trabalho e do Direito Previdenciário.

Enfim, o esforço conjugado dos autores resultou numa obra de panorama diversificado que permite visualizar as múltiplas dimensões do trabalho, do emprego e do Direito do Trabalho a partir da unidade imprimida pela Constituição da República de 1988.

A obra foi originalmente concluída pelos autores em fevereiro de 2012, sendo publicada sua primeira edição em junho do mesmo ano. Na segunda edição, encerrada pelos autores em fevereiro de 2013, foi revisado todo o livro, corrigidas eventuais falhas detectadas e aperfeiçoados os textos, preservando-se, porém, a estrutura central da obra. Esta nova edição, elaborada em janeiro de 2015, agregou ajustes e aperfeiçoamentos pertinentes.

Brasília, janeiro de 2015.

Mauricio Godinho Delgado e *Gabriela Neves Delgado*

Primeira Parte

Constituição da República, Estado Democrático de Direito e Direitos Fundamentais

Capítulo I
Os Paradigmas do Estado Constitucional Contemporâneo

Gabriela Neves Delgado

I. Introdução

São inúmeras as possibilidades de reconstrução, ordenação e interpretação histórica dos paradigmas do Estado Constitucional Contemporâneo[(1)]. Neste capítulo, é priorizada a *contextualização real e histórica* dos modelos de Estado, a par da fundamentação filosófica também existente.

Parte-se do pressuposto de que os paradigmas do Estado Constitucional Contemporâneo somente podem ser entendidos em movimento pendular, isto é, como estruturas que se transformam por meio de recuos e avanços permanentes dentro da marcha histórica. Inclusive essa possibilidade de movimento histórico que assegura aos homens valiosa prerrogativa: *ser o motor da própria vida.*

II. Estado constitucional, tempo e história: breve interlocução

O desenvolvimento do tema Estado, em sua *dimensão real* ou *empírica*, pressupõe a explicitação da noção de História, consideradas suas peculiaridades e temporalidade múltipla.

---

(1) Uma das mais conhecidas definições sobre paradigma foi elaborada por Thomas Kuhn, que o considera um modelo ou padrão apreendido em determinado contexto histórico, servindo como parâmetro para o Estado e a sociedade. O sentido de paradigma apresentado por José Joaquim Gomes Canotilho também é significativo, sendo revelado como o "[...] *consenso científico* enraizado quanto às teorias, modelos e métodos de compreensão do mundo". Segundo Menelick de Carvalho Netto, o conceito de paradigma apresenta duplo aspecto: "[...] Por um lado, possibilita explicar o desenvolvimento científico como um processo que se verifica mediante rupturas, através da tematização e explicitação dos aspectos centrais dos grandes esquemas gerais de pré-compreensões e visões de mundo, consubstanciados no pano de fundo naturalizado do silêncio assentado na gramática das práticas sociais, que a um só tempo tornam possível a linguagem, a comunicação, e limitam ou condicionam o nosso agir e a nossa percepção de nós mesmos e do mundo. Por outro lado, também padece de óbvias simplificações, que só são válidas à medida que permitem que se apresentem essas grades seletivas gerais pressupostas nas visões de mundo prevalentes e tendencialmente hegemônicas em determinadas sociedades por certos períodos de tempo e em contextos determinados". Para Aranha e Martins, os paradigmas se revelariam como "[...] parâmetros que orientam a compreensão do mundo e dos homens". Como não existe um modelo de humanização válido indefinidamente (porque ideias, valores e desejos modificam-se constantemente), as autoras destacam a ruptura de paradigma como um fenômeno natural e típico da história da humanidade. Consultar: KUHN, Thomas. *A estrutura das revoluções científicas*. 5. ed. São Paulo: Perspectiva, 1998; CANOTILHO, José Joaquim Gomes. *Direito constitucional*. Coimbra: Almedina, 1992. p. 6; CARVALHO NETTO, Menelick de. Da responsabilidade da administração pela situação falimentar de empresa privada economicamente viável por inadimplência ou retardo indevido da satisfação dos valores contratados como contraprestação por obras realizadas – ilícito do Estado – igualdade de todos diante dos encargos públicos – princípio da continuidade da empresa – Estado democrático de direito. 1996. *Revista da Ordem dos Advogados do Brasil*, Brasília, p. 127, jul./dez. 1986 e ARANHA, Maria Lúcia de Arruda; MARTINS, Maria Helena Pires. *Temas de filosofia*. 2. ed. São Paulo: Moderna, 1998. p. 46.

A História é a área do conhecimento que se dedica a estudar a ação do homem através dos tempos, considerando a materialidade, além de seus símbolos e significados. Assim, o conhecimento e a análise da História em múltiplas temporalidades são objetos peculiares da História[(2)].

Os sujeitos históricos podem ser institucionais, como o Estado; coletivos, como os movimentos sindicais, sociais e étnicos; ou, ainda, individuais, como os grandes heróis da História tradicional documentada.

O movimento de construção da História ocorre por meio da conjugação consensual ou conflituosa da ação dos sujeitos históricos. Não há, portanto, movimentos isolados.

A História também é construída a partir de processos dinâmicos e dialéticos. O tempo histórico é elástico, complexo e inter-relacional, sendo que os movimentos históricos transcorrem em curta, média e longa duração.

A temporalidade na História[(3)], em sua multiplicidade e simultaneidade, interconecta a diversidade dos sujeitos históricos em movimentos de construção de consensos, positivos ou negativos, e de confrontos implícitos ou explícitos.

Como exemplo de temporalidade múltipla, tem-se a história do trabalho, que reflete o processo de produção dos sujeitos históricos, suas circunstâncias e modos de realização em face do sistema capitalista de produção.

Fato é que as relações produtivas estabelecidas no mundo contemporâneo são diferenciadas e, por isso mesmo, permitiram e permitem uma inserção maior ou menor dos atores sociais (Estado, trabalhadores, sindicatos e empresas) no movimento histórico.

Por exemplo, enquanto no Estado Social de Direito existiram meios para a consolidação de verdadeiros sujeitos coletivos, capazes de se unirem e de se organizarem para a defesa de direitos e interesses comuns, no Estado mínimo de ideologia neoliberal, predominam processos de ruptura de direitos, que afetam sobremaneira a identidade social e a autonomia coletiva dos trabalhadores.

A fragilidade dos processos de emancipação e de autonomia coletiva obreira dificulta a constituição de novos espaços políticos para além da via sindical, que hoje se encontra significativamente prejudicada em seu papel de legitimar ações na defesa e na luta por direitos sociais trabalhistas.

A análise histórica da evolução do trabalho e dos direitos que lhe são correlatos por meio do estudo dos *paradigmas do Estado constitucional contemporâneo* permite, ainda, a visualização das contradições inerentes à própria evolução do Direito do Trabalho, de seus avanços e retrocessos, de suas rupturas e transformações. Como exemplo, cite-se a crescente influência jurídica dos sindicatos durante o Estado Social de Direito nos

(2) DELGADO, Lucilia de Almeida Neves. O Governo João Goulart e o Golpe de 1964: tempo, memória, história e historiografia. *Revista Tempo*, Niterói, UFF, v. 14, n. 28, p. 123-144, 2010.

(3) Importante análise em torno da relação entre "tempo-calendário", "tempo histórico" e "tempo social" foi apresentada por PINTO, Cristiano Paixão Araújo. *Modernidade, Tempo e Direito.* Belo Horizonte: Del Rey, 2002. p. 117-160.

países do capitalismo central e, posteriormente, a partir da década de 1970, sua recaída, com atuação cada vez menos expressiva[(4)].

Referida análise possibilita, em última instância, a compreensão do *Estado enquanto devir histórico originado nas relações sociais.*

III. O paradigma do Estado Liberal de Direito

Com o desenvolvimento do capitalismo no mundo ocidental a partir do século XVIII, e sua ampla afirmação no século XIX, em especial em razão do surgimento da indústria, a burguesia firmou sua ascensão econômica, concretizando o ideal do "espírito burguês e capitalista"[(5)]. Assim, criou mecanismos próprios, harmônicos com as necessidades da nova fase econômico-social, tais como: expansão do próprio sistema capitalista, concessão de liberdades e poderes à sua classe em detrimento da nobreza, e afastamento da intervenção do Estado no mercado econômico de modo a favorecer a livre circulação de capital e mercadorias para acelerar o sistema industrializado.

Essas condições históricas deflagraram a franca decadência do absolutismo, que se tornou definitiva a partir das revoluções burguesas dos séculos XVII e XVIII, notadamente na Inglaterra, América do Norte e França.

A Revolução Inglesa, que marcou o início da "era das revoluções burguesas",[(6)] teve forte efeito multiplicador, divulgando para além das fronteiras da Grã-Bretanha os preceitos liberais que passaram a predominar no século XVIII.

A Revolução Francesa contribuiu para definir o perfil ideológico dos movimentos políticos que lhe sucederam, graças ao Iluminismo, de caráter racional, liberal e democrático. Os ideais de liberdade, igualdade e fraternidade marcaram época, firmando-se como nova diretriz política da sociedade.

Foi por meio dessas revoluções que decorreu o "*[...] declínio do absolutismo, do mercantilismo e dos resquícios do regime feudal [...]*" e a ascensão de um novo modelo de Estado, fundado na "*[...] prática do individualismo econômico e no liberalismo político [...]*", o Estado Liberal de Direito[(7)].

A afirmação do *Estado Liberal de Direito* como contraponto ao Estado absolutista teve no movimento de independência das treze colônias dos Estados Unidos da América um de seus principais paradigmas (século XVIII).

---

(4) Sobre a análise particularizada dos paradigmas do Estado constitucional contemporâneo em relação ao Direito do Trabalho, consultar: DELGADO, Gabriela Neves. *Direito Fundamental ao Trabalho Digno*. São Paulo: LTr, 2006.

(5) BOBBIO, Norberto; MATTEUCI, Nicola; PASQUINO, Gianfranco. *Dicionário de política*. Trad. Carmem C. Varriale *et al*. Coord. de João Ferreira e rev. de João Ferreira e Luís Guerreiro Pinto Cascais. 5. ed. Brasília: Editora Universidade de Brasília, 2000. 2 v., p. 7461.

(6) HOBSBAWM, Eric. *Era dos extremos*. O breve século XX: 1914-1991. Trad. Marcos Santarrita e rev. de Maria Célia Paoli. São Paulo: Cia. das Letras, 1995.

(7) BURNS, Edward McNall; LERNER, Robert E.; MEACHAM, Standish. *História da civilização ocidental:* do homem das cavernas às naves espaciais. Trad. Donaldson M. Garsagen. 40. ed. São Paulo: Globo, 2001. v. 2, p. 478.

Hobbes, Locke e Rousseau contribuíram para a fundamentação político-filosófica do Estado Liberal de Direito, desenvolvendo teorias contra o absolutismo centralizador e destacando o contrato social como fonte de autoridade política e dos poderes do Estado.

Hobbes desenvolveu sua obra no século XVII, destacando a razão humana como fundamento da sociedade. Assim, renunciou ao entendimento de que o poder soberano tinha origem divina. Acreditava que o homem se encontrava em permanente condição de discórdia no estado natural, impossibilitado de estabelecer limites racionais para a convivência. O instinto de sobrevivência, enquanto sentido humano, imperava na dinâmica social[(8)].

Procurando ultrapassar a fase do direito de natureza, Hobbes destacou a necessidade de institucionalização de uma ordem racional na sociedade humana para evitar o caos absoluto do estado de guerra.

Os homens, então, abdicaram de sua liberdade, estabelecendo entre si um pacto social para a transferência de todo o poder à figura do Estado, que se tornou responsável por garantir a segurança e preservar a ordem.

Já Locke sustentou fundamentação distinta para a legitimidade do poder, por conceber "*[...] o estado de natureza como um estado de perfeita liberdade e de igualdade, que tem uma única lei a governá-lo: a lei de natureza*"[(9)].

Relata que os indivíduos pertencentes ao estado de natureza resolveram, por livre e espontânea vontade, fundar o poder político com vistas à segurança e proteção de seus direitos individuais, especialmente quanto ao direito à propriedade privada dos meios de produção.

Importante ressaltar que para Locke, não há ruptura definitiva com o estado de natureza. Na realidade, as leis positivas destinavam-se a legitimar e a reforçar a obrigatoriedade dos preceitos de direito natural[(10)].

A teoria de Rousseau foi considerada fundamento basilar dos ideais filosóficos da Revolução Francesa. Destacava a legitimidade do Estado pela autonomia da vontade dos homens em alienar, por meio de contrato social, seus direitos em favor da comunidade, fundada na vontade geral e não em um poder soberano, onipotente e onipresente[(11)].

A fundamentação jurídica do Estado Liberal de Direito adquiriu contornos de formalidade e tecnicismo jurídico[(12)], restringindo suas atividades à defesa da ordem e segurança públicas, promovendo o ideal burguês do *laissez-faire, laissez-passer* quanto aos domínios econômico e social[(13)].

---

(8) AFONSO, Elza Maria Miranda. *O positivismo na epistemologia jurídica de Hans Kelsen*. Belo Horizonte: Movimento Editorial da Faculdade de Direito da Universidade Federal de Minas Gerais, 1984. p. 153-154.

(9) *Ibidem*, p. 160.

(10) *Ibidem*, p. 161.

(11) *Ibidem*, p. 166.

(12) GONÇALVES, Aroldo Plínio. *Técnica processual e teoria do processo*. Rio de Janeiro: AIDE, 2001. p. 7.

(13) SOARES, Mário Lúcio Quintão. *Teoria do Estado:* o substrato clássico e os novos paradigmas como pré-compreensão para o direito constitucional. Belo Horizonte: Del Rey, 2001. p. 276.

Influenciado pelo Positivismo Jurídico, o comando do Estado Liberal de Direito pautava-se na concepção de que os intérpretes deveriam aplicar a lei de forma mecânica, à luz do valor da segurança jurídica. Sobre essa perspectiva, ressalta Menelick de Carvalho Netto:

> *Assim, o paradigma do Estado de Direito ao limitar o Estado à legalidade, ou seja, ao requerer que a lei discutida e aprovada pelos representantes da* melhor sociedade *autorize a atuação de um Estado mínimo, restrito ao policiamento para assegurar a manutenção do respeito àquelas fronteiras anteriormente referidas e, assim, garantir o livre jogo da vontade dos atores sociais individualizados, vedada a organização corporativo-coletiva, configura, aos olhos dos homens de então, um ordenamento jurídico de regras gerais e abstratas, essencialmente negativas, que consagram os direitos individuais ou de 1ª geração, uma ordem jurídica liberal clássica. É claro que sob este primeiro paradigma constitucional, o do Estado de Direito, a questão da atividade hermenêutica do juiz só poderia ser vista como uma atividade mecânica, resultado de uma leitura direta dos textos que deveriam ser claros e distintos, e a interpretação algo a ser evitada até mesmo pela consulta ao legislador na hipótese de dúvidas do juiz diante de textos obscuros e intrincados.*[(14)] (grifos do autor)

É neste Estado Liberal de Direito que irá se refletir o *valor da liberdade*, cujo alicerce teórico foi a propriedade privada dos meios de produção. Em função dessa orientação axiológica, inclusive, é que foram estabelecidos parâmetros excludentes para o gozo dos direitos políticos: apenas os proprietários que comprovassem um patamar mínimo de renda poderiam exercer o direito político no Estado, votando e sendo votados[(15)].

Nessa perspectiva, é que se tornaram peculiares, no Estado Liberal de Direito, as figuras da *cidadania-formal* e do *cidadão-proprietário*[(16)].

A distinção entre os direitos individuais e políticos também contribuiu, conforme ensina Menelick de Carvalho Netto, para a separação entre o Direito Público e o Direito Privado. Segundo o autor, a seara pública, de caráter convencional, existia apenas e exclusivamente para garantir o livre trânsito dos interesses privados[(17)].

Ao Estado não seria permitido qualquer tipo de intervenção na economia. Sustentando tal ideologia com vistas a assegurar a autorregulação do mercado, Adam Smith teceu, em sua obra "Investigação sobre a Natureza e as Causas da Riqueza das Nações", crítica

---

(14) CARVALHO NETTO, Menelick de. O requisito essencial da imparcialidade para a decisão constitucionalmente adequada de um caso concreto no paradigma constitucional do Estado Democrático de Direito. *Direito Público*. Belo Horizonte, Procuradoria-Geral do Estado de Minas Gerais, v. 1, n. 1, p. 103, jan./jun. 1999.

(15) MAGALHÃES, José Luiz Quadros de. *Direito constitucional*. 2. ed. Belo Horizonte: Mandamentos, 2002. t. I, p. 63.

(16) SOARES, Mário Lúcio Quintão. *Teoria do Estado:* o substrato clássico e os novos paradigmas como pré--compreensão para o direito constitucional, p. 294.

(17) CARVALHO NETTO, Menelick de. *O requisito essencial da imparcialidade para a decisão constitucionalmente adequada de um caso concreto no paradigma constitucional do Estado Democrático de Direito*, p. 103.

radical a qualquer tipo de intervenção estatal que pretendesse regrar o mercado ou proteger determinadas atividades e grupos[(18)].

O Estado Liberal era, pois, um Estado submetido à Constituição, mas continuava a ser um Estado assegurador de garantias, vantagens e direitos apenas aos proprietários, o que, afinal, muito o aproximava da fase excludente característica da anterior Idade Moderna.

O Direito Civil clássico e suas respectivas figuras contratuais tutelavam todo e qualquer tipo de relação de trabalho, segundo as teorias contratualistas tradicionais lançadas à época[(19)].

O modelo liberal e individualista de Estado propiciou a manifestação da fase áurea do capitalismo, designada de *capitalismo industrial*, cujo ápice ocorreu com a primeira *Revolução Industrial*, que veio a substituir, em definitivo, as produções artesanal e manufatureira, típicas das Idades Média e Moderna, pela maquinofatura.

Foi nesse novo contexto socioeconômico, cujo marco histórico ocorreu com a primeira Revolução Industrial que se estruturou, de forma inovadora, a relação jurídica basilar do sistema de produção capitalista: a *relação de emprego*, categoria propiciadora de mudanças nas relações de produção até então consolidadas, já que sustentada no elemento distintivo da subordinação jurídica.

Todavia, na dinâmica do processo histórico, as contradições inerentes à exploração da força de trabalho contribuíram para a germinação de uma consciência social que, aos poucos, consubstanciou-se em consciência de classe, em resistência e em luta por melhores condições de vida e de trabalho[(20)].

O fato de os proletários se concentrarem em um mesmo ambiente de trabalho, ali dispostos a laborar, desencadeou um processo de solidariedade de classe, traduzido, a princípio, por reuniões reivindicatórias que se desdobraram em novas formas de organização e reivindicação, resgatando o "direito de resistência" de sua condição embrionária[(21)].

Foi nesse contexto marcado por relações de poder assimétricas que se originou e desenvolveu a *identidade de resistência obreira*[(22)].

---

(18) SMITH, Adam. *Investigação sobre a natureza e as causas da riqueza das nações*. Trad. Conceição Jardim, Maria do Carmo Cary, Eduardo Lúcio Nogueira e Rolf Kuntz. 2. ed. São Paulo: Abril Cultural, 1979. (Coleção Os Pensadores.)

(19) De acordo com a doutrina, as teorias contratualistas tradicionais são: teoria do arrendamento, teoria da compra e venda, teoria do mandato e teoria da sociedade. A respeito de tais teorias, examinar DELGADO, Mauricio Godinho. *Curso de Direito do Trabalho*. 10. ed. São Paulo: LTr, 2011.

(20) GUIMARÃES, Antônio Monteiro (Org.). *Dicionário do pensamento marxista*. Trad. Waltensir Dutra. Rio de Janeiro: Zahar, 1993. p. 5.

(21) Márcio Túlio Viana esclarece que o direito de resistência obreiro também pode ser observado no período histórico que sucedeu a Revolução Industrial. Assim esclarece: "Tempos de dura submissão, mas depois de heroica *resistência*, foram os que sucederam a Revolução Industrial, quando a fome habitava cada lar operário, os acidentes se multiplicavam nas fábricas, as crianças se matavam e o patrão era mais do que nunca o senhor." Sobre a formação e desenvolvimento do *direito de resistência*, consultar: VIANA, Márcio Túlio. *Direito de resistência:* possibilidades de autodefesa do empregado em face do empregador. São Paulo: LTr, 1996. p. 66 (grifos do autor).

(22) CASTELLS, Manuel. *O poder da identidade*. Trad. Klauss Brandini Gerhardt. 3. ed. São Paulo: Paz e Terra, 2001. v. 2, p. 24.

O sentimento de solidariedade e a afirmação da consciência de classe foram pressupostos inevitáveis para o despertar do *associacionismo*. Como bem evidenciam Gomes e Gottschalk: "*[...] Indivíduos colocados em condições de vida semelhantes tendem sempre ao associacionismo, e com tanto mais força atrativa quanto mais precárias sejam suas condições de existência.*"(23)

Os trabalhadores descobriram o poder da "*[...] ação coletiva (ao invés da simples ação individual), como instrumento de atuação quer no âmbito político (perante o Estado, principalmente), quer no âmbito essencialmente profissional (perante o empregador ou empregadores, portanto) [...]*", afirmando-se, pois, como sujeitos detentores de verdadeira identidade coletiva(24).

Esse movimento de integração e representatividade coletiva firmado pela classe operária na busca da construção de identidade própria e para a reivindicação e pleno acesso aos direitos sociais passou a ser definido como o fenômeno social do *sindicalismo*(25).

Bobbio, Matteuci e Pasquino salientam que, em quase todos os países ocidentais, o fenômeno do sindicalismo teve dupla origem: de um lado, fundou-se na solidariedade e na defesa de direitos e, de outro, na revolta contra o modo de produção e a sociedade capitalista, com vistas a estabelecer princípios diversos para a sociedade, redefinindo a posição dos trabalhadores na estrutura social circundante.

Ao mesmo tempo, também surgiram as primeiras exigências sociais em direção à prática intervencionista estatal, mediante a implementação de direitos sociais(26).

Nessa conjuntura, o liberalismo começou a perder exclusiva prevalência nos planos social, ideológico e econômico, passando a conviver com ideias e direitos vinculados aos setores não proprietários.

Inevitavelmente, o Estado Liberal viu-se coagido a implementar direitos sociais, incorporando à sociedade e ao Direito a voz e as pretensões dos setores socialmente desfavorecidos, na tentativa de evitar a perda de sua hegemonia no poder.

Outrossim, o Direito Civil clássico perdeu a hegemonia da tutela jurídica das relações de trabalho. Em decorrência, o contrato de emprego institucionalizou-se como contrapartida à predominância da regulamentação civilista no tocante à relação jurídica de emprego.

---

(23) GOMES, Orlando; GOTTSCHALK, Elson. *Curso de Direito do Trabalho*. São Paulo: Forense, 1972. p. 18.

(24) DELGADO, Mauricio Godinho. *Curso de Direito do Trabalho*. 10.ed. São Paulo: LTr, 2011.

(25) Importa observar que o sindicalismo, segundo Mauricio Godinho Delgado, passou por diversos períodos, em conformidade com a postura legal em face de suas atividades. Assim, houve a fase da proibição, iniciada com a Lei *Le Chapelier*, de 1791; em seguida, a fase da tolerância, liderada pela Inglaterra na década de 1820, com leis mais favoráveis à prática sindical; finalmente, a fase do reconhecimento, na segunda metade do século XIX, por meio de leis favoráveis editadas em diversos países europeus ocidentais, respeitado o pioneirismo inglês nessa matéria com as leis dos anos de 1820. *In:* DELGADO, M. G. *Direito coletivo do trabalho*. 4. ed. São Paulo: LTr, 2011. p. 117-121. Sobre o tema, consultar também NASCIMENTO, Amauri Mascaro. *Compêndio de direito sindical*. 2. ed. São Paulo: LTr, 2000.

(26) O *Peel's Act*, diploma inglês de 1802, destaca-se como instrumento normativo precursor do controle da jornada de trabalho de crianças e adolescentes. Também no século XIX, França, Inglaterra e Alemanha produziram legislação trabalhista, mesmo que de forma incipiente e esparsa. Sobre o tema, consultar: DELGADO, Mauricio Godinho. *Curso de Direito do Trabalho*. 10. ed. São Paulo: LTr, 2011.

Enfim, a ebulição social instaurada não só desestabilizou o império do modelo de Estado Liberal de Direito até então implantado, como também exigiu a reformulação do papel do Estado, passando a ser necessária sua intervenção nas questões sociais, assim como nas relações e modo de produção capitalistas.

IV. O paradigma do Estado Social de Direito

Em linhas gerais, considerada e priorizada a *perspectiva histórica*, pode-se afirmar que a principal contraposição ao Estado Liberal de Direito surgiu de seus próprios fundamentos econômicos, com a transformação do capitalismo industrial em monopolista ao longo da segunda metade do século XIX.

O primado do capitalismo monopolista e sua gradativa expansão provocaram o surgimento dos monopólios das grandes empresas e o processo de colonização dos países periféricos pelos de economia central, com a consequente eclosão da Primeira Grande Guerra Mundial, ocorrida no período de 1914 a 1918.

As consequências da guerra foram devastadoras, ocorrendo uma ruína social de proporções antes não experimentadas pelos países industrializados capitalistas. Entre os efeitos por ela provocados, Faria, Marques e Berutti destacam: *[...] as transformações geopolíticas que se verificaram na Europa, o considerável desemprego nos países europeus, a progressiva degradação dos ideais liberais e democráticos, o fortalecimento das paixões e dos sentimentos do nacionalismo e a Revolução socialista na Rússia.*(27)

Uma das primeiras soluções encontradas pelos países centrais para restaurar a paz e a ordem social ocorreu mediante a criação da Liga das Nações(28).

Logo após, surgiu o *fenômeno da constitucionalização dos direitos sociais* e do próprio Direito do Trabalho, fenômeno esse que consagrou e permitiu a institucionalização do *paradigma do Estado Social de Direito* no início do século XX, primeiramente por intermédio da Constituição do México, de 1917; e em seguida com a Constituição de Weimar, da Alemanha, de 1919.

Ambas as constituições reconheceram a liberdade de associação sindical, o que representou um avanço em direção à maturação do sindicalismo nos países do capitalismo central.

É claro que as doutrinas sociais da época também influenciaram o processo de institucionalização dos direitos fundamentais de segunda geração, incluindo os direitos trabalhistas, com destaque para o Manifesto Comunista, as doutrinas marxistas e as Encíclicas Papais.

No mesmo contexto, também em 1919, foi criado importante organismo internacional que visava a estimular o desenvolvimento e a propagação do Direito do Trabalho no mundo: a Organização Internacional do Trabalho (OIT).

---

(27) FARIA, Ricardo de Moura; MARQUES, Adhemar Martins; BERUTTI, Flávio Costa. *História*. Belo Horizonte: Lê, 1993. v. I, p. 57-58.

(28) *Ibidem*, p. 56.

Esse percurso histórico-normativo culminou, inclusive, na *fase de oficialização ou institucionalização do Direito do Trabalho* nos países do capitalismo central[(29)].

Em meio a todo o processo de reconstrução da ordem social, eclodiu, nos Estados Unidos da América, a crise de 1929, com a quebra da Bolsa de Valores de Nova York. O desastre financeiro daí resultante foi considerado uma das principais causas da crise do capitalismo do século XX, com repercussão mundial.

Mais uma vez ganhou reforço o favorecimento das políticas sociais mediante o surgimento de reformas econômicas estimuladoras da intervenção do Estado na economia.

Uma das principais políticas de intervenção foi implementada pelos Estados Unidos da América na década de 1930, sob a denominação de *New Deal*, influenciada economicamente pela teoria do economista John Maynard Keynes — o denominado *keynesianismo*[(30)].

Contudo a crise econômica que ainda não estava resolvida, associada aos fatores políticos desencadeados pelos efeitos da Primeira Grande Guerra Mundial, tudo propiciou, na Europa, a ascensão de regimes totalitários: na Alemanha, o nacional-socialismo de Hitler, que durou de 1933 a 1945; na Itália, o fascismo de Mussolini, que durou de 1922 a 1943; além dos seguintes regimes autocráticos ibéricos: em Portugal, o salazarismo de Oliveira Salazar, que durou de 1932 a 1974, findando com a Revolução dos Cravos; e o franquismo de Franco na Espanha, que durou de 1939 a 1974, extinguindo-se pela institucionalização de eleições livres no país.

Na verdade, a crise econômica dos anos 1920 e seus desdobramentos sociais e políticos foram decisivos para o estabelecimento de pressupostos de outra grande guerra, que eclodiria em 1939. Novamente, países do capitalismo central lutaram por poder e áreas de influência. A luta pela expansão do capital monopolista deixou de ser apenas econômica e territorial para também assumir feições bélicas.

---

(29) DELGADO, Mauricio Godinho. *Curso de Direito do Trabalho*. 10. ed. São Paulo: LTr, 2011. Quanto à periodização da evolução e maturação do Direito do Trabalho, esta obra reporta-se à obra acima citada, na qual Delgado define quatro fases no desenvolvimento do ramo juslaboral: a primeira, considerada "fase das manifestações incipientes ou esparsas", que ocorreu entre o início do século XIX até o Manifesto Comunista, de 1848. A segunda, "fase da sistematização e consolidação do Direito do Trabalho", situada no período de 1848 até o processo de constitucionalização dos direitos sociais, em 1919. A terceira, "fase da institucionalização do Direito do Trabalho", que se iniciou em 1919, e avançou por todo o século XX. E, finalmente, a quarta fase, denominada "fase de crise e transição do Direito do Trabalho", que abrangeu o final do século XX e início do século XXI. Considera-se, particularmente nesta obra, que o período de "crise do Direito do Trabalho" insere-se numa fase de transição. Certamente, esse ramo jurídico desembocará em fases posteriores, de nova maturação, readaptação e perspectivas.

(30) SANDRONI, Paulo (Cons.). *Dicionário de economia*. São Paulo: Nova Cultural, 1987. p. 224. Conforme definido nesta obra, keynesianismo é: "Modalidade de intervenção do Estado na vida econômica, sem atingir totalmente a autonomia da vida da empresa privada, e adotando, no todo ou em parte, as políticas sugeridas na principal obra de Keynes, 'The General Theory of Employment, Interest and Money', 1936 (A Teoria Geral do Emprego, do Juro e da Moeda). Tais políticas propunham-se a solucionar o problema do desemprego pela intervenção estatal, desencorajando o entesouramento em proveito das despesas produtivas, por meio da redução da taxa de juros e do incremento dos investimentos públicos."

O cessar-fogo definitivo — incluindo a guerra na região da Ásia — só ocorreria em 1945, quando os Estados Unidos da América lançaram as bombas atômicas nas cidades japonesas de Hiroshima e Nagasaki.

Terminada a Segunda Grande Guerra Mundial, a comunidade internacional viu-se compelida a criar mecanismos que pudessem garantir com maior durabilidade a paz entre as nações. Como decorrência, surgiu, ainda em 1945, a Organização das Nações Unidas (ONU), responsável pela manutenção da ordem e da paz mundiais.

Nessas circunstâncias, floresceu o ideal do Estado de Bem-Estar Social em quase todos os países da Europa Ocidental (Espanha e Portugal somente ingressaram na fase democrática tempos depois, já na década de 1970, momento em que findaram seus regimes autocráticos respectivos)(31).

Também no período pós 1945, ocorreu um *aprofundamento do processo de constitucionalização dos direitos sociais*, com a incorporação dos princípios da dignidade do ser humano e da justiça social nas constituições vigentes(32).

A instauração de um Estado forte e intervencionista, capaz de garantir direitos e restabelecer a economia, foi a alternativa encontrada pelos países do capitalismo central para sobreviverem à devastação da sangrenta Segunda Grande Guerra Mundial e resgatarem, sob nova perspectiva, a dinâmica capitalista.

Em suma, esses foram alguns dos elementos mais significativos no processo de superação do Estado Liberal de Direito.

Surgiu, nesse quadro, tendência favorável à legitimação do *Estado Social de Direito* mediante a necessidade de ampla implementação de direitos sociais, coletivos, culturais e econômicos(33).

Mais que uma tendência favorável, o Estado Social legitimou-se como o paradigma predominante nos países do capitalismo central.

A Europa Ocidental então consolidou e amadureceu o Estado Social de Direito em meados do século XX. Entre os anos de 1945 e 1970, o Estado Social teve sua fase áurea, também intitulada por Eric Hobsbawm como a "era dos anos dourados". "*Buscaram nomes para descrevê-la:* ***os trinta anos gloriosos*** *dos franceses* ***(les trente glorieuses)****, a Era de Ouro de um quarto de século dos anglo-americanos (Marglin & Schor, 1990).*"(34)

Esclarece Mário Lúcio Quintão Soares que a permanência da estrutura capitalista no Estado Social de Direito se manifestou pela preservação artificial da livre iniciativa

(31) Evidentemente a experiência social-democrática, relacionada ao Estado de Bem-Estar Social, não se aplicaria também aos países socialistas da Europa Oriental, sob direto controle político da União Soviética (Alemanha Oriental, Polônia, Hungria, Tchecoslováquia, ilustrativamente) ou aos países socialistas sob influência distinta (Iugoslávia e Albânia), em virtude da natureza autoritária dos respectivos regimes.

(32) DELGADO, Mauricio Godinho. *Curso de Direito do Trabalho*. 10. ed. São Paulo: LTr, 2011. p. 98.

(33) BONAVIDES, Paulo. *Curso de Direito Constitucional*. 13. ed. São Paulo: Malheiros, 2003. p. 364.

(34) HOBSBAWM, Eric. *Era dos extremos*. O breve século XX: 1914-1991, p. 253. (grifos do autor)

e da livre concorrência, compensando-se as desigualdades sociais pela prestação de serviços estatais e garantia de direitos sociais[35].

Além de ampliar os *direitos de segunda dimensão* — sociais, coletivos, culturais e econômicos —, o Estado Social redefiniu o papel dos de primeira (estes, individuais e políticos, como já salientado), concedendo-lhes certo cunho social como, por exemplo, ao vincular a propriedade privada à função social.

Nesse contexto, o Estado tornou-se um Estado Administrador, intervencionista e assistencialista, e o cidadão, um "*cidadão-cliente*"[36].

A prática intervencionista na economia foi considerada, pois, a melhor estratégia para regular os graves desequilíbrios proporcionados pela ação liberal, caracterizada pelo abstencionismo do Estado. Na nova ordem, o Estado passaria a assumir políticas públicas, de planejamento e de assistência social, embora não assegurasse a plena inclusão dos trabalhadores na riqueza social.

No Estado Social de Direito, o valor preponderante passou a ser o da *igualdade*, correspondente não apenas à igualdade formal, mas, sobretudo, à igualdade material, ou seja, as leis deveriam reconhecer materialmente as diferenças, propondo alternativas jurídicas em face da diversidade apresentada. Em função dessa diretriz, os intérpretes passaram a incorporar a interpretação finalística ou teleológica às suas decisões[37].

A propriedade passou a estar condicionada à função social, sendo considerada um dos fatores condicionantes da ruptura do tradicional esquema do Estado burguês, no qual as Constituições asseguravam restritivamente direitos civis e políticos.

Nessa fase, o Direito do Trabalho encontrou plena ascensão e maturação, e o movimento sindical expandiu-se sob vários matizes, desde o social-democrata até o movimento sob a forma de *sindicalismo de resultados*. Também a economia capitalista ocidental conheceu um de seus períodos de maior avanço e riqueza.

V. O paradigma do Estado Democrático de Direito

Análises e interpretações relativas aos modelos de Estado constitucional contemporâneo demonstram que, no curso histórico, na maior parte das vezes, um modelo de Estado supera o outro dialeticamente, aperfeiçoando-o.

Sob o prisma da história política, social, cultural e econômica, pode-se afirmar que o *Estado Democrático de Direito* é o mais evoluído na dinâmica dos Direitos Humanos, por fundar-se em critérios de pluralidade e de reconhecimento universal de direitos.

Conforme ensina Joaquim Carlos Salgado, a fundamentação teórica do Estado Democrático de Direito encontra-se subsidiada por princípios ontológicos, lógicos e axiológicos:

---

(35) SOARES, Mário Lúcio Quintão. *Teoria do Estado:* o substrato clássico e os novos paradigmas como pré--compreensão para o direito constitucional, p. 294.

(36) *Idem.*

(37) CARVALHO NETTO, Menelick de. *O requisito essencial da imparcialidade para a decisão constitucionalmente adequada de um caso concreto no paradigma constitucional do Estado Democrático de Direito*, p. 105.

O Estado de Direito é, assim, o que se funda na legitimidade do poder, ou seja, que se justifica pela sua origem, segundo o princípio ontológico *da origem do poder na vontade do povo, portanto na soberania; pelo exercício, segundo os* princípios lógicos *de ordenação formal do direito, na forma de uma estrutura de legalidade coerente para o exercício do poder do Estado, que torna possível o princípio da segurança jurídica em sentido amplo, dentro do qual está o da legalidade e o do direito adquirido; e pela finalidade ética do poder, por ser essa finalidade a efetivação jurídica da liberdade, através da declaração, garantia e realização dos direitos fundamentais, segundo os princípios axiológicos que apontam e ordenam valores que dão conteúdo fundante a essa declaração.*[38] (grifos do autor)

O *princípio ontológico* do Estado Democrático de Direito está fundado no conceito político-jurídico de *soberania*, o qual revela o componente jurídico-formal do Estado[39].

Em termos de hierarquia normativa, o Estado revela-se como poder jurídico superior, assegurando sentido de validade e de extensão para qualquer norma jurídica estabelecida nos limites de sua jurisdição[40].

Externamente, no que concerne ao aspecto político, o Estado é soberano quando afirma sua absoluta independência em relação aos demais Estados da ordem internacional, os quais poderão ter patamar de igualdade, mas jamais de superioridade em relação ao primeiro[41].

A referência à soberania internacional é, segundo sustenta Dallari, a igualdade jurídica, considerada pressuposto para o respeito recíproco e a convivência pautada em regras civilizatórias mínimas entre os Estados[42].

A Teoria Geral do Estado ressalta o conceito de soberania desenvolvido pela Ciência Jurídica e por meio dela regulamentado. A soberania seria, portanto, "*[...] o mais alto poder dentro da coletividade organizada no Estado [...]*", poder esse orientado pelo Direito e mediante o qual o Estado se equilibra[43].

---

(38) SALGADO, Joaquim Carlos. O Estado ético e o Estado poético. *Revista do Tribunal de Contas do Estado de Minas Gerais*, Belo Horizonte, v. 27, n. 2, p. 37-68, abr./jun. 1998. p. 53.

(39) BOBBIO, Norberto; MATTEUCI, Nicola; PASQUINO, Gianfranco definem a soberania: "Em sentido lato, o conceito político-jurídico de Soberania indica o *poder de mando de última instância, numa sociedade política* e, consequentemente, a diferença entre esta e as demais associações humanas em cuja organização não se encontra este poder supremo, exclusivo e não derivado. Este conceito está, pois, intimamente ligado ao de poder político: de fato, *a Soberania pretende ser a racionalização jurídica do poder, no sentido de transformação da força em poder legítimo, do poder de fato em poder de direito*. [...]. Em sentido restrito, na sua significação moderna, o termo Soberania aparece, no final do século XVI, juntamente com o de Estado, para indicar, em toda sua plenitude, o poder estatal, sujeito único e exclusivo da política." Sobre o tema, consultar: BOBBIO, Norberto; MATTEUCI, Nicola; PASQUINO, Gianfranco. *Dicionário de política*. Trad. Carmem C. Varriale *et al*. Coord. de João Ferreira e rev. João Ferreira e Luís Guerreiro Pinto Cascais. 5. ed. Brasília: Editora Universidade de Brasília, 2000. v. II, p. 1.179. (grifos nossos)

(40) DALLARI, Dalmo de Abreu. *Elementos de teoria geral do Estado*, p. 82. Naturalmente que, no caso do Direito do Trabalho, as normas oriundas da negociação coletiva trabalhista, quando mais favoráveis, tenderão a prevalecer na regência da situação fática concreta. Consultar, a esse respeito, o princípio da *adequação setorial negociada*, formulado por Mauricio Godinho Delgado, em sua obra, *Curso de Direito do Trabalho*. 10. ed. São Paulo: LTr, 2011, no Capítulo XXXIV, V. 2.

(41) *Ibidem*, p. 84.

(42) *Idem*.

(43) AZAMBUJA, Darcy. *Teoria geral do Estado*. 36. ed. São Paulo: Globo, 1997. p. 68.

Os *princípios lógicos* de ordenação do Estado Democrático de Direito fundam-se nos baluartes constitucionais da legalidade, do direito adquirido, da proteção jurídica e das garantias processuais, com vistas a alcançar o *princípio da segurança jurídica* em sentido amplo[(44)].

É fato que muitos desses princípios já se destacaram em outros paradigmas de Estado Constitucional. No entanto, será no Estado Democrático de Direito que encontrarão maior sustentação teórica e, por isso mesmo, maiores possibilidades de concretização social.

Interessante observar, conforme destaca Marilena Chauí, que apesar de o Estado Democrático de Direito assumir a segurança jurídica enquanto fundamento de sua própria ordem, também legitima os conflitos sociais, procurando instituí-los como direitos. Inclusive permite a criação de "contrapoderes sociais" como, por exemplo, os movimentos populares, sindicais, associações de classes, entre outros[(45)].

Já os *princípios axiológicos* revelam-se pela *finalidade ética do Estado Democrático de Direito* no sentido de *declarar, garantir e realizar os direitos fundamentais*[(46)].

No Estado Democrático de Direito, os valores jurídicos revelar-se-ão em torno da pessoa humana, o que significa, em outra medida, que o homem é tido como o centro convergente de direitos. Dessa forma, todos os direitos fundamentais deverão orientar-se pelo *valor-fonte da dignidade*. É o caso, por exemplo, do trabalho que, no Estado Democrático de Direito, deve ser promovido pelo direito fundamental e universal ao trabalho digno.

É nesse modelo paradigmático que emergem, ao final do século XX, os *direitos de terceira dimensão* ou *difusos*, fundados na máxima da fraternidade e solidariedade universais, com destaque para os direitos à paz, ao meio ambiente, ao patrimônio comum da humanidade, das minorias, à comunicação, à autodeterminação dos povos, entre outros[(47)].

A complexidade social emanada pela nova geração de direitos fundamentais redireciona os papéis dos Direitos Público e Privado, ressalvando sua interdependência e interdisciplinaridade[(48)].

---

(44) Uma das maiores contribuições à Ciência do Direito, revelada no Estado Democrático, foi o reconhecimento do caráter normativo dos princípios, enquanto normas jurídicas efetivamente vinculantes do sistema, e não simples enunciados programáticos. Diante dessa nova diretriz, os juízes passaram a conciliar em suas decisões judiciais, harmonicamente e em grande medida, os valores da segurança jurídica e da justiça.

(45) CHAUÍ, Marilena. *Convite à filosofia*. 13. ed. São Paulo: Ática, 2004. p. 406.

(46) SALGADO, Joaquim Carlos. *O Estado ético e o Estado poético*, p. 53.

(47) BONAVIDES, Paulo. *Curso de Direito Constitucional*. 13. ed. São Paulo: Malheiros, 2003. p. 569.

(48) CARVALHO NETTO, Menelick de. *O requisito essencial da imparcialidade para a decisão constitucionalmente adequada de um caso concreto no paradigma constitucional do Estado Democrático de Direito*, p. 105.

O pressuposto para a regular estrutura de um Estado Democrático de Direito supõe, ainda, a existência de uma perfeita ordenação jurídica — a Constituição — que limite e fundamente o poder do Estado e que declare, no centro da normativa jurídica, os direitos fundamentais do ser humano(49).

VI. Conclusão

A retomada da reflexão da história contemporânea, com ênfase nos paradigmas de Estado, permite visualizar, em múltipla perspectiva, o percurso de construção, fundamentação e interpretação dos direitos constitucionais.

A pesquisa histórica revela os diversos sentidos e significados do Direito atribuídos pelos modelos de Estado Constitucional Contemporâneo.

A centralidade do Estado Democrático de Direito se percebe pela valoração da liberdade e da justiça social, bem como pela projeção dos Direitos Humanos. O enfoque jurídico da cidadania também se redimensiona, alargando-se.

O sistema jurídico se estrutura no plano constitucional com suporte sistemático e aberto, orientado teleologicamente pela dignidade do ser humano(50). Também o Direito do Trabalho integra a mesma equação lógica, reforçando a teoria dos direitos fundamentais a partir do sentido de dignidade.

Referências bibliográficas

AFONSO, Elza Maria Miranda. *O positivismo na epistemologia jurídica de Hans Kelsen*. Belo Horizonte: Movimento Editorial da Faculdade de Direito da Universidade Federal de Minas Gerais, 1984.

ARANHA, Maria Lúcia de Arruda; MARTINS, Maria Helena Pires. *Temas de filosofia*. 2. ed. São Paulo: Moderna, 1998.

AZAMBUJA, Darcy. *Teoria geral do Estado*. 36. ed. São Paulo: Globo, 1997.

BOBBIO, Norberto; MATTEUCI, Nicola; PASQUINO, Gianfranco. *Dicionário de política*. Trad. Carmem C. Varriale *et al*. Coord. de João Ferreira e rev. João Ferreira e Luís Guerreiro Pinto Cascais. 5. ed. Brasília: Editora Universidade de Brasília, 2000, 2 v.

BONAVIDES, Paulo. *Curso de Direito Constitucional*. 13.ed. São Paulo: Malheiros, 2003.

BRITTO, Carlos Ayres. *Teoria da Constituição*. Rio de Janeiro: Forense, 2003.

BURNS, Edward McNall; LERNER, Robert E.; MEACHAM, Standish. *História da civilização ocidental:* do homem das cavernas às naves espaciais. Trad. Donaldson M. Garsagen. 40. ed. São Paulo: Globo, 2001. v. 2.

CANOTILHO, José Joaquim Gomes. *Direito constitucional*. Coimbra: Almedina, 1992.

(49) *Ibidem*, p. 38. Consultar, ainda: BRITTO, Carlos Ayres. *Teoria da Constituição*. Rio de Janeiro: Forense, 2003.

(50) NEGREIROS, Teresa. A dicotomia público-privado frente ao problema da colisão de princípios. *In:* TORRES, Ricardo Lobo (Org.). *Teoria dos Direitos Fundamentais*. 2. ed. Rio de Janeiro: Renovar, 2001. p. 378.

CARVALHO NETTO, Menelick de. O requisito essencial da imparcialidade para a decisão constitucionalmente adequada de um caso concreto no paradigma constitucional do Estado Democrático de Direito. *Direito Público*, Belo Horizonte, Procuradoria-Geral do Estado de Minas Gerais, v. 1, n. 1, p. 101-115, jan.-jun./1999.

CARVALHO NETTO, Menelick de. Da responsabilidade da administração pela situação falimentar de empresa privada economicamente viável por inadimplência ou retardo indevido da satisfação dos valores contratados como contraprestação por obras realizadas — ilícito do Estado — igualdade de todos diante dos encargos públicos – princípio da continuidade da empresa — Estado democrático de direito. 1996. *Revista da Ordem dos Advogados do Brasil*, Brasília, p. 123-152, jul.-dez./1986.

CASTELLS, Manuel. *O poder da identidade*. Trad. Klauss Brandini Gerhardt. 3. ed. São Paulo: Paz e Terra, 2001. v. 2.

CHAUÍ, Marilena. *Convite à filosofia*. 13. ed. São Paulo: Ática, 2004. p. 406.

DELGADO, Gabriela Neves. *Direito fundamental ao trabalho digno*. São Paulo: LTr, 2006.

DELGADO, Lucilia de Almeida Neves. O Governo João Goulart e o Golpe de 1964: tempo, memória, história e historiografia. *Revista Tempo*, Niterói: UFF, v. 14, n. 28, p. 123-144, 2010.

DELGADO, Mauricio Godinho. *Curso de Direito do Trabalho*. 10. ed. São Paulo: LTr, 2011.

________________. *Direito Coletivo do Trabalho*. 4. ed. São Paulo: LTr, 2011.

FARIA, Ricardo de Moura; MARQUES, Adhemar Martins; BERUTTI, Flávio Costa. *História*. Belo Horizonte: Lê, 1993. v. I.

GOMES, Orlando; GOTTSCHALK, Elson. *Curso de direito do trabalho*. São Paulo: Forense, 1972.

GONÇALVES, Aroldo Plínio. *Técnica processual e teoria do processo*. Rio de Janeiro: AIDE, 2001.

GUIMARÃES, Antônio Monteiro (Org.) *Dicionário do pensamento marxista*. Trad. Waltensir Dutra. Rio de Janeiro: Zahar, 1993.

HOBSBAWM, Eric. *Era dos extremos*. O breve século XX: 1914-1991. Trad. Marcos Santarrita e rev. Maria Célia Paoli. São Paulo: Companhia das Letras, 1995.

KUHN, Thomas. *A estrutura das revoluções científicas*. 5. ed. São Paulo: Perspectiva, 1998.

MAGALHÃES, José Luiz Quadros de. *Direito constitucional*. 2. ed. Belo Horizonte: Mandamentos, 2002. p. 63.

NASCIMENTO, Amauri Mascaro. *Compêndio de direito sindical*. 2. ed. São Paulo: LTr, 2000.

NEGREIROS, Teresa. A dicotomia público-privado frente ao problema da colisão de princípios. *In:* TORRES, Ricardo Lobo (Org.). *Teoria dos Direitos Fundamentais*. 2. ed. Rio de Janeiro: Renovar, 2001.

PINTO, Cristiano Paixão Araújo. *Modernidade, Tempo e Direito*. Belo Horizonte: Del Rey, 2002. p. 117-160.

SALGADO, Joaquim Carlos. O Estado ético e o Estado poético. *Revista do Tribunal de Contas do Estado de Minas Gerais*, Belo Horizonte, v. 27, n. 2, p. 37-68, abr.-jun./1998.

SANDRONI, Paulo (Cons.). *Dicionário de economia*. São Paulo: Nova Cultural, 1987.

SMITH, Adam. *Investigação sobre a natureza e as causas da riqueza das nações*. Trad. Conceição Jardim, Maria do Carmo Cary, Eduardo Lúcio Nogueira e Rolf Kuntz. 2. ed. São Paulo: Abril Cultural, 1979. (Coleção Os Pensadores.)

SOARES, Mário Lúcio Quintão. *Teoria do Estado:* o substrato clássico e os novos paradigmas como pré-compreensão para o direito constitucional. Belo Horizonte: Del Rey, 2001.

VIANA, Márcio Túlio. *Direito de resistência:* possibilidades de autodefesa do empregado em face do empregador. São Paulo: LTr, 1996.

Capítulo II
Constituição da República, Estado Democrático de Direito e Direito do Trabalho[51]

Mauricio Godinho Delgado

I. Introdução

A análise das inter-relações entre a Constituição da República Federativa do Brasil, o conceito constitucional de Estado Democrático de Direito e o segmento jurídico especializado do Direito do Trabalho passa pela referência a conceito e realidade correlatos, o da Democracia.

A Democracia consiste em uma das mais importantes e criativas instituições geradas pela inteligência humana, propiciando o desenvolvimento de novos e importantes fenômenos no campo da sociedade e do Direito.

A conexão da Democracia com a História das Constituições constitui liame que permite classificar as mais bem demarcadas fases do constitucionalismo contemporâneo, até se chegar ao presente Estado Democrático de Direito.

Nesse quadro de elaboração de novas realidades sociais e jurídicas e de tessitura de inter-relações de conceitos contemporâneos, ocupa posição de destaque o Direito do Trabalho. De simples ramo jurídico especializado, no instante de seu nascimento há século e meio atrás, esse complexo de princípios, regras e institutos jurídicos trilhou caminho de afirmação e generalização, bem próximo às vicissitudes da Democracia no mundo contemporâneo. Nesse roteiro nem sempre linear, tem despontado como componente decisivo do próprio conceito de Estado Democrático de Direito, em conformidade com a dimensão constitucional que o Texto Máximo de 1988 conferiu ao fenômeno no Brasil.

Esse processo de criação e de inter-relações é que será objeto do presente artigo.

II. Democracia e civilização

Democracia é construção recente na civilização. Embora a palavra tenha origem grega há mais de dois milênios atrás, em Atenas (*demos* – povo + *kratía* – força, poder)[52], tempo

(51) Conferência de Abertura do 51º Congresso Brasileiro de Direito do Trabalho, em promoção da LTr Editora, proferida no dia 27 de junho de 2011, no Centro de Convenções Rebouças, em São Paulo-SP. Alguns aspectos do presente texto foram adiantados na palestra "A Constituição e os Direitos Sociais", proferida em 16 de abril de 2011 no XVI Congresso Nacional dos Procuradores do Trabalho, em promoção da ANPT – Associação Nacional dos Procuradores do Trabalho, em Brasília-DF.

(52) HOUAISS, Antônio; VILLAR, Mauro de Salles. *Dicionário Houaiss da língua portuguesa*. 1. ed. Rio de Janeiro: Objetiva, 2001. p. 935.

em que se lançaram na cultura ateniense antiga alguns conceitos de grande relevância para o estudo próprio e comparativo do fenômeno, o fato é que a realidade efetiva da Democracia somente despontou na História no período contemporâneo.

Democracia, enquanto método e institucionalização de gestão da sociedade política e da sociedade civil, baseada na garantia firme das liberdades públicas, liberdades sociais e liberdades individuais, com participação ampla das diversas camadas da população, sem restrições decorrentes de sua riqueza e poder pessoais, dotada de mecanismos institucionalizados de inclusão e de participação dos setores sociais destituídos de poder e de riqueza, é fenômeno que despontou na História apenas *a partir da segunda metade do século XIX na Europa Ocidental.*

Nessa dimensão e extensão contemporâneas, com esse caráter amplo e principalmente inclusivo, características todas muito recentes, é que se pode sustentar o extraordinário impacto da Democracia na História.

1. Dimensões da Democracia

De fato, considerado esse conceito e essa realidade da Democracia, pode-se sustentar que o fenômeno tem se afirmado como uma das maiores construções da civilização, tomadas várias perspectivas, isoladamente ou em conjunto, a saber, perspectiva política, social, econômica, cultural, além da institucional.

Há, pois, um caráter multidimensional na Democracia, na acepção do constitucionalismo contemporâneo, ultrapassando a esfera estrita da sociedade política, para espraiar-se, cada vez mais, para áreas diversas da sociedade civil.

No plano político, em face da Democracia, de sua construção e de seu aperfeiçoamento, é que se viabilizou, pioneiramente, a participação da grande maioria da população nas questões de interesse mais amplo da comunidade. Mais do que isso, ela tem permitido e até mesmo instigado que a seara de interesses de setores não dominantes também tenha de ser sopesada no contexto da elaboração e concretização das políticas públicas.

Ainda no plano político, a Democracia tem viabilizado a melhor apreensão da inteligência e esforço humanos, pela circunstância de propiciar mais amplo e rico debate de ideias e perspectivas no interior da comunidade.

Nesse mesmo plano, a Democracia assegura, ademais, a realização da liberdade individual e social — apanágio de raros períodos e locais na História —, nos limites de ordem jurídica (relativamente) consensual.

No plano social, a Democracia incrementa instrumentos mais ágeis e eficazes de superação das desigualdades sociais pelo próprio dinamismo que ela propicia ao desenvolvimento e inter-relação dos grupos sociais. Ademais, a dinâmica democrática tende a incrementar, de maneira geral, processos modernizantes da estrutura social, em vista da urbanização que usualmente incentiva. Além disso, ela inevitavelmente estimula o surgimento de políticas públicas sensíveis aos interesses dos segmentos desfavorecidos ou até mesmo marginalizados na estrutura da sociedade.

No plano econômico, a Democracia, caso se mostre efetiva, também favorece a superação de obstáculos ao desenvolvimento trazidos por círculos tradicionais e restritos de poder, em face de tender a solapar, ao longo do tempo, a higidez dos antigos mecanismos de dominação existentes. A urbanização e a industrialização que costumam acompanhar seu processo de consolidação, com a ruptura e superação do velho poder rural dominante, arejam o sistema econômico do respectivo país, criando estamentos ou, até mesmo, novas classes sociais, com integração econômica mais ampla e efetiva do conjunto da população.

No plano cultural, a Democracia tem incentivado profundo avanço nas relações entre as pessoas e grupos sociais ao produzir a superação ou revisão de inúmeras tradicionais concepções sedimentadoras da desigualdade social e do desrespeito à dignidade da pessoa humana. A dinâmica e a lógica democráticas é que permitem que tal processo floresça e se espraie na sociedade, cristalizando-se em práticas e até mesmo instituições novas aptas a concretizar o avanço cultural então atingido.

No plano institucional, a Democracia tem gerado mecanismos permanentes na sociedade e no Estado de grande relevância à sua própria afirmação no mundo contemporâneo e, principalmente, para o alcance de seus objetivos centrais de incremento da participação das pessoas humanas e de sua inclusão no interior das sociedades civil e política a que se integram.

As instituições da Democracia geradas no âmbito da sociedade civil têm grande impacto no aperfeiçoamento geral de toda a sociedade. Observe-se, por exemplo, o papel impressionante dos inúmeros e diversificados meios de comunicação de massa (entre os principais, televisão, rádio, *internet*, jornais e revistas, por exemplo). Atente-se ainda ao papel notável das entidades associativas diversas, como sindicatos, entidades de regulação profissional, associações civis de objetivos variados etc. Reflita-se sobre a importância de certas instituições centenárias ou milenares, como as igrejas, ilustrativamente. Aponte-se, ainda, o papel crucial desempenhado pelas escolas na estruturação dos seres humanos e da vida social. Perceba-se a importância das empresas e das forças econômicas (o chamado *mercado econômico*) na conformação da sociedade civil de qualquer país. Note-se, por fim, a inserção dentro da sociedade civil de certas instituições típicas do Estado, tais como os partidos políticos.

As instituições da Democracia geradas no âmbito da sociedade política (Estado) também têm grande impacto no aperfeiçoamento geral do sistema. Citem-se, inicialmente, os partidos políticos, um dos mais conhecidos canais de inter-relação entre a sociedade civil e a sociedade política. Mencione-se o Poder Legislativo, com sua potencialidade de assimilar o impacto das demandas dos diversos grupos sociais. Cite-se o Poder Executivo, especialmente nos regimes presidencialistas, que tem dinâmica própria, relativamente autônoma em face do Legislativo, e que constitui importante núcleo de representação de interesses e perspectivas gestados na sociedade. Dentro desse poder estatal, há que se enfatizar a presença da multifacetada burocracia pública, responsável, em grande medida, pelas políticas públicas aptas a cimentar a coesão social e garantir um padrão mínimo de inclusão econômica e social em benefício de toda a população. Note-se também o Poder Judiciário que, nas democracias, deve se compor e se reger por estuário sensível à compreensão da essencialidade da própria Democracia e seus desdobramentos na estrutura e no funcionamento da sociedade civil e do Estado.

Os manuais de Teoria do Estado definem Democracia como *regime político* mediante o qual se assegura, em contexto de garantia das liberdades públicas, a participação ampla da população institucionalmente qualificada (cidadãos) na gestão do Estado e de seus organismos, seja pela representação, seja por veículos de participação direta. Nessa medida, a Democracia se antepõe às autocracias, que correspondem a regimes ditatoriais de exercício do poder político.

Tais definições não estão exatamente erradas, é claro, mas são, de modo enfático, nitidamente *insuficientes*.

A natureza de regime político da Democracia é inegável, porém ela não se circunscreve apenas a um temário e a uma realidade jungida à sociedade política. Ela é bem mais do que isso (embora esse primeiro aspecto destacado seja, de fato, muito importante). A Democracia, na verdade, abrange praticamente todos os aspectos da *vida social*, invadindo, inclusive, cada vez mais, a *seara econômica*. Nessa medida, o conceito ultrapassa bastante sua estrita dimensão política e institucional. Desse modo, é evidente a natureza multidimensional do fenômeno democrático.

Em consequência, a participação ampla da população institucionalmente qualificada, na Democracia, não se circunscreve apenas à gestão do Estado e de seus organismos. O conceito contemporâneo de Democracia invade também a esfera da sociedade civil, a qual, de maneira geral, em alguma extensão, também tem de se subordinar aos ditames democráticos[(53)].

Na Democracia, todas as formas de exercício de poder, mesmo as situadas apenas no plano da sociedade civil, estão submetidas a certas restrições. Essas restrições serão maiores ou menores, evidentemente, segundo a natureza, a função, os objetivos e as características das instituições civis; porém, não existe mais, praticamente, a possibilidade jurídica de exercício incontrastável de poder em sociedade e Estado efetivamente democráticos.

O enquadramento da Democracia como mero regime político (embora esse enquadramento seja importante, repita-se) ainda tem o agravante de não perceber outra dimensão notável da Democracia, ou seja, seu *caráter inclusivo*.

De fato, a Democracia, em razão de suas características e de sua dinâmica, é tendente a produzir — ou, pelo menos, a propiciar e incentivar — significativo processo de inclusão

(53) Os constitucionalistas têm percebido esse caráter multidimensional da Democracia. CANOTILHO, por exemplo, estatui: "O princípio democrático aponta, porém, no sentido constitucional, para um *processo de democratização* extensivo a diferentes aspectos da vida econômica, social e cultural." (grifos no original.) CANOTILHO, J. J. Gomes. *Direito constitucional e teoria da Constituição*. 7. ed. 8. reimp. Coimbra: Almedina, 2003.

de pessoas humanas. Inclusão política (obviamente, isso é de sua natureza original), inclusão social, inclusão econômica, inclusão cultural.

A potencialidade heurística (criadora de novas hipóteses) da Democracia é, desse modo, aparentemente, inesgotável.

2. Democracia e constitucionalismo

A relevância da Democracia, enquanto construção civilizatória, constitui, na verdade, o grande vértice do constitucionalismo contemporâneo. A partir da plena incorporação da ideia e da dinâmica democráticas, tanto na esfera da sociedade política, como na esfera da sociedade civil, é que o constitucionalismo contemporâneo pôde encontrar a base para alçar a pessoa humana e sua dignidade ao topo das formulações constitucionais.

De fato, em uma sociedade e um Estado autoritários, torna-se simples contrafação falar-se em relevância da pessoa humana, dignidade da pessoa humana, direitos individuais, coletivos e sociais de caráter fundamental, em suma, falar-se em toda a notável matriz do constitucionalismo das últimas décadas do século XX e início do presente século. A noção ampla e a prática crescente e cada vez mais profunda da Democracia é a energia que confere vida e dinamismo às mais importantes constituições do mundo contemporâneo.

É bem verdade que o primeiro marco do constitucionalismo, construído em torno do Estado Liberal Primitivo (também chamado de Estado Liberal de Direito), a partir da segunda metade do século XVIII, não possuía elementos que permitissem o enquadrar dentro do conceito e da realidade da Democracia. Tratava-se de sistemática manifestamente excludente, dirigida apenas às elites proprietárias da economia e da sociedade, que mantinha na segregação a larga maioria da população dos respectivos países.

Entretanto, esse primeiro marco teve a importância histórica de fixar, com objetividade e clareza, pela primeira vez, alguns pressupostos decisivos para o ulterior desenvolvimento da Democracia.

Na verdade, apenas a contar do segundo marco do constitucionalismo (Estado Social de Direito) e, principalmente, no interior do marco mais recente do constitucionalismo (Estado Democrático de Direito), é que a Democracia encontra força e estrutura harmônicas à sua real importância.

III. Os grandes marcos do constitucionalismo

O constitucionalismo ocidental possui três grandes marcos: as constituições do *Estado Liberal Primitivo* (ou *Estado Liberal de Direito*), a partir da segunda metade do século XVIII; as constituições que reconheceram e institucionalizaram a transição para a Democracia, capitaneando o denominado *Estado Social de Direito*, nas primeiras décadas do século XX; finalmente, as constituições que deram corpo e alma ao contemporâneo *Estado Democrático de Direito*, no período posterior à Segunda Guerra Mundial[(54)].

É claro que existem antecedentes aos constitucionalismos norte-americano e francês de finais do século XVIII, especialmente na tradição inglesa. Esses prolegômenos podem se situar até mesmo séculos atrás, no episódio da Magna Carta imposta pela nobreza fundiária ao monarca da Inglaterra do século XIII, limitando o poder soberano. Ainda na Inglaterra, no século XVII, a *revolução gloriosa* e o subsequente documento político, *Bill of Rights* (1689), cuja presença pôs cobro à autocracia monárquica, reafirmando importante alerta contrário ao absolutismo real.

Tais episódios e mensagens, contudo, não constituem exemplos plenos e bem contornados de um novo e revolucionário complexo jurídico, um novo Direito regente dos demais, o Direito Constitucional. O efetivo surgimento desse Direito novo somente ocorreu na segunda metade do século XVIII, com as constituições instituidoras do Estado Liberal Originário (Estado Liberal de Direito)[(55)].

1. Estado Liberal Primitivo (ou Estado Liberal de Direito)

O Estado Liberal Originário consubstancia o primeiro marco do constitucionalismo. Tem como fulcro as revoluções liberais dos Estados Unidos da América e da França ocorridas na segunda metade do século XVIII, com seus respectivos documentos constitucionais.

Tais documentos são, essencialmente, a Constituição dos Estados Unidos da América, de 1787 (dez emendas constitucionais foram logo a seguir aprovadas, em setembro de 1789, com ratificação em dezembro de 1791), e a Constituição da França, de 1791[(56)].

Integram a origem desse marco constitucional documentos precedentes aos dois textos constitucionais referidos. No caso dos EUA, a Declaração de Direitos da Virgínia,

---

(54) Os epítetos conferidos a esses padrões de Estado constitucional variam, relativamente. O constitucionalista José Afonso da Silva, por exemplo, refere-se a Estado de Direito ou Estado Liberal de Direito, quanto ao primeiro padrão; *Estado Social de Direito* (embora criticando esta denominação, registre-se), no tocante ao segundo padrão; Estado Democrático de Direito, quanto ao último e atual padrão. SILVA, José Afonso, *Curso de Direito Constitucional Positivo*. 34. ed. São Paulo: Malheiros, 2011. p. 112-122. A autora Gabriela Neves Delgado, no Capítulo I deste livro ("Os Paradigmas do Estado Constitucional Contemporâneo"), também prefere a tríade "Estado Liberal de Direito", "Estado Social de Direito" e "Estado Democrático de Direito". É claro que outros designativos existem, podendo ser utilizados no presente texto.

(55) Os três marcos do constitucionalismo mencionados dizem respeito, é evidente, apenas a padrões de estruturação da sociedade política e da sociedade civil que tenham relação significativa com o tema das liberdades públicas e individuais e da Democracia (ressaltando-se que o Estado Liberal Primitivo somente ingressa nessa tríade em face de ser importante antecedente que conduziu ao processo de democratização do Estado e da sociedade civil na Europa contemporânea). Por essa razão, não se incluem aqui os inúmeros experimentos e padrões de autoritarismos, sejam as autocracias tradicionais na História, sejam as novas manifestações de Estados autoritários ou totalitários, de ditaduras de direita e de esquerda. O estudo de tipologias ou padrões de autoritarismo corresponde a outro objeto, não se inserindo nos propósitos do presente capítulo e deste livro.

(56) A respeito, consultar MIRANDA, Jorge. *Manual de Direito Constitucional*. 7. ed. Coimbra: Coimbra, 2003. t. I, p. 141-149. Também MORAES, Alexandre de. *Direito Constitucional*. 26. ed. São Paulo: Atlas, 2010. p. 1-3. Ainda, LENZA, Pedro. *Direito Constitucional Esquematizado*. 13. ed. São Paulo: Saraiva, 2009. p. 6-7.

de 16 de junho de 1776, a Declaração de Independência dos Estados Unidos da América, de 4 de julho de 1776, além de "outras Declarações de Direitos dos primeiros Estados"(57). No caso da França, a Declaração dos Direitos do Homem e do Cidadão, de 1789.

Conquistas importantes ocorreram nesse primeiro marco do constitucionalismo contemporâneo. Tais conquistas, em alguns casos, seriam explicitadas somente no decorrer do tempo, a partir da construção jurisprudencial firmada pela Corte Superior respectiva — fato mais notável especialmente na tradição norte-americana.

Destaque-se, em primeiro lugar, a própria ideia da relevância do *documento constitucional escrito*, como síntese das regras dirigentes principais da estrutura do Estado.

Em segundo lugar, há que se destacar o princípio da primazia da Constituição na ordem jurídica de cada Estado e sociedade. Essa primazia constitucional passou a superar, firmemente, qualquer outra tese ou prática anteriores de prevalência, seja em favor do Poder Executivo (tese e prática, em geral, caras às monarquias tradicionais ao longo da História), seja em favor do Poder Legislativo (tese e prática que se mostrariam insinuantes e resistentes na tradição europeia formada mesmo após as revoluções liberais)(58).

Conforme se sabe, na célebre decisão do caso *Marbury v. Madison*, prolatada em 1803, a Suprema Corte dos EUA decidiu ser a Constituição diploma normativo superior a qualquer outro, de qualquer origem, cabendo ao Judiciário realizar sua interpretação, na medida em que interpretar as normas jurídicas e seus diplomas é tarefa inerente ao Poder Judiciário(59).

Destaque-se também a afirmação das primeiras e grandes liberdades individuais — liberdade de opinião, de locomoção, de reunião, de manifestação do pensamento, de informação, por exemplo — que consistem, como é óbvio, em requisito mínimo para qualquer construção efetiva da Democracia.

É claro que, no modelo liberal primitivo, tais liberdades eram circunscritas, efetivamente, apenas às elites proprietárias das respectivas sociedades — o que conferia a tais postulados caráter de efetiva contrafação. Esse caráter mais se exacerbava ao se perceber a harmônica convivência do estuário liberal originário com as próprias

(57) MIRANDA, Jorge. *Manual de Direito Constitucional*, p. 142. Também MORAES, Alexandre de. *Direito Constitucional*. 26. ed. São Paulo: Atlas, 2010. p. 1-3.

(58) Sobre esse contraponto, *primazia da Constituição* (logo afirmada, no início do século XIX, pela Suprema Corte, na jovem república dos EUA) *versus* primazia do Parlamento (algo insistida na tradição europeia posterior às revoluções liberais), consultar BRANCO, Paulo Gustavo Gonet, "Capítulo 1 - Noções Introdutórias", *in:* MENDES, Gilmar Ferreira; BRANCO, Paulo Gustavo Gonet. *Curso de Direito Constitucional*. 6. ed. SãoPaulo-Brasília: Saraiva-IDP, 2011. p. 45-61. Consultar também MIRANDA, Jorge, ob. cit., p. 149-152. Jorge Miranda, a propósito, demonstra a resistência do constitucionalismo francês, mesmo já no século XX, em deferir aos tribunais "competência para apreciar a constitucionalidade das leis". Ob. cit., p. 169-170.

(59) A respeito, BRANCO, Paulo Gustavo Gonet, ob. cit., p. 59-60. Expõe este mesmo constitucionalista: "O caso Marbury v. Madison reclama superioridade para o Judiciário, argumentando, essencialmente, com a ideia de que a Constituição é uma lei, e que a essência da Constituição é ser um documento fundamental e vinculante. Desenvolve a tese de que interpretar as leis insere-se no âmbito das tarefas próprias ao Judiciário". Ob. cit., p. 60.

ideia e prática da escravidão. De fato, no primitivismo da concepção da época, ainda não se compreendia ser manifesta antinomia atar semelhantes prerrogativas à noção de propriedade e não apenas ao fato e noção de pessoa humana. Era mesmo inviável perceber-se, nessa fase ainda rudimentar, existir relativa contraposição entre propriedade e liberdade, caso a segunda dependesse — como era o caso — da primeira.

Enfatize-se ademais a afirmação das primeiras liberdades públicas — liberdade de reunião e de organização, de propagação de informações e opiniões, de manifestação coletiva de opinião, por exemplo —, as quais também seriam, no futuro, após ampliadas para os diversos segmentos da sociedade, requisito mínimo para a construção efetiva da Democracia.

Aqui cabe, igualmente, ressaltar que tais primeiras e decisivas liberdades públicas ainda não se estendiam a todas as camadas da população — circunstância que evidenciava os limites modestos do Estado Liberal Primitivo. De toda maneira, a própria existência histórica de tais liberdades criava canais para sua subsequente expansão a partir da segunda metade do século XIX.

Agreguem-se, ademais, as liberdades e direitos políticos clássicos, tais como o direito de voto, o direito de ser votado, o direito de petição, o direito de constituir e participar de partidos políticos, ilustrativamente. Naturalmente, conforme se infere, todas essas inovações também se demarcam pelo caráter censitário, nos limites do modelo liberal primitivo, não favorecendo, desse modo, o conjunto da população, porém apenas as elites proprietárias.

Há que se indicarem, por fim, as restrições jurídicas e institucionais que se criaram ao Poder Executivo, instaurando limitação de poderes que seria fundamental ao posterior desenvolvimento das ideias e práticas democráticas.

No plano da sociedade civil — o reino da propriedade, segundo o ideário liberalista, como se conhece —, ocorreria importante avanço teórico, jurídico e institucional, com forte repercussão nas fases subsequentes. É que a ordem jurídica do Estado Liberal Primitivo confere *reconhecimento e institucionalização ao primeiro relevante patamar de separação do ser humano e de seu trabalho do conceito e realidade do direito de propriedade.*

Ora, a separação do indivíduo, com sua força de trabalho, da noção jurídica de propriedade — separação inviável nos períodos essencialmente escravagistas e de servidão — é fato cardeal para os avanços democráticos experimentados pela sociedade ocidental tempos depois. A afirmação do trabalho livre (embora tivesse algo de falacioso no período do liberalismo) consistiu em mudança cultural, jurídica, social e econômica de grande relevância, sendo também, é claro, evidente pressuposto para a posterior construção democrática.

Todas essas conquistas do Estado Liberal Primitivo traduzem, como visto, pressupostos relevantes para a subsequente construção da ideia e da prática democráticas, apanágio da segunda metade do século XIX e décadas iniciais do século XX.

2. *Estado Social de Direito (ou Estado Social)*

O Estado Social de Direito (também chamado de Estado Social) consubstancia o segundo marco do constitucionalismo. Tem como fulcro o processo de renovação política e jurídica ocorrido a partir da segunda década do século XX, tão bem manifestado em duas constituições pioneiras, a do México de 1917 e a da Alemanha, de 1919. No Brasil, a Constituição de 1934 expressa bem esse marco e, em certa medida, a Constituição de 1946.

Traduz nítido fenômeno de transição, no sentido de que já aponta para um processo de democratização da sociedade política e da sociedade civil — à diferença do marco constitucional primitivo —, mas ainda não consegue desvelar fórmula plena e consistente do novo paradigma em construção. As constituições dessa fase, segundo Paulo Bonavides, exprimem, "de princípio, um estado de independência, transitoriedade e compromisso"[(60)].

Esse marco constitucional apresenta destaques que merecem ser especificadamente referidos.

O primeiro plano de destaques corresponde ao processo de avanço das liberdades e direitos reconhecidos ou criados pelo Estado Liberal Primitivo em direção às grandes massas da população.

Nessa linha, manifesta-se a conquista das grandes liberdades individuais, em certa medida pelo menos, pelos setores subordinados na estrutura econômica e social, que passam a ter institucionalizados instrumentos de exercício do direito de opinião, de reunião, de manifestação do pensamento, de informação, especialmente por meio de suas organizações coletivas profissionais (os sindicatos) e político-partidárias (os partidos populares), agora já permitidas e institucionalizadas.

Na mesma direção, realiza-se a conquista das chamadas liberdades públicas — liberdade de reunião e de organização, de propagação de informações e opiniões, de manifestação coletiva de opinião, por exemplo — pelos demais segmentos sociais, mesmo quando subordinados na estrutura socioeconômica do respectivo país. Essa conquista também se materializou por meio, especialmente, das instituições intermediárias de organização e representação dos grupos sociais, em particular as entidades sindicais e os partidos políticos populares, únicos instrumentos capazes de superar as limitações materiais inerentes ao exercício de várias dessas prerrogativas (equipamentos organizacionais, meios de comunicação de massa etc.).

Ainda nesse relevante movimento, em harmonia às conquistas anteriores e com elas combinadas, a obtenção, pelos segmentos populares, das liberdades e dos direitos políticos clássicos, tais como, ilustrativamente, o direito de voto, o direito de ser votado,

---

(60) BONAVIDES, Paulo. *Curso de Direito Constitucional*. 24. ed. São Paulo: Malheiros, 2009. p. 231. Referindo-se, especificamente, ao Texto Máximo da Alemanha, o autor declara: "A Constituição de Weimar foi fruto dessa agonia: o Estado Liberal estava morto, mas o Estado social ainda não havia nascido." Ob. cit., p. 233.

o direito de petição, o direito de constituir e participar de partidos políticos. Tal conquista materializa-se por meio da extirpação das sistemáticas censitárias e congêneres dos sistemas político-institucionais, de modo a incorporar os setores populares e as mulheres na vida político-institucional.

O segundo plano de destaques tem forte caráter inovador, correspondendo à assimilação, pelas novas constituições, de ramos jurídicos novos, especialmente atados a perspectivas e interesses das classes populares. É o que se passa com o fenômeno da constitucionalização do Direito do Trabalho e do Direito de Seguridade Social pela Constituição do México, de 1917, e da Alemanha, de 1919. A partir de então, ganham *status* constitucional regras e princípios jurídicos antitéticos ao liberalismo prevalecente na fase originária das constituições, apontando direção muito distinta para o desenvolvimento do constitucionalismo ocidental.

Além do significado intrínseco da incorporação de ramo jurídico aparentemente revolucionário, como o Direito do Trabalho, esse fato também traduzia, de certo modo, a primeira manifestação constitucional no sentido de autorizar a intervenção do Estado na ordem econômica e social. Tanto o Direito de Seguridade Social como o Direito do Trabalho (este, registre-se, em grau muito mais acentuado) expressam o fenômeno do intervencionismo estatal na vida socioeconômica, tendência que iria se tornar, décadas depois, muito mais ampla do que originalmente pensado pelo Estado Social de Direito.

Essa incorporação do segmento jurídico-trabalhista também fazia avançar, agora mediante *status* constitucional, o processo anterior de reconhecimento e institucionalização da separação do ser humano e de seu trabalho perante o conceito e a realidade do direito de propriedade. A separação da força de trabalho do indivíduo e de sua própria pessoa de qualquer resquício da ideia de propriedade é avanço cultural já percebido na fase anterior que agora ganha completa consistência, invertendo-se o polo jurídico na direção de garantir proteções e vantagens ao indivíduo que trabalha, ao invés de ser o trabalho um demérito. O trabalho, desse modo, marcha, celeremente, em meio a processo de mudança cultural, jurídica, social e econômica de grande relevância, para se tornar valor especialmente celebrado pela ordem jurídica e constitucional.

Naturalmente que essa incorporação do Direito do Trabalho pelas novas constituições repercute fortemente na sociedade civil, assegurando o avanço do processo de desmercantilização do trabalho na economia e de democratização do poder no interior da sociedade civil.

O Estado Social de Direito é, entretanto, de fato, apenas um modelo jurídico e político de transição, uma fase intermediária do constitucionalismo; é expressão de uma crise no paradigma originário, sem que se tenha ainda construído, com plenitude, novo e próprio paradigma. Efetivamente, esse padrão constitucional, embora tenha superado aspectos importantes do período precedente, ainda não conseguia expressar um real paradigma novo de estrutura das constituições.

Tratando das constituições dessa fase, Paulo Bonavides expõe que elas exprimem, "de princípio, um estado de independência, transitoriedade e compromisso"[(61)]. O Texto Máximo da Alemanha, de 1919, segundo o autor, é exemplo dessa dimensão de crise, de transitoriedade: "A Constituição de Weimar foi fruto dessa agonia: o Estado Liberal estava morto, mas o Estado social ainda não havia nascido."[(62)]

Essa característica transitória expressa-se, ilustrativamente, na circunstância de tais constituições inserirem os direitos individuais da pessoa trabalhadora, todos também de caráter social, além dos direitos coletivos trabalhistas, ao final dos textos constitucionais, como espécie de anexo estranho a seu efetivo corpo constitucional.

Além disso, essa fase histórica e teórica ainda não tem inteira noção da efetiva relevância da pessoa humana na estrutura da sociedade política e da sociedade civil, inserindo regras a seu respeito como espécie de "carta de direitos", um rol anexo de preceitos estranhos à vida e à estrutura das constituições.

Por isso é que o constitucionalismo desse período — ainda que reproduzido contemporaneamente — formulou a bastante divulgada distinção entre regras constitucionais *em sentido material* e regras constitucionais *em sentido formal*. As primeiras, tratando do Estado, sua estrutura, competência, prerrogativas, por exemplo, traduziriam o núcleo próprio de qualquer Constituição. As segundas, tratando, ilustrativamente, dos direitos sociais trabalhistas e de seguridade social, não fariam parte desse núcleo próprio, estando apenas circunstancialmente (e, quem sabe, impropriamente) inseridas na Carta Magna; seriam, desse modo, apenas formalmente — mas não materialmente, substantivamente — regras constitucionais.

Está muito clara essa transitoriedade ainda no fato de essas relevantes constituições não terem tido o condão de expressar, com clareza de regras e princípios, a centralidade da questão democrática não apenas no âmbito da sociedade política (Estado), como também no universo da sociedade civil.

3. Estado Democrático de Direito

O Estado Democrático de Direito consubstancia o marco contemporâneo do constitucionalismo. Tem como fulcro o processo de transformação política, cultural e jurídica ocorrido a partir dos finais da Segunda Guerra Mundial na realidade histórica do Ocidente.

Expressa-se, em um primeiro momento, nas Constituições da França (1946), Itália (1947) e Alemanha (1949), todas de fins da década de 1940. Esse marco, contudo, continuou a se elaborar em textos constitucionais que surgiram nas décadas subsequentes, como a da Constituição de Portugal, de 1976, a da Espanha, de 1978, além da Constituição do Brasil, de 1988.

---

(61) BONAVIDES, Paulo. Ob. cit., p. 231.

(62) *Ibidem*, p. 233.

O Estado Democrático de Direito consubstancia claro fenômeno de *maturação* histórica e teórica, uma vez que incorpora a relevância da Democracia na construção de seu conceito político e jurídico. Nessa medida, dá origem a real inovador paradigma de organização e gestão da sociedade civil e da sociedade política (Estado).

Nesse novo paradigma conceitual, tem destaque diferenciado a importância da pessoa humana e sua dignidade, que direciona princípios e regras para toda a matriz teórica e prática.

Na mesma linha de relevo, desponta a concepção democrática de organização e funcionamento da sociedade política e da sociedade civil, erigindo-se a Democracia como o veículo e a estrutura para a melhor realização, nas mais diversas dimensões, do Estado Democrático de Direito.

O conceito de Estado Democrático de Direito funda-se em um inovador tripé conceitual: *pessoa humana*, com sua *dignidade*; *sociedade política*, concebida como *democrática e inclusiva*; *sociedade civil*, também concebida como *democrática e inclusiva*. Nessa medida, apresenta clara distância e inovação perante as fases anteriores do constitucionalismo.

O paradigma novo fez-se presente na estrutura de princípios, institutos e regras da Constituição da República Federativa do Brasil, de 1988, constituindo o luminar para a compreensão do espírito e da lógica da ordem constitucional do País.

IV. Estado Democrático de Direito como marco contemporâneo do constitucionalismo

O Estado Democrático de Direito consubstancia o marco contemporâneo do constitucionalismo. Tem como fulcro, conforme visto, o processo de transformação política, cultural e jurídica ocorrido a partir dos finais da Segunda Guerra Mundial. Expressa-se, em um primeiro momento, nas Constituições da França, Itália e Alemanha, de fins da década de 1940, embora também continuasse a se elaborar em textos constitucionais de décadas após, como o de Portugal, de 1976, o da Espanha, de 1978, além da Constituição do Brasil, de 1988.

Traduz nítido fenômeno de *maturação*, no sentido de que incorpora, com plenitude, a importância do fenômeno democrático na construção do conceito jurídico e político novo de *Estado Democrático de Direito*, dando origem a real inovador paradigma de organização e gestão da sociedade e do Estado.

Incorpora também com plenitude a importância da pessoa humana e sua dignidade — largamente compreendido o conceito — no âmbito da sociedade política e também da sociedade civil, lançando essa matriz conceitual em suas regras e princípios.

O paradigma constitucional novo ainda abrange a ideia de *desmercantilização* de certos valores e práticas na economia e sociedade como instrumento necessário à realização de certos princípios, valores e regras fundamentais do Estado Democrático de Direito. Essa característica leva, uma vez mais, ao conjunto da sociedade civil, não só da sociedade política, o vetor dirigente da respectiva Constituição.

O intervencionismo estatal na economia e a subordinação da propriedade privada à sua função social, que despontaram no constitucionalismo precedente (Estado Social de Direito), são marcas importantes e bem definidas do presente paradigma constitucional. É que ele labora em torno de noções como dignidade da pessoa humana, direitos individuais e sociais fundamentais, valorização do trabalho e especialmente do emprego, sociedade livre, justa e solidária, erradicação da pobreza, da marginalização e redução das desigualdades sociais e regionais, justiça social, em suma, noções que reconhecem que o mercado privado, por si somente, sem regulação e induções públicas, é incapaz de atender aos anseios cardeais de um Estado Democrático de Direito.

O conceito inovador de Estado Democrático de Direito, como dito, funda-se em um inquebrantável tripé conceitual: *pessoa humana*, com sua *dignidade*; *sociedade política*, concebida como *democrática e inclusiva*; *sociedade civil*, também concebida como *democrática e inclusiva*.

A *pessoa humana*, com sua *dignidade*, constitui o ponto central do Estado Democrático de Direito. Daí que estabelecem essas constituições o princípio da dignidade da pessoa humana como a diretriz cardeal de toda a ordem jurídica, com firme assento constitucional.

A eleição da pessoa humana como ponto central do novo constitucionalismo, que visa a assegurar sua dignidade, supõe a necessária escolha constitucional da Democracia como o formato e a própria energia que tem de perpassar toda a sociedade política e a própria sociedade civil. Sem Democracia e sem instituições e práticas democráticas nas diversas dimensões do Estado e da sociedade, não há como se garantir a centralidade da pessoa humana e de sua dignidade em um Estado Democrático de Direito. Sem essa conformação e essa energia democráticas, o conceito inovador do Estado Democrático de Direito simplesmente perde consistência, convertendo-se em mero enunciado vazio e impotente.

A pessoa humana e sua dignidade estão afirmadas, em uma Constituição criadora e regente de um Estado Democrático de Direito, em diversos de seus segmentos e enunciados: por exemplo, nos princípios fundamentais; nos direitos e garantias fundamentais; na regulação da ordem econômica e financeira; na regulação da ordem social. Em todas essas dimensões constitucionais, a centralidade da pessoa humana e sua dignidade está explícita ou implicitamente assegurada.

Do mesmo modo, o caráter democrático e inclusivo da *sociedade política* está afirmado, explícita ou implicitamente, em uma Constituição criadora e regente de um Estado Democrático de Direito.

Há, de fato, instituições da sociedade política que expressam o próprio espírito e exercício da Democracia, tais como os partidos políticos, o Parlamento, o processo eleitoral, etc. Outras traduzem essa presença por meio de certos aspectos, embora não todos. É o que se passa com o critério geral de recrutamento dos quadros da burocracia pública, mediante concursos públicos.

É claro que existem instituições tipicamente estatais com grau variado e específico de inserção no vetor democrático, como, por exemplo, o Poder Judiciário, o aparelho policial do Estado e as Forças Armadas. Porém isso não quer dizer que não se harmonizem, dentro de suas peculiaridades públicas, ao imperativo democrático.

Por fim, também o caráter democrático e inclusivo da sociedade civil está afirmado, explícita ou implicitamente, em uma Constituição criadora de um efetivo Estado Democrático de Direito.

Conforme já exposto, há, de fato, instituições da *sociedade civil* que expressam o próprio espírito e exercício da Democracia, tais como os sindicatos e os movimentos coletivos experimentados no mundo do trabalho. Há ainda as diversas outras entidades organizativas da sociedade civil, de grande importância na vida democrática. Arrole-se nesse grupo os meios de comunicação de massa (*internet*, televisão, rádio, revistas, jornais, etc.), que atuam fortemente também na dinâmica de inter-relação Estado/sociedade civil.

É claro que existem instituições da sociedade civil que não estão integralmente submetidas ao imperativo democrático e inclusivo, tal como ocorre com as empresas e o conjunto do mercado econômico. Podem ou não ser mais ou menos democráticas e inclusivas essas entidades, como se sabe. Entretanto, ainda assim, estão jungidas a cumprir largo rol de regras e princípios jurídicos afirmativos do imperativo democrático e de inserção social na sociedade política e na sociedade civil. Um dos melhores exemplos aplicáveis a esse universo empresarial é o Direito do Trabalho, com suas regras e princípios de tutela da dignidade da pessoa humana, de moderação no exercício do poder empresarial, de inclusão social e econômica de trabalhadores.

Estado de Bem-Estar Social

Como se percebe pelas características do paradigma do Estado Democrático de Direito, ele é melhor atendido, do ponto de vista histórico, concreto, prático — *nos marcos do sistema capitalista* —, pelo experimento que se tem denominado de *Estado de Bem-Estar Social, Estado Providência* ou *Welfare State*. Esse experimento vicejou principalmente na Europa Ocidental, a partir do término da Segunda Guerra Mundial, mantendo-se, em sua essência, presente na região até os dias atuais.

É evidente que o *Welfare State* tem sofrido mudanças, algumas decorrentes da necessária adaptação de suas regras às conquistas da medicina e da demografia — como se passa com o sistema de Seguridade Social, que tem calibrado as idades de aposentação ao gradativo avanço das expectativas de vida e de trabalho das respectivas populações. Tais mudanças sequer diminuem o Estado de Bem-Estar Social, repita-se, mas apenas o calibram ao resultado das conquistas que ele próprio promoveu.

Algumas modificações, reconheça-se, derivam do assédio contínuo, nos últimos 30 anos, do ideário liberalista que se tornou hegemônico no Ocidente desde finais dos anos de 1970.

Claro que a configuração do Estado Providência não se mostrou uniforme no universo europeu ocidental, não traduzindo um modelo único e indiferenciado. Conforme se sabe, o *Welfare State* sempre foi mais generalizado, profundo e economicamente mais exitoso nos países nórdicos (especialmente Suécia, Dinamarca e Noruega), em seguida, na Alemanha e na França, em contraponto a uma configuração menos acentuada e bem-sucedida nos países europeus do Mediterrâneo (Itália, por exemplo) e do sul europeu (Espanha e Portugal). Não se trata, portanto, de um único e indiferenciado modelo, caso sopesadas as diversas experiências nacionais da região (mesmo após a criação da *União Europeia*, em 1992, ou da moeda única, euro, em 2002)[(63)]. Porém, se realizada a comparação em face de países sob forte influência do velho paradigma do Estado Liberal Primitivo, a diferença é simplesmente manifesta.

Registre-se que essas mudanças ocorridas nas últimas décadas no *Welfare State* de vários países da Europa Ocidental não têm sido capazes de desconstruir a essência do modelo de bem-estar social. Esse modelo, como se conhece, funda-se no intervencionismo estatal, na regulação socioeconômica do mercado privado, em uma determinada presença estatal no conjunto da economia, na *desmercantilização* relativa de certos bens, valores e práticas. Tal modelo é que tem obtido sucesso no continente europeu com respeito à construção e manutenção de uma sociedade que assegure a dignidade da pessoa humana, os direitos individuais e sociais fundamentais, a valorização do trabalho e especialmente do emprego; que seja, no possível, exemplo de sociedade livre, justa e solidária, garantindo a erradicação da pobreza, da marginalização e a redução das desigualdades sociais e regionais; que realize, em síntese, a ideia matriz de *justiça social*[(64)].

V. Estado Democrático de Direito, Constituição da República e Direitos Sociais

O Estado Democrático de Direito consubstancia o marco contemporâneo do constitucionalismo. No Brasil, esse marco apresentou-se, de certo modo, na Constituição de 1946, embora somente tenha claramente se afirmado na Constituição da República de 1988.

A Constituição de 1946, na verdade, mesmo tendo elementos importantes a um Estado Democrático de Direito — a exemplo de sua estruturação notoriamente

---

(63) A União Europeia é produto de antigo sonho de pacifistas europeus, cujo início concreto deflagrou-se a partir de tratados de cooperação econômica entre Estados que foram subscritos depois da Segunda Guerra Mundial (o primeiro deles, Tratado de Paris, de 1951, envolvendo seis Estados). A intensificação e alargamento da ideia de *comunidade europeia*, por além da noção original de Estado, ocorreu nas décadas seguintes, mediante a lavratura de vários tratados, até que, em 1992, foi assinado, por doze membros originais, o *Tratado de Maastricht* (ou *Tratado da União Europeia*), que entrou em vigor em novembro de 1993. A partir desse marco histórico, houve crescente adesão de novos Estados à União Europeia, instituindo-se também a moeda única, *euro*, no ano de 2002.

(64) A respeito do *Welfare State*, suas características e modificações nas últimas décadas, consultar, ilustrativamente, DELGADO, Mauricio Godinho; PORTO, Lorena Vasconcelos (Orgs.). *O estado de bem-estar social no século XXI*. São Paulo: LTr, 2007. Também CONDÉ, Eduardo Salomão. *Laços na diversidade* – a Europa social e o *Welfare* em movimento (1992-2002). Juiz de Fora: UFJF, 2008.

democrática —, ainda melhor se enquadrava dentro dos parâmetros do constitucionalismo imediatamente anterior, o do Estado Social de Direito (nessa medida, à semelhança da Constituição brasileira de 1934).

Em 1988, é que o paradigma do Estado Democrático de Direito realmente se expressa de maneira plena em um texto constitucional do País.

Conforme já exposto, o conceito de Estado Democrático de Direito funda-se em um inovador tripé conceitual: *pessoa humana, com sua dignidade; sociedade política, concebida como democrática e inclusiva; sociedade civil, também concebida como democrática e inclusiva.*

Esse tripé conceitual está claramente inserido na Constituição da República de 1988.

De fato, a pessoa humana, com sua dignidade, está fortemente afirmada em diversos títulos da Carta Magna. No Título I, que trata "Dos Princípios Fundamentais"; no Título II, tratando "Dos Direitos e Garantias Fundamentais"; no Título VII – "Da Ordem Econômica e Financeira"; finalmente, no Título VIII – "Da Ordem Social".

A concepção de sociedade política democrática e inclusiva está também afirmada em diversos títulos da Constituição. O Título I ("Dos Princípios Fundamentais") e o Título II ("Dos Direitos e Garantias Fundamentais"), que tão bem demarcam a superioridade desta Constituição na evolução histórica constitucional brasileira, submetem as entidades estatais ao império dos direitos humanos fundamentais.

Os demais títulos, tratando especificamente da estruturação do Estado e seus entes, também deixam implícito esse caráter democrático e inclusivo da sociedade política. Vejam-se o Título III – "Da Organização do Estado"; o Título IV – "Da Organização dos Poderes"; o Título V – "Da Defesa do Estado e das Instituições Democráticas"; o Título VI – "Da Tributação e do Orçamento".

A concepção de sociedade civil democrática e inclusiva também está afirmada em diversos títulos da Constituição. Note-se a forte diretriz dos Títulos I e II, os quais submetem as entidades, as dinâmicas e práticas da sociedade civil ao império dos direitos humanos fundamentais.

Essa concepção fica ainda muito evidente no Título VII, que cuida "Da Ordem Econômica e Financeira", e no Título VIII, que trata "Da Ordem Social".

Os direitos sociais, especialmente os trabalhistas, compõem o núcleo da Constituição da República, com presença marcante no interior do decisivo Título II, que trata "Dos Direitos e Garantias Fundamentais" (arts. 6º a 11).

Dispõe o art. 6º: "São direitos sociais a educação, a saúde, a alimentação, o trabalho, a moradia, o lazer, a segurança, a previdência social, a proteção à maternidade e à infância, a assistência aos desamparados, na forma desta Constituição."[65]

---

(65) O texto original do art. 6º foi ampliado por duas emendas constitucionais: a de n. 26, de 2000, introduziu a *moradia* como direito social, ao passo que a Emenda Constitucional n. 64, de 2010, introduziu a *alimentação* como direito social.

O art. 7º, por sua vez, estipula para os trabalhadores largo rol de direitos trabalhistas, ao lado de alguns previdenciários, fixando um piso constitucional mínimo para a contratação e gestão trabalhistas no País.

Tão importante quanto esse rol é a circunstância de o mesmo preceito, no *caput* do art. 7º, incorporar o relevante *princípio da norma mais favorável* no corpo constitucional, ao dispor: "São direitos dos trabalhadores urbanos e rurais, *além de outros que visem à melhoria de sua condição social*:" (grifos acrescidos). Com isso, a Constituição reforçou a imperatividade da ordem jurídica trabalhista infraconstitucional que regula os contratos empregatícios na economia e sociedade brasileiras, incentivando também iniciativas de incremento dessa legislação ao longo do tempo.

Note-se que os direitos sociais têm uma dimensão dupla e combinada, uma vez que ostentam o caráter de direitos e garantias individuais dos trabalhadores, ao mesmo tempo em que integram, em seu conjunto, o largo espectro dos direitos sociais que caracterizam a ordem jurídica

Considerada sua primeira dimensão (direitos e garantias individuais dos trabalhadores), não são passíveis de modificação *in pejus*, ainda que por meio de emenda constitucional. É o que resulta do disposto no art. 60, § 4º, IV, da Constituição, e da própria circunstância de integrarem o núcleo dos direitos individuais fundamentais da Carta Magna[66].

VI. Constituição da República, Estado Democrático de Direito e Direito do Trabalho: diretrizes essenciais da conformação constitucional brasileira

A Constituição da República Federativa do Brasil inseriu em seu núcleo mais importante e definidor o *Direito do Trabalho*.

É o que resulta da circunstância de se estruturar em torno da matriz de um Estado Democrático de Direito, com destaque para os direitos fundamentais da pessoa humana, inclusive os que tenham concomitante dimensão social. Tais direitos ocupam o centro da estrutura normativa constitucional, alçando em seu ápice a pessoa humana e sua dignidade. Além disso, a mesma circunstância demarca a ideia e a prática da Democracia como luminar normativo do Texto Máximo, focado em direção à sociedade política e também à sociedade civil.

São impensáveis a estrutura e a operação prática de um efetivo Estado Democrático de Direito sem a presença de um Direito do Trabalho relevante na ordem jurídica e na experiência concreta dos respectivos Estado e sociedade civil. É que grande parte das noções normativas de democratização da sociedade civil (e, em certa medida, também do Estado), garantia da dignidade da pessoa humana na vida social, garantia da prevalência dos direitos fundamentais da pessoa humana no plano da sociedade,

---

(66) O art. 60 da Constituição trata das emendas constitucionais, estabelecendo em seu § 4º, IV, que: "Não será objeto de deliberação a proposta de emenda tendente a abolir (...) os direitos e garantias individuais."

subordinação da propriedade à sua função social, garantia da valorização do trabalho na atividade econômica e do primado do trabalho e especialmente do emprego na ordem social, desmercantilização de bens e valores cardeais na vida socioeconômica e justiça social, em suma, grande parte das noções essenciais da matriz do Estado Democrático de Direito estão asseguradas, na essência, por um amplo, eficiente e incisivo Direito do Trabalho disseminado na economia e sociedade correspondentes.

Essa notável compreensão constitucional, tão bem expressa no Texto Magno de 1988, é que levou à inserção do Direito do Trabalho em dois dos mais importantes títulos da Constituição (o de n. I – "Dos Princípios Fundamentais" e o de n. II – "Dos Direitos e Garantias Fundamentais"), fazendo esse ramo jurídico e o seu objeto, o trabalho, também abrirem, como luminar geral normativo, os notáveis Título VII ("Da Ordem Econômica e Financeira") e Título VIII ("Da Ordem Social").

Diretrizes constitucionais

Passados mais de vinte anos do surgimento da Constituição, já existe maturidade histórica, cultural e científica para se bem compreender suas diretrizes essenciais com respeito ao Direito do Trabalho. Na verdade, hoje se tem claro que a Constituição de 1988 produziu leitura e compreensão abrangentes do Direito do Trabalho na economia, na sociedade e na ordem jurídica brasileiras, destacando com clareza seu papel na sociedade política e na sociedade civil do País.

Eis as diretrizes essenciais da Constituição da República relativamente ao Direito do Trabalho do Brasil:

a) *No tocante à dimensão individual e coletiva do Direito do Trabalho, a Constituição firmou clara prevalência do Direito Individual do Trabalho perante o Direito Coletivo do Trabalho, em casos de confrontos de normas jurídicas*:

Todos conhecem, é claro, a notável importância do Direito Coletivo do Trabalho. Trata-se do segmento do Direito do Trabalho que melhor expressa a capacidade de agregação dos trabalhadores em torno de suas entidades coletivas, conduzindo a certo clímax os direitos de reunião, organização e manifestação inerentes à Democracia.

É o Direito Sindical expressão e mecanismo notáveis de democratização da sociedade civil, especialmente em seu âmbito social e econômico, permitindo o alcance de fórmulas mais participativas e equânimes de gestão social no mundo do trabalho. Por meio desse segmento jurídico e de seus institutos, princípios e regras, a Democracia invade a sociedade civil, concretizando mais de perto sua expansividade, marca que tão bem distingue o Estado Democrático de Direito.

O Direito Coletivo do Trabalho (ou Direito Sindical), mediante a negociação coletiva, pode até mesmo criar normas jurídicas, dando origem a um estuário normativo relevante nas economias e sociedades contemporâneas.

A Constituição de 1988 reconheceu a importância do Direito Coletivo na ordem jurídica do País, atribuindo-lhe *status* superior ao fixado nos documentos constitucionais precedentes. Entretanto, não deixou de enfatizar a primazia dos direitos individuais e sociais trabalhistas estabelecidos nos diplomas heterônomos estatais do Brasil.

De fato, considerou a Constituição que o Direito Individual do Trabalho tem maior aptidão para atingir, com maior celeridade, eficiência e generalização, o conjunto da economia e da sociedade brasileiras, de modo a realizar um efetivo Estado Democrático de Direito no País. Com efeito, o Direito Individual tem plenas condições de estar presente, ao mesmo tempo, em todos os rincões e segmentos da realidade brasileira, independentemente da conjuntura política ou sindical, da maior ou menor organização da classe trabalhadora nas múltiplas áreas do mercado de trabalho e regiões do País. Em face dessas suas características, que bem se ajustam à enorme dimensão geográfica e populacional do Brasil, o Direito Individual do Trabalho despontaria como mais inclusivo, rápido e universal, mesmo em contexto de incentivos normativos constitucionais manifestos ao avanço e aperfeiçoamento do Direito Coletivo do Trabalho.

Nessa medida, para o Texto Máximo, despontaria o Direito Coletivo como instrumento *adicional* para o aprofundamento e melhoria das regras legais, nos segmentos profissionais mais bem organizados.

Aponta, desse modo, a Constituição para a generalização e aperfeiçoamento do Direito Coletivo, embora ciente de suas ainda claras limitações na realidade sindical, institucional, social e econômica do País.

Nessa mesma direção do novo constitucionalismo brasileiro, desponta inegável prevalência das normas imperativas estatais, que compõem o Direito Individual do Trabalho, sobre as normas coletivas, *as quais não recebem poder para diminuir as garantias legais, salvo exceções indubitavelmente fixadas.*

Em consequência dessa direção constitucional, não há sentido em se pensar em instrumentos coletivos negociados que simplesmente rebaixem o padrão civilizatório estabelecido, de modo imperativo, na ordem jurídica estatal trabalhista — salvo as exceções fixadas pela Constituição e regras legais específicas.

b) *No que tange aos direitos individuais trabalhistas, fica claro que, embora sendo também, ao mesmo tempo, direitos sociais, integram o núcleo inexpugnável da Constituição, na qualidade de direitos individuais fundamentais*:

Os direitos trabalhistas têm uma dimensão dupla e combinada, que está bem reconhecida na estrutura normativa da Constituição. São direitos e garantias individuais de seus titulares, os trabalhadores, e, ao mesmo tempo, são direitos sociais.

Sob a perspectiva da pessoa humana que vive do trabalho, especialmente o trabalho empregatício, tais direitos são o principal instrumento de concretização dos princípios, valores e regras constitucionais da prevalência da dignidade da pessoa humana, da valorização do trabalho e, particularmente, do emprego, da subordinação da propriedade à sua função social, da efetivação da justiça social e da democratização da sociedade civil.

Sob a perspectiva dessa mesma pessoa humana individual, mas também da comunidade de trabalhadores, de parte majoritária da sociedade e famílias brasileiras, sob a perspectiva ainda do Estado e suas decisivas políticas públicas, são direitos sociais, ou seja, um universo fundamental de realização, no plano mais amplo da economia e da sociedade, daqueles princípios, valores e regras tão bem acentuados pela Constituição.

Esses direitos e garantias individuais e sociais, por isso mesmo, integram o Título II do Texto Máximo, "Dos Direitos e Garantias Fundamentais".

São dessa maneira parte componente do núcleo inexpugnável da Constituição, na qualidade de direitos e garantias individuais fundamentais.

c) *Há princípios e direitos coletivos do Capítulo II (Dos Direitos Sociais) do Título II (Dos Direitos e Garantias Fundamentais) da Constituição que integram o núcleo inexpugnável do Texto Máximo, embora nem todos o façam, como, por exemplo, a regra concernente à unicidade sindical (art. 8º, II) e a regra relativa ao financiamento do sistema sindical (art. 8º, IV):*

Há princípios e regras coletivos que integram o núcleo intangível da Constituição, embora, evidentemente, nem todos aqueles arrolados nos arts. 8º até 11 do Texto Máximo o façam.

Compõem esse núcleo que não se pode debelar apenas os princípios e regras que traduzem, efetivamente, dimensão fundamental do projeto normativo constitucional de realizar no Brasil um Estado Democrático de Direito. Regras e princípios sem os quais não se pode falar na presença desse paradigma na realidade social, econômica, cultural, institucional e jurídica brasileiras.

Desse modo, entre os princípios e regras coletivos que integram o núcleo inexpugnável da Constituição, estão, pelo menos, quatro: os que asseguram a *liberdade sindical e a autonomia das entidades sindicais* (art. 8º, I e V); os que asseguram aos sindicatos *a função de defesa dos direitos e interesses coletivos ou individuais da categoria* (art. 8º, III); os que determinam *ser obrigatória a participação dos sindicatos nas negociações coletivas de trabalho* (art. 8º, VI); e os que estabelecem *garantias eficientes ao exercício da administração e das funções sindicais* (art. 8º, VIII).

Em coerência com o exposto, não compõem esse núcleo fundamental regras sobre o *tipo de modelo sindical* (a unicidade sindical, fixada no inciso II do art. 8º, por exemplo), além de *critérios de financiamento do sistema sindical* (ilustrativamente, a chamada *contribuição confederativa* referida no inciso IV do art. 8º, preceito que se reporta também, de modo implícito, à *contribuição sindical obrigatória*, fixada na CLT).

d) *No contraponto entre regras coletivas negociadas e regras estatais, a Constituição determinou que prevaleça a regra mais favorável aos trabalhadores (art. 5º, §§ 1º e 2º; art. 7º,* caput*), salvo os estritos casos em que a própria ordem jurídica autorize a prevalência de regras convencionais menos benéficas:*

O Texto Magno do Brasil, embora tenha estabelecido notáveis incentivos e garantias à negociação coletiva trabalhista — garantias e incentivos praticamente desconhecidos na história jurídica anterior do País —, teve o cuidado de prever a incidência do *princípio da norma mais favorável* em casos de contraponto entre regras coletivas negociadas e regras estatais. Com isso assegurou a concretização mais rápida e universal de um efetivo Estado Democrático de Direito no País, garantindo, com segurança, a prevalência de suas diretrizes essenciais da proteção à dignidade da pessoa humana, da valorização do trabalho e especialmente do emprego, da subordinação da propriedade à sua função social, da democratização da sociedade civil — e não só da sociedade política —, da concretização da justiça social.

Com sabedoria e prudência, a Constituição permitiu o afastamento do princípio da norma mais favorável nos estritos casos em que a própria ordem jurídica heterônoma estatal autorize a prevalência de regras menos benéficas oriundas da negociação coletiva.

Tais casos excepcionais podem estar previstos no próprio Texto Máximo (incisos VI, XIII e XIV do art. 7º, por exemplo).

Claro que nesses dispositivos a Constituição apenas firma um comando, o qual, muitas vezes (hipótese do art. 7º, VI — *irredutibilidade de salário, salvo o disposto em convenção ou acordo coletivo*), tem de ser especificado em lei (casos de redução salarial por conjuntura econômica adversa: Lei n. 4.923, de 1965, em seu art. 2º).

Outras vezes, esse comando tem de ser atenuado, em vista da necessária interpretação sistemática do Texto Máximo, feita em face de outros preceitos constitucionais (a redução não prevalece, por exemplo, em se tratando de matéria de saúde e segurança do trabalhador, diante do imperativo específico vindo da própria Constituição — art. 7º, XXII: *redução dos riscos inerentes ao trabalho, por meio de normas de saúde, higiene e segurança*).

Esses casos excepcionais podem ainda ser estabelecidos pela própria legislação fixadora de certo direito ou garantia trabalhistas (por exemplo, §§ 2º e 3º do art. 58 da CLT, que instituem o direito às horas *in itinere*, porém flexibilizam, em parte, seu cálculo econômico).

Naturalmente que pode a negociação coletiva realizar certa adequação setorial negociada sem produzir efetivo prejuízo (não ferindo, pois, o princípio constitucional da norma mais favorável), embora autorizando determinada mudança formal tida como prática pelo empregador. É o que ocorre com cláusulas convencionais que fixam adicional noturno mais elevado do que os 20% estipulados pelo *caput* do art. 73 da CLT (40% ou 50% de adicional noturno normativo, ilustrativamente), em contraponto ao aumento da hora ficta noturna para 60 minutos, ao invés dos 52'30" estabelecidos pelo § 1º do art. 73 da mesma lei nacional.

Pode ainda a negociação coletiva, como se sabe, em harmonia à adequação setorial negociada permitida pelo Texto Máximo, criar parcelas trabalhistas efetivamente novas, *supralegais*, todavia lhes modulando o efeito jurídico. É o que tradicionalmente tem sido reconhecido pela jurisprudência com respeito a parcelas de auxílio-alimentação e congêneres, instituídas por CCTs ou ACTs, mas com efeitos contratuais restritos (por exemplo, sem natureza salarial)[(67)].

e) *A Constituição da República sepultou o debate acerca do paradigma mais adequado para o Brasil (isto é, o modelo jurídico legislado* versus *o modelo jurídico negociado), realizando enfática escolha pelo modelo legislado de regulação trabalhista:*

Os debates sobre a Democracia no Brasil, onde o fenômeno sempre foi verdadeiro *enigma histórico*[(68)], conduziram, durante certo tempo, ao contraponto de modelos jurídicos trabalhistas: o padrão jurídico negociado (também chamado de *normatização autônoma e privatística*), hegemônico nos países de formação anglo-americana, *versus* o padrão jurídico legislado (chamado também de *normatização privatística mas subordinada*), com origem na Europa continental.

As dificuldades de afirmação da cidadania e da democracia na história brasileira produziram reflexões sobre a dimensão trabalhista e sindical da estrutura institucional do País, a ponto de se formarem algumas concepções negativistas sobre a compatibilidade do padrão legislado de ordem jurídica trabalhista com a sedimentação de sólidas perspectivas para o desenvolvimento econômico, social e político no Brasil. Segundo tais concepções, o *pecado original* da origem autoritária do modelo justrabalhista brasileiro, estruturado na ditadura Vargas (1930-1945), comprometeria toda e qualquer tentativa de compatibilizar esse subsistema jurídico, social, econômico e cultural com a Democracia no País. Nesse pessimismo analítico, o padrão essencialmente negociado de sistema trabalhista, derivado da matriz anglo-americana, despontava como alternativa política e jurídica a ser considerada[(69)].

A Constituição de 1988 firmemente superou esse debate e tal insegurança sobre a questão trabalhista no Brasil. O mais democrático e inclusivo Texto Máximo já produzido na História do Brasil realizou explícita, clara e estrutural escolha pelo modelo legislado

---

(67) Sobre o princípio da adequação setorial negociada, conferir DELGADO, Mauricio Godinho. *Curso de Direito do Trabalho*. 11. ed. São Paulo: LTr, 2012. Capítulo XXXIV, item V. 2. Do mesmo autor, *Direito Coletivo do Trabalho*. 4. ed. São Paulo: LTr, 2011. Capítulo IV, item VIII ("Negociação Coletiva – possibilidades e limites"). Consultar ainda TEODORO, Maria Cecília Máximo. *O princípio da adequação setorial negociada no Direito do Trabalho*. São Paulo: LTr, 2007.

(68) Sobre as vicissitudes da democracia e da cidadania no Brasil, com suas renitentes dificuldades de afirmação, consultar análise feita pela Professora de História da UFMG, PUC/MINAS e UnB, Lucilia de Almeida Neves Delgado, em seu artigo "Cidadania e república no Brasil: desafios e projeções do futuro". *In:* PEREIRA, Flávio Henrique Unes; DIAS, Maria Tereza Fonseca (Orgs.). *Cidadania e inclusão social* – estudos em homenagem à Professora Miracy Barbosa de Souza Gustin. Belo Horizonte: Fórum, 2008. p. 322-335. A historiadora sustenta que "a prática da democracia no Brasil e a plena realização da cidadania apresentam-se como um enigma histórico a ser decifrado, pois a tradição do país tem sido marcada por dois tipos de movimento: o primeiro refere-se à facilidade com que experiências democráticas foram interrompidas no decorrer do período republicano; o segundo relaciona-se à permanência residual e paradoxal de práticas políticas autoritárias em conjunturas de exercício político da democracia". *In:* ob. cit., p. 322.

(69) A respeito desse debate em torno das origens do sistema trabalhista brasileiro (o *pecado original*), sua evolução nas décadas seguintes aos anos de 1940, com os subsequentes ajustes promovidos pela Constituição de 1988, consultar neste livro especialmente três capítulos: o de n. V – "Democracia, Cidadania e Trabalho"; o Capítulo VII – "Direito do Trabalho e Inclusão Social – estrutura, evolução e papel da CLT no Brasil"; e, finalmente, o Capítulo IX – "Papel da Justiça do Trabalho no Brasil".

de regulação trabalhista, indicando, inclusive, os caminhos mais coerentes para sua afirmação, desenvolvimento e melhoria.

A partir dessa manifesta escolha constitucional, vindo do Texto Magno mais democrático construído em cinco séculos de história, torna-se inconsistente e meramente ideológica qualquer tese de rediscussão sobre a importação do modelo anglo-americano para a economia, a sociedade e a cultura brasileiras.

Em conformidade com a Constituição de 1988, cabe, essencialmente, universalizar-se o estuário de regras e princípios jurídicos trabalhistas na sociedade e economia brasileiras, elevando-se o patamar civilizatório mínimo de inclusão social e econômica na realidade do País, conferindo-se efetividade à mais importante política pública de inclusão social e econômica já construída nos marcos do capitalismo.

Os aperfeiçoamentos necessários no plano do Direito Coletivo do Trabalho — a respeito do qual a Constituição, de fato, reconheceu existir certa *transição democrática* — que não têm a aptidão de recolocar em debate todo o sistema jurídico constitucionalizado. A estrutura, o sentido e o papel desse sistema jurídico trabalhista estão firmemente assentados pela própria Constituição da República.

VII. Conclusão

O paradigma do Estado Democrático de Direito constrói-se em torno de três eixos centrais: a pessoa humana e sua dignidade; a sociedade política, democrática e inclusiva; a sociedade civil, também democrática e inclusiva.

Esse paradigma estruturou-se após suplantada a fase de transição que se deflagrou ainda no início do século XX, pelo Estado Social de Direito, que teve o condão de repercutir o temário da Democracia na estrutura institucional e cultural do precedente Estado Liberal Primitivo.

Firmemente incorporado pela Constituição de 1988 no Brasil, o Estado Democrático de Direito permitiu alçar a um plano constitucional diferenciado os ramos jurídicos sociais, em especial o Direito do Trabalho.

A partir do marco do novo constitucionalismo, sabe-se ser inviável garantir-se efetiva centralidade à pessoa humana na vida econômica, social e institucional, tangendo-se sua dignidade, sem lhe assegurar patamar civilizatório mínimo no mundo do trabalho que caracteriza a economia e a sociedade reais. O instrumento historicamente testado para essa garantia reside na generalização do Direito do Trabalho e de seu estuário normativo próprio.

Da mesma maneira, o novo constitucionalismo apreendeu ser imprescindível à democratização da sociedade política e especialmente da sociedade civil a presença de sistema normativo interventivo no contrato de emprego, mecanismo racional e eficiente para viabilizar maior equilíbrio de poder na principal relação de trabalho existente no capitalismo.

Esse mesmo sistema normativo é que irá garantir, ao mesmo tempo, constante dinâmica de distribuição de renda no universo econômico e social, completando o ciclo virtuoso de construção do Estado Democrático de Direito no âmbito da sociedade civil, especialmente na economia.

Nesse quadro analítico, a inter-relação entre Constituição da República, Estado Democrático de Direito e Direito do Trabalho ganha consistência histórica, lógica e normativa inarredável, descortinando o real sentido do projeto central da Constituição de 1988.

Referências bibliográficas

BONAVIDES, Paulo. *Curso de Direito Constitucional.* 24. ed. São Paulo: Malheiros, 2009.

BRANCO, Paulo Gustavo Gonet. Capítulo 1 — Noções Introdutórias. *In:* MENDES, Gilmar Ferreira; BRANCO, Paulo Gustavo Gonet. *Curso de Direito Constitucional.* 6. ed. São Paulo--Brasília: Saraiva-IDP, 2011.

CANOTILHO, J. J. Gomes. *Direito constitucional e teoria da Constituição.* 7. ed. 8. reimp. Coimbra: Almedina, 2003.

CONDÉ, Eduardo Salomão. *Laços na diversidade — a Europa social e o* Welfare *em movimento (1992-2002).* Juiz de Fora: UFJF, 2008.

DELGADO, Lucilia de Almeida Neves. Cidadania e república no Brasil: desafios e projeções do futuro. *In:* PEREIRA, Flávio Henrique Unes; DIAS, Maria Tereza Fonseca (Orgs.). *Cidadania e inclusão social* — estudos em homenagem à Professora Miracy Barbosa de Souza Gustin. Belo Horizonte: Fórum, 2008.

DELGADO, Mauricio Godinho. *Curso de Direito do Trabalho.* 11. ed. São Paulo: LTr, 2012.

________________. *Direito Coletivo do Trabalho.* 4. ed. São Paulo: LTr, 2011.

DELGADO, Mauricio Godinho; DELGADO, Gabriela Neves. *Constituição da República e Direitos Fundamentais* — dignidade da pessoa humana, justiça social e Direito do Trabalho. São Paulo: LTr, 2012.

DELGADO, Mauricio Godinho; PORTO, Lorena Vasconcelos (Orgs.). *O estado de bem-estar social no século XXI.* São Paulo: LTr, 2007.

HOUAISS, Antônio; VILLAR, Mauro de Salles. *Dicionário Houaiss da língua portuguesa.* 1. ed. Rio de Janeiro: Objetiva, 2001.

LENZA, Pedro. *Direito constitucional esquematizado.* 13. ed. São Paulo: Saraiva, 2009.

MENDES, Gilmar Ferreira; BRANCO, Paulo Gustavo Gonet. *Curso de Direito Constitucional.* 6. ed. São Paulo-Brasília: Saraiva-IDP, 2011.

MIRANDA, Jorge. *Manual de Direito Constitucional.* 7. ed. t. I. Coimbra (Portugal): Coimbra, 2003.

MORAES, Alexandre de. *Direito constitucional.* 26. ed. São Paulo: Atlas, 2010.

PEREIRA, Flávio Henrique Unes; DIAS, Maria Tereza Fonseca (Orgs.). *Cidadania e inclusão social* — estudos em homenagem à Professora Miracy Barbosa de Souza Gustin. Belo Horizonte: Fórum, 2008.

SILVA, José Afonso. *Curso de direito constitucional positivo.* 34. ed. São Paulo: Malheiros, 2011.

TEODORO, Maria Cecília Máximo. *O princípio da adequação setorial negociada no Direito do Trabalho.* São Paulo: LTr, 2007.

Capítulo III
Estado Democrático de Direito e Direito Fundamental ao Trabalho Digno

Gabriela Neves Delgado

I. Introdução

No Direito do Trabalho, qualquer conhecimento teórico que se pretenda universal deve estar instruído por reflexões filosóficas e sistemáticas sobre os *fundamentos do trabalho*. É por isso que se considera, conforme enuncia Felice Bataglia, que *a valorização filosófica do trabalho é fundamento necessário para se alcançar a sua valorização jurídica*[70].

A Filosofia do Trabalho revela-se como conhecimento teórico e universal, além de peculiar ao processo civilizatório, vez que combina a construção do saber com a interpretação do próprio saber[71].

As indagações filosóficas acerca do trabalho procuram estabelecer fundamentação racional, concatenada com argumentos ordenados e lógicos, sobre os pressupostos de sua existência.

Na perspectiva e afirmação do Estado Democrático de Direito, fundado e ancorado na Constituição da República, tais fundamentos se concentram na compreensão do sentido e da extensão do *direito fundamental ao trabalho digno*.

É claro que a análise e contextualização do direito fundamental ao trabalho requerem, como um de seus pressupostos, o desenvolvimento de interpretações críticas que considerem a história como elemento integrado às transformações e à configuração do mundo do trabalho contemporâneo.

Tais interpretações constituem subsídios à compreensão do trabalho de modo integrado ao processo mais amplo e complexo, constituído por variáveis sociais, políticas, econômicas, culturais e jurídicas, presentes no incessante movimento da humanidade através do tempo. Análise que, do ponto de vista jusfilosófico, enseja a recuperação da trajetória dos direitos fundamentais por meio dos *paradigmas do Estado contemporâneo*.

É claro que a análise do direito fundamental ao trabalho se relaciona diretamente à sucessão histórica vivenciada em cada época. Dada sua característica de não linearidade,

(70) BATAGLIA, Felice. *Filosofia do trabalho*. Trad. Luiz Washington Vita e Antônio D'Elia. São Paulo: Saraiva, 1958. p. 24. Sobre o tema, consultar ainda: GOMES, Fábio Rodrigues. *O direito fundamental ao trabalho:* perspectivas histórica, filosófica e dogmático-analítica. Rio de Janeiro: Lumen Juris, 2008; PEDUZZI, Maria Cristina Irigoyen. *O princípio da dignidade da pessoa humana na perspectiva do direito como integridade*. São Paulo: LTr, 2009.

(71) SALGADO, Joaquim Carlos. *Ancilla iuris*. *Revista da Faculdade de Direito da UFMG*, Belo Horizonte, v. 34, p. 82-83, 1994.

vale dizer, por sujeitar-se às limitações e progressões contínuas provenientes da ação dos próprios sujeitos da história, é possível afirmar que o processo de concretização do direito fundamental ao trabalho será sempre dinâmico e jamais pleno ou acabado. Portanto, seus significados e valores objetivados em normas jurídicas encontram-se permanentemente submetidos à história em movimento.

Na vigência do *Estado Liberal de Direito*, fase em que o capitalismo industrial se tornou o eixo preponderante de produção no Ocidente, predominava forte exploração do trabalho, tanto nos países matrizes do capitalismo, como naqueles a eles agregados e, portanto, dependentes.

Nos países periféricos destacava-se, ainda, um dos mecanismos da clássica acumulação primitiva de capital, ou seja, a transferência de recursos para os países centrais sob a forma de metais e pedras preciosas (período do mercantilismo, que antecedeu à Revolução Industrial).

As relações produtivas eram marcadas por precária proteção legal. Essa situação, especialmente nos países onde a industrialização despontava e se consolidava, estimulou a associação da classe trabalhadora como verdadeiro contraponto aos abusos cotidianos da exploração do trabalho.

A crise gradativa do liberalismo propiciada em parte pela consciência e atuação da classe obreira, sedimentadas a partir de meados do século XIX, contribuiu para a reformulação do modelo de Estado que, de abstencionista e com atribuições mínimas, passou gradativamente a interferir na economia e nas questões sociais, ampliando seu campo de atuação e até mesmo de intervenção.

Edificou-se o *Estado Social de Direito*, já no plano do século XX.

Ao longo da consolidação do Estado Social de Direito, constituiu-se processo histórico de regulamentação de uma específica relação de trabalho, identificada por meio do conceito técnico-jurídico da *relação de emprego*.

O Estado Social de Direito representava alternativa não só às demandas dos trabalhadores, mas também às crises do capitalismo desenvolvidas no decorrer de sua trajetória histórica, entre as quais duas se destacaram por seus grandes impactos e efeitos reprodutivos.

Em primeiro lugar, cabe referência à crise de 1929, que, como um rastilho de pólvora, contaminou mercados financeiros e produtivos, gerou graves processos inflacionários, contraiu a economia, ampliou o desemprego e colocou mais uma vez em xeque os preceitos do liberalismo.

Como desdobramento de tal crise, surgiram, em diferentes países do mundo, práticas governamentais intervencionistas, centralizadoras e estatizantes, que variaram em matizes e características, incluindo desde as experiências de coloração fascista implementadas em países como Alemanha, Itália, Espanha e Portugal, até o modelo do *New Deal*, posto em prática por Franklin Delano Roosevelt, nos EUA.

No Brasil, esse período caracterizou-se pelo governo de Getúlio Vargas, iniciado em 1930 e que teve seu ápice intervencionista e centralizador na fase do Estado Novo, entre os anos de 1937 a 1945.

Outra grande crise do capitalismo no século XX culminou, tempos depois, em meados da década de 1970, em um mundo quase que inteiramente interligado pelas teias do capital e do mercado. Mas, dessa feita, a solução adotada para neutralizar os impactos do referido processo foi oposta àquela acolhida na década de 1930. Ou seja, a solução intervencionista foi descartada em benefício de práticas liberais.

O fetiche do *Estado mínimo* retomou sua ascensão. Os postulados da livre negociação e do abstencionismo renovaram-se como diretrizes do Capital e do Estado.

Reestruturou-se, sob nova roupagem, o liberalismo, que, moldado pela dialética histórica, tornou-se fundamento dos países do eixo central capitalista e também dos demais países periféricos vinculados à mesma lógica econômica preponderante no final do século passado.

Nasceu, com força avassaladora e fortemente expansionista, o neoliberalismo, diretriz do *Estado Poiético*(72), assim identificado por Joaquim Carlos Salgado:

> *No Estado poiético, o produto do fazer é o econômico, que nenhum compromisso tem com o ético, e procura, com a aparência da cientificidade, subjugar o político, o jurídico e o social. Não é ético, porque o seu fazer não se dirige a realizar os direitos sociais. Evidentemente, se o Estado realiza os direitos sociais, esse fazer é ético.*(73)

O Estado Poiético, ao propor novas ideologias e práticas para o mundo capitalista contemporâneo (com destaque para a flexibilização extremada das normas jurídicas e a desregulamentação, às vezes radical, do mercado laborativo), desestabilizou o trabalho enquanto instrumento de emancipação e de consolidação da identidade social e coletiva do obreiro.

Assim, ao final do século XX e início do XXI, o trabalho tende a ser incorporado ao mercado como valor estritamente utilitário. Nessa linha, também a valorização do trabalhador em sua condição humana tende a ser desprestigiada, já que o obreiro recorrentemente é visto como mero instrumento de trabalho de uma relação contratualizada.

Os processos de emancipação e de afirmação da identidade social e coletiva do homem pelo trabalho também são desestabilizados em favor da instrumentalidade do ofício.

É exatamente pelo fato de não reconhecer o caráter social do trabalho e a condição de pessoa do trabalhador, além da necessidade de proteção social pelo Direito, que o

---

(72) O Estado Poiético é definido por Joaquim Carlos Salgado como "[...] a ruptura no Estado Ético contemporâneo que alcançou a forma do Estado de Direito". Sobre o tema, consultar: SALGADO, Joaquim Carlos. Estado ético e Estado poiético. *Revista do Tribunal de Contas do Estado de Minas Gerais*, Belo Horizonte, v. 27, n. 2, p. 54, abr./jun. 1998.

(73) SALGADO, Joaquim Carlos. *Estado ético e Estado poiético*, p. 56.

Estado Poiético desestabiliza o direito ao trabalho digno, qualquer que seja sua forma de manifestação.

É preciso, pois, retomar e resgatar os contornos constitucionais que enaltecem o trabalho enquanto suporte de valor da dignidade do ser humano.

II. Breve digressão sobre os fundamentos filosóficos do trabalho

Em certo sentido, o trabalho é *suporte de valor*[(74)], por isso, é identificado de diversas maneiras, dependendo do ponto de vista de quem analisa e de quem é agraciado por ele. Desse modo, poderá ser valorizado como digno/indigno; lícito/ilícito; formal/informal; estável/instável; seguro/perigoso; e assim sucessivamente.

O sentido do valor trabalho[(75)] revelar-se-á tanto pelo sujeito trabalhador, como pelo momento histórico vivenciado. Em outras palavras, o trabalho determina a própria valorização do sujeito que trabalha (entenda-se: a valorização refere-se ao sujeito enquanto trabalhador). Então é possível que, em sociedade, se valorize de maneiras distintas o trabalhador empregado, o trabalhador autônomo, o trabalhador estagiário, entre outros. O que não quer dizer, diga-se de passagem, que o Direito deva identificar as particularidades de cada trabalho por critérios de exclusão.

O eixo teórico ora proposto recai sobre o trabalho em seu processo de realização como valor humano. Trabalho que, sendo uma das categorias de maior relevância social, transforma simultaneamente o sujeito e a sociedade.

Todavia, considerada a dinâmica do capitalismo deflagrada sobretudo ao final do século XX e início do XXI, depara-se com a fragilização do valor trabalho e de seu significado mais fundamental de construção da dignidade, seja considerada a identidade individual, seja considerada a identidade coletiva obreira.

Tal fragilização aproxima-se por analogia, em alguns casos, à realidade dos primórdios da Revolução Industrial, quando não havia qualquer regulamentação protetora do trabalho humano.

No tratamento do tema, merece destaque a historicidade do conceito de trabalho, considerados os diversos eixos propostos à temática no mundo ocidental.

Felice Bataglia ressalta a complexidade e importância do trabalho, elemento imprescindível à vida humana e que pode ser aferido sob os pontos de vista econômico, técnico, jurídico, religioso e filosófico.

---

(74) JARDIM, Sílvia. O trabalho e a construção do sujeito. *In:* SILVA FILHO, João Ferreira da; JARDIM, Sílvia. (Orgs.). *A danação do trabalho:* organização do trabalho e sofrimento psíquico. Rio de Janeiro: Te Cora, 1997. p. 83.

(75) Virgílio Afonso da Silva esclarece que um dos grandes avanços na teoria geral dos direitos fundamentais no pós-guerra foi o reconhecimento de que os direitos fundamentais também expressam um sistema de valores, válido para todo o ordenamento jurídico. Segundo o autor, um sistema de valores "(...) é o ponto de partida, *vinculante*, para uma constitucionalização do direito e uma ampliação da própria força normativa da constituição". Sobre o tema, consultar: SILVA, Virgílio Afonso da. *A Constitucionalização do Direito:* os direitos fundamentais nas relações entre particulares. São Paulo: Malheiros, 2005. p. 76-77. (grifo do autor.)

Nesse sentido, disserta:

Trabalho é um conceito complexo, pois implica os mais diversos aspectos da vida e, por isso, está voltado para as mais diversas ciências; cada uma delas se ocupa dele e o enquadra diversamente em seu sistema, mais ou menos central, mais ou menos importante, sempre porém digno de interesse.[(76)]

Neste capítulo, busca-se refletir sobre o trabalho com ênfase em perspectiva teórica contrária à descortinada ao final do século XX, mais precisamente a partir de meados da década de 1970, quando parte da doutrina assumiu inadvertidamente a crise do trabalho como fenômeno intransponível e irremediável.

A polêmica teórica que se estendeu nesse período histórico concentrou-se na possibilidade de constituição de uma sociedade sem trabalho, mediante a completa anulação do homem trabalhador enquanto indivíduo componente do sistema capitalista de produção.

Na contramão desse raciocínio, segue o presente texto, que se posiciona no sentido de considerar o trabalho prestado em condições de dignidade valor indispensável para o processo de emancipação e de constituição da identidade social e coletiva do trabalhador.

Manuel Castells explica que a *identidade* constitui "fonte de significado" para o ser humano, que é originada e construída necessariamente por meio de processos concomitantes de internalização e de autoconstrução dos atores sociais. Ou seja, a identidade organiza significados quanto à finalidade da ação praticada pelo homem, seja em sua vivência individual ou socializada. Em outras palavras, quanto maior a reflexão do homem quanto ao reconhecimento de sua própria identidade, maior a sua capacidade de emancipação[(77)].

Para Marilena Chauí, a formação da identidade do homem, de sua noção de "eu", depende da elaboração e da sustentação, pelo próprio homem, de sua "consciência psicológica" (o que ocorre por meio da vivência individual como, por exemplo, pelas lembranças e afetos próprios a cada ser humano) e de sua "consciência moral" (que se revela na vivência social como, por exemplo, pelo trabalho em sociedade)[(78)].

É pela consciência psicológica e moral que o homem fundamenta e constrói sua identidade enquanto ser humano, tornando-se verdadeiro representante de si, para melhor desenvolver suas potencialidades e direcionar sua própria história. Por meio de sua identidade, posiciona-se com autonomia na seara social revelando sua condição jurídica de sujeito de direitos e deveres[(79)].

Enquanto ator social, seus atos e a finalidade de seus atos são meios para que possa firmar-se nas relações que estabelece em família, na comunidade, no *trabalho*,

---

(76) BATAGLIA, Felice. *Filosofia do trabalho*, p. 19.

(77) CASTELLS, Manuel. *O poder da identidade*. Trad. Klauss Brandini Gerhardt. 3. ed. v. 2. São Paulo: Paz e Terra, 2001. p. 22-28.

(78) CHAUÍ, Marilena. *Convite à filosofia*. 13. ed. São Paulo: Ática, 2004. p. 130-132.

(79) *Idem*.

e em outras searas. Há, portanto, verdadeira dialética entre a identidade socializada e a autoidentificação[(80)].

Especificamente quanto à identidade social desenvolvida por meio do trabalho, importa destacar que ela possibilita ao homem identificar-se intensamente como ser humano consciente e capaz de participar e de ser útil na dinâmica da vida em sociedade. Possibilita-lhe, também, desenvolver a consciência de que deve cuidar de si mesmo, preservando-se e exigindo que a dinâmica tutelada pelo Direito seja cumprida e aperfeiçoada para que esteja materialmente protegido.

Para que a conscientização e a consolidação da identidade social do trabalhador sejam efetivadas, é necessário que o Estado e demais atores sociais articulem e desenvolvam práticas sociais.

Nessa perspectiva, é que se deve considerar o papel dos direitos sociais como referência para a concretização de todos os demais direitos fundamentais, exatamente porque eles criam "*[...] condições mais propícias ao auferimento da igualdade real, o que, por sua vez, proporciona condição mais compatível com o exercício efetivo da liberdade*"[(81)]. E é claro que a possibilidade maior de concretização da liberdade e da igualdade concretas se faz por meio do *direito fundamental ao trabalho*. Por isso, o trabalho é tido como "*[...] elemento (ou valor) introjetado na nova formulação da ideia de justiça*"[(82)].

O trabalho deve ser compreendido em sua *significação ética*, ou seja, em qualquer época e cultura, o homem deve afirmar e consolidar, na universalidade do tempo e do espaço, considerada qualquer hipótese e circunstância, sua condição de ser humano[(83)]. Ademais, o trabalho também deve ser traduzido como verdadeira "fórmula de integração e coesão social"[(84)], verdadeiro instrumento de libertação e exaltação da fecunda condição humana.

É o que conclui Marilza Geralda do Nascimento:

> *O significado do trabalho na realidade contemporânea não se prende às amarras de uma limitação meramente produtiva ou econômica e encerra um outro sentido, próprio de uma sociedade solidária — sociedade em que a exclusão é concebida como desvio social, que exige correção pelos seus próprios membros e instituições. Nessa compreensão, de corte histórico-axiológico e humanístico, o trabalho eleva-se como uma das fórmulas de inserção social, como meio que deve ser assegurado à pessoa, de desempenhar um papel em sua comunidade.*[(85)]

---

(80) *Idem*.

(81) SILVA, José Afonso da. *Curso de direito constitucional positivo*. 9. ed. São Paulo: Malheiros, 1994. p. 258. A respeito, consultar ainda: ROBLES, Gregório. *Os direitos fundamentais e a ética na sociedade atual*. Trad. Roberto Barbosa Alves. São Paulo: Barueri, 2005.

(82) SALGADO, Joaquim Carlos. Os direitos fundamentais. *Revista Brasileira de Estudos Políticos*, Belo Horizonte, Universidade Federal de Minas Gerais, n. 82, p. 15-69, 1996. p. 42.

(83) Sobre o "direito de ser homem", consultar: DINIZ, Arthur Almeida. Paradoxos. *Revista da Faculdade de Direito da Universidade Federal de Minas Gerais*, Belo Horizonte, n. 39, p. 43-44, 2000; DINIZ, Arthur Almeida. Reflexões sobre a liberdade e a solidariedade. *Revista da Faculdade de Direito da Universidade Federal de Minas Gerais*, Belo Horizonte, n. 38, p. 75, 2000.

(84) A expressão é de Marilza Geralda do Nascimento.

(85) NASCIMENTO, Marilza Geralda do. *O trabalho como valor*: afirmação e crise em perspectiva tridimensional. Dissertação de mestrado. Faculdade de Direito. Universidade Federal de Minas Gerais, 2002. p. 219.

Nessa diretriz, deve o trabalho permitir a vivência da "substância espiritual da liberdade"(86), o que quer dizer que o homem deve ter assegurado, por meio do trabalho, sua consciência de liberdade, para que possa construir-se e realizar-se em sua vivência cotidiana, reafirmando e ressignificando sua identidade como sujeito-trabalhador.

De toda forma, ao mesmo tempo em que o trabalho auxilia a emancipação e a construção da identidade social e coletiva do homem, pode também destruir sua existência, caso não existam condições mínimas para o seu exercício com dignidade.

Se ao trabalhador não são asseguradas condições mínimas de saúde e de segurança no trabalho, por exemplo, não há espaço para o exercício do direito fundamental ao trabalho digno, que será mera abstração.

E é justamente aqui que reside o caráter fundamental do Direito do Trabalho enquanto instrumento hábil a impedir a mercantilização do trabalhador e sua desmesurada dependência em relação ao empregador. Dito de outra maneira, é o Direito do Trabalho instrumento jurídico nuclear para a compreensão e ressignificação do trabalho na contemporaneidade do Direito(87).

III. Fundamento e estrutura do trabalho digno no marco constitucional brasileiro

No âmbito da vida real, o trabalho deve revelar o homem em sua dimensão maior de ser humano. Por essa razão, o eixo teórico do texto ora formulado parte do pressuposto de que o trabalho, enquanto direito universal fundamental, deve basear-se no *referencial axiológico da dignidade do ser humano*(88).

A formulação de conceito que seja atual sobre a dignidade da pessoa humana é uma das tarefas mais tortuosas apresentadas pelas doutrinas filosófica e constitucional(89).

---

(86) A expressão é de Joaquim Carlos Salgado.

(87) Joaquim Carlos Salgado apresenta importante digressão sobre o impacto da sociedade civil sobre o Estado e o ser humano. Nesse sentido, esclarece: "[...] a sociedade civil faz do Estado o instrumento da despersonalização, da perda da substância espiritual da liberdade. Com efeito, não é simplesmente a valoração do homem pelo que ele faz, indiferente do saber consciente desse fazer, o que em si mesmo não compromete a sua liberdade, mas a sua instrumentalização enquanto é reduzido à pura dependência como ser-para-um-outro, com total supressão do seu ser-para-si livre, ou fim em si mesmo. Na sociedade civil contemporânea, o homem passa a ser instrumento para algo e, na medida em que é instrumento para algo, coisa, é instrumento para o outro, pessoa, que o domina, segundo a estrutura da relação senhor--escravo, guardada evidentemente a essencial diferença entre a relação de servidão ou escravidão e a do trabalho livre". Consultar: SALGADO, Joaquim Carlos. *Estado ético e Estado poiético*, p. 55.

(88) Sobre o tema da dignidade humana, consultar: MIRANDA, Jorge; SILVA, Marco Antônio Marques da. *Tratado Luso-Brasileiro da dignidade humana*. 2. ed. atual. e ampl. São Paulo: Quartier Latin, 2009; CORRÊA, André L. Costa. Apontamentos sobre a dignidade humana enquanto princípio constitucional fundamental. *In:* VELLOSO, Carlos Mário da Silva; ROSAS, Roberto; AMARAL, Antônio Carlos Rodrigues do. *Princípios constitucionais fundamentais:* estudos em homenagem ao Professor Ives Gandra da Silva Martins. São Paulo: Lex Editora, 2005. p. 115-123.

(89) Não é proposta do artigo, respeitada a relevância da temática, traçar a evolução secularizada do conceito filosófico da dignidade da pessoa humana. Parte-se de seu significado tal qual é compreendido na atualidade, sobretudo quanto à sua condição jurídico-normativa.

Conforme explica Ingo Wolfgang Sarlet, não há consenso e, acima de tudo, definição universal sobre a temática, a não ser o entendimento de que *a dignidade revela a própria condição humana, apresentando-se no gênero humano sem fronteiras*[(90)].

Apesar disso, o autor propõe formulação jurídica do conceito de dignidade do ser humano, destacando todavia que, por ser o tema vago e impreciso, seu conceito encontra-se em permanente processo de construção e desenvolvimento.

Nesse sentido, disserta Ingo Sarlet:

> Assim sendo, temos por dignidade da pessoa humana *a qualidade intrínseca e distintiva reconhecida em cada ser humano que o faz merecedor do mesmo respeito e consideração por parte do Estado e da comunidade, implicando, neste sentido, um complexo de direitos e deveres fundamentais que assegurem a pessoa tanto contra todo e qualquer ato de cunho degradante e desumano, como venham a lhe garantir as condições existenciais mínimas para uma vida saudável, além de propiciar e promover sua participação ativa e corresponsável nos destinos da própria existência e da vida em comunhão com os demais seres humanos.*[(91)] (grifos do autor)

O conceito apresentado procura destacar a dignidade enquanto *qualidade intrínseca do ser humano*, o que por si só indica os atributos de irrenunciabilidade e de inalienabilidade que lhe são inerentes.

É o que explica Ingo Wolfgang Sarlet: por ser a dignidade uma qualidade de todo e qualquer ser humano, não há como existir pretensão de se conceder dignidade. Parte-se do pressuposto de que ela é subjacente ao homem, à sua condição humana[(92)].

Assim, tem-se que a dignidade não pode ser retirada do homem, porque lhe é condição intrínseca, o que não significa afirmar que ela jamais será violada na vida cotidiana[(93)].

Exatamente por considerar a possibilidade de sua violação é que Ingo Wolfgang Sarlet identifica a dignidade como "limite e tarefa do Estado e da comunidade"[(94)].

Nesse mesmo contexto, é importante esclarecer que a proteção e a promoção da dignidade apresentam-se em relação ao sujeito concreto, individual ou coletivamente considerado. Por isso mesmo é que a dignidade também é reconhecida em sua *dimensão intersubjetiva*[(95)].

Com efeito, a defesa de uma construção normativa objetiva que possa, ao mesmo tempo, promover e proteger a dignidade da pessoa apresenta-se como diretriz calcada

---

(90) SARLET, Ingo Wolfgang. *Dignidade da pessoa humana e direitos fundamentais na Constituição Federal de 1988*. 3. ed. Porto Alegre: Livraria do Advogado, 2004. p. 143. Consultar, também, a obra de referência de Ana Paula de Barcellos sobre o Princípio da Dignidade da Pessoa Humana. Consultar: BARCELLOS, Ana Paula de. *A eficácia jurídica dos princípios constitucionais:* o princípio da dignidade da pessoa humana. 3. ed. rev. e atual. Rio de Janeiro: Renovar, 2011.

(91) *Ibidem*, p. 59-60.

(92) *Ibidem*, p. 41-42.

(93) *Ibidem*, p. 42.

(94) *Ibidem*, p. 47.

(95) *Ibidem*, p. 52.

na segurança jurídica, elemento introjetado no paradigma do Estado Democrático de Direito.

Reitera-se, uma vez mais, que, para se ter dignidade, não é preciso necessariamente se ter direitos positivados, haja vista ser a dignidade uma intrínseca condição humana. De toda forma, reconhece-se que o Estado, pela via normativa, desempenha função singular com vistas à proteção e manutenção da condição de dignidade do homem[96].

A Constituição Federal de 1988 protagoniza papel particularizado quanto à reflexão sobre a dignidade da pessoa humana, sobretudo por consagrá-la como fundamento do Estado Democrático de Direito. Ainda reconhece "*[...] categoricamente que é o Estado que existe em função da pessoa humana, e não o contrário, já que o ser humano constitui a finalidade precípua, e não meio da atividade estatal*"[97].

Esse entendimento pautado no ser humano enquanto centro convergente de direitos, porque fim em si mesmo, deve orientar inclusive as relações de trabalho e seu correspondente: o Direito do Trabalho.

O Direito do Trabalho corresponde, pois, no mínimo, ao direito a um trabalho digno, o que significa dizer o *direito a um trabalho minimamente protegido.*

Entende-se que o trabalho não violará o homem enquanto fim em si mesmo, *desde que prestado em condições dignas*. Ou seja, *o valor da dignidade deve ser o sustentáculo de qualquer trabalho humano.*

Onde o direito ao trabalho não for minimamente assegurado (por exemplo, com o respeito à integridade física e moral do trabalhador, o direito à contraprestação pecuniária mínima), não haverá dignidade humana que sobreviva.

Se existe um direito fundamental, deve também existir um *dever fundamental de proteção*. Quando o Direito se utiliza da regulamentação jurídica, significa que ele servirá como suporte de valor para proteger o homem em seus direitos.

No dizer de Paulo Emílio Ribeiro de Vilhena, a proteção jurídico-social do homem também deve ser a diretriz do Direito do Trabalho, tornando-se imprescindível a reformulação de suas bases. Ou seja, deve-se privilegiar a valorização e tutela da pessoa do trabalhador ao invés de focalizar a proteção jurídica apenas no trabalho, como um bem da vida economicamente tutelado[98].

Se o trabalho é um direito fundamental, deve pautar-se na dignidade da pessoa humana. Por isso, quando a Constituição Federal de 1988 se refere ao direito ao trabalho, implicitamente já está compreendido que o trabalho valorizado pelo texto constitucional é o *trabalho digno*.

Primeiro, em razão do nexo lógico existente entre direitos fundamentais e o sustentáculo do Estado Democrático de Direito, que é a dignidade do ser humano. Segundo,

(96) É claro que também a produção autônoma de normas jurídicas é necessária no mundo do trabalho, sobretudo no contexto das relações coletivas.

(97) SARLET, Ingo Wolfgang. *Dignidade da pessoa humana e direitos fundamentais na Constituição Federal de 1988*, p. 65.

(98) VILHENA, Paulo Emílio Ribeiro de. Valor: realidade, ficção ou projeção da realidade. *Revista da Faculdade de Direito da Universidade Federal de Minas Gerais*, Belo Horizonte, n. 37, p. 235-259, p. 252-253, 2000.

porque apenas o trabalho exercido em condições dignas é instrumento capaz de viabilizar a emancipação do trabalhador, além da afirmação de sua identidade social e coletiva.

IV. A construção ética do trabalho pelo Direito do Trabalho

O *Direito do Trabalho* se revela a partir da reflexão da importância do trabalho prestado em condições de dignidade e pela necessidade de se concretizar, na prática das relações de trabalho, o exercício dessa fundamentação teórica(99).

Em outras palavras, *o Direito do Trabalho permite a existência formalizada da condição de dignidade no trabalho*, verdadeira essência do homem, ao tutelar a prestação de serviços de uma pessoa a outra, nos termos específicos da Constituição da República e da legislação trabalhista.

Não se desconhece o fato de que a expressão *direito ao trabalho*, caso tomada literalmente, possa conduzir à ideia de que se trata de possível elogio às estratégias político-sociais de mero fomento de postos de trabalho, mesmo que precários(100).

Esse argumento doutrinário poderia ser ainda mais incrementado, para significar que o direito ao trabalho abrangeria modalidades até mesmo servis ou similares de prestação de serviços por pessoas naturais — o que não teria a mínima conexão com a garantia de dignidade à pessoa humana.

Tal crítica, entretanto, não se sustenta.

É que na ordem jurídica do Estado Democrático de Direito não se concebe o trabalho como *sujeição*, mas como *direito*, isto é, *vantagem protegida juridicamente*. Nesses termos, também declara Amauri Mascaro Nascimento:

> *Nos tempos atuais, o trabalho é um direito: o direito ao trabalho. Esta afirmação não é recente. É encontrada em Montesquieu e em Rousseau. Há, portanto, uma preocupação com o direito ao trabalho, cujo fundamento maior é o próprio direito à vida. O ser humano, para viver, precisa prover a sua subsistência. Para fazê-lo, depende do trabalho. Logo, o trabalho é um direito. É o direito que todo ser humano tem de converter a própria atividade em ganho de subsistência pessoal e familiar. O direito ao trabalho está relacionado com o direito à vida e à subsistência.*(101)

Ora, tal enquadramento do trabalho como direito necessariamente exclui a viabilidade *jurídica* (embora não fática, evidentemente) de prestação de trabalho servil ou

---

(99) Sobre a reflexão do Direito Constitucional e o exercício de suas práticas, consultar: CARVALHO NETTO, Menelick de; SCOTTI, Guilherme. *Os Direitos Fundamentais e a (in)certeza do Direito:* a produtividade das tensões principiológicas e a superação do sistema de regras. Belo Horizonte: Fórum, 2011.

(100) Jorge Luiz Souto Maior adverte o leitor sobre o risco do uso da expressão *direito ao trabalho*, a qual pode se convolar em instrumento jurídico de mera ocupação do homem em postos de trabalho precários. Afinal, segundo o autor, o *direito ao trabalho* seria não mais do que o simples direito de trabalhar, nos moldes do Direito Civil, sem qualquer proteção, garantias e diversificado leque de vantagens jurídicas para o trabalhador. Nesse sentido, consultar: MAIOR, Jorge Luiz Souto. *O Direito do Trabalho como Instrumento de Justiça Social*. São Paulo: LTr, 2001. p. 191-261-269.

(101) NASCIMENTO, Amauri Mascaro. *Direito do trabalho na Constituição de 1988*. São Paulo: Saraiva, 1989. p. 25. Nesse sentido, consultar, ainda: ALMEIDA, Fernando Barcellos de. *Teoria geral dos direitos humanos*. Porto Alegre: Antonio Sérgio Fabris, 1996. p. 78-89; SILVA, José Afonso da. *Curso de direito constitucional positivo*. 18. ed. São Paulo: Malheiros, 2000. p. 260.

análogo ao escravo — situações que, se existentes, tornam-se automaticamente inscritas na órbita da marginalidade do Direito, na esteira da ilegalidade[102].

Não é a tais modalidades ilegais de exploração do ser humano que a ordem jurídica se refere, quando estipula o direito fundamental ao trabalho; não é a essas mesmas modalidades indignas de exploração da pessoa humana que este texto se reporta, obviamente.

Ora, no contexto do Estado Democrático de Direito, a estipulação do direito fundamental ao trabalho digno corresponde a uma conquista do homem, em contraponto às experiências históricas de espoliação das energias humanas com intuitos econômicos.

Em síntese, quando o Estado Democrático de Direito, em consonância com a Constituição Federal de 1988, enuncia o direito ao trabalho, está se referindo, necessariamente, embora de modo implícito, ao direito fundamental ao trabalho digno.

É claro que a interpretação ora articulada exige do intérprete uma tomada de consciência ao provocar o debate sobre o fundamento de proteção ao trabalho previsto pela Constituição Federal de 1988 (e instrumentalizado, em certa medida, pelo Direito do Trabalho).

É necessário, pois, reforçar o argumento de que estar protegido pelo trabalho significa também concretizar, no plano constitucional, os direitos fundamentais trabalhistas que assegurem um patamar mínimo de vida digna.

A partir de sua posição de centralidade no ordenamento jurídico brasileiro, a Constituição Federal de 1988 direciona o intérprete a compreendê-la como a base de unidade das relações de trabalho no Brasil, ao mesmo tempo em que exige dos juslaboralistas que decidam os casos concretos e fundamentem suas decisões a partir da sólida relação entre o Direito Constitucional e o Direito do Trabalho. Somente assim o Direito do Trabalho, refletido eticamente, poderá se afirmar como um dos mais sólidos e democráticos instrumentos para a concretização e vivência da dignidade do ser humano.

V. Conclusão

A condição de dignidade no trabalho se afirma por meio da declaração, afirmação e concretização dos direitos fundamentais, ou seja, as múltiplas possibilidades de trabalho humano digno se constroem na dinâmica histórica com suporte constitucional.

No contexto da Constituição de 1988, o trabalho é elevado a patamar normativo e axiológico diferenciado, com agudo foco em sua concretização, isto é, para a ordem democrática, é imperioso que a abstração filosófica que define o sentido de dignidade seja também encarada pelo Direito do Trabalho em termos concretos, de modo a permitir que o trabalho expresse cotidianamente o seu sentido social de proteção.

---

(102) DELGADO, Gabriela Neves. *Direito fundamental ao trabalho digno*. São Paulo: LTr, 2006. p. 216.

O direito fundamental ao trabalho digno afirma-se, desse modo, como um dos mais importantes comandos da Constituição Federal de 1988, expressando a força teórica e prática de sua concepção de Estado Democrático de Direito.

Referências bibliográficas

ALMEIDA, Fernando Barcellos de. *Teoria geral dos direitos humanos.* Porto Alegre: Antonio Sérgio Fabris, 1996.

BARCELLOS, Ana Paula de. *A eficácia jurídica dos princípios constitucionais:* o princípio da dignidade da pessoa humana. 3. ed. rev. e atual. Rio de Janeiro: Renovar, 2011.

BATAGLIA, Felice. *Filosofia do trabalho.* Trad. Luiz Washington Vita e Antônio D'Elia. São Paulo: Saraiva, 1958.

CARVALHO NETTO, Menelick de; SCOTTI, Guilherme. *Os Direitos Fundamentais e a (in)certeza do direito:* a produtividade das tensões principiológicas e a superação do sistema de regras. Belo Horizonte: Fórum, 2011.

CASTELLS, Manuel. *O poder da identidade.* Trad. Klauss Brandini Gerhardt. 3. ed. vol. 2. São Paulo: Paz e Terra, 2001.

CHAUÍ, Marilena. *Convite à filosofia.* 13. ed. São Paulo: Ática, 2004.

CORRÊA, André L. Costa. Apontamentos sobre a dignidade humana enquanto princípio constitucional fundamental. *In:* VELLOSO, Carlos Mário da Silva; ROSAS, Roberto; AMARAL, Antônio Carlos Rodrigues do. *Princípios constitucionais fundamentais:* estudos em homenagem ao Professor Ives Gandra da Silva Martins. São Paulo: Lex Editora, 2005.

DELGADO, Gabriela Neves. *Direito fundamental ao trabalho digno.* São Paulo: LTr, 2006.

DINIZ, Arthur Almeida. Paradoxos. *Revista da Faculdade de Direito da Universidade Federal de Minas Gerais,* Belo Horizonte, n. 39, p. 33-45, 2000.

________________. Reflexões sobre a liberdade e a solidariedade. *Revista da Faculdade de Direito da Universidade Federal de Minas Gerais,* Belo Horizonte, n. 38, p. 75-90, 2000.

GOMES, Fábio Rodrigues. *O direito fundamental ao trabalho:* perspectivas histórica, filosófica e dogmático-analítica. Rio de Janeiro: Lumen Juris, 2008.

JARDIM, Sílvia. O trabalho e a construção do sujeito. *In:* SILVA FILHO, João Ferreira da; JARDIM, Sílvia. (Orgs.). *A danação do trabalho:* organização do trabalho e sofrimento psíquico. Rio de Janeiro: Te Cora, 1997.

MIRANDA, Jorge; SILVA, Marco Antônio Marques da. *Tratado Luso-Brasileiro da dignidade humana.* 2. ed. atual. e ampl. São Paulo: Quartier Latin, 2009.

NASCIMENTO, Amauri Mascaro. *Direito do Trabalho na Constituição de 1988.* São Paulo: Saraiva, 1989.

NASCIMENTO, Marilza Geralda do. *O trabalho como valor:* afirmação e crise em perspectiva tridimensional. Dissertação de Mestrado. Faculdade de Direito. Universidade Federal de Minas Gerais, 2002.

PEDUZZI, Maria Cristina Irigoyen. *O princípio da dignidade da pessoa humana na perspectiva do direito como integridade.* São Paulo: LTr, 2009.

ROBLES, Gregório. *Os direitos fundamentais e a ética na sociedade atual*. Trad. Roberto Barbosa Alves. São Paulo: Barueri, 2005.

SALGADO, Joaquim Carlos. Estado ético e Estado poiético. *Revista do Tribunal de Contas do Estado de Minas Gerais*, Belo Horizonte, v. 27, n. 2, p. 37-68, abr./jun. 1998.

__________. Os direitos fundamentais. *Revista Brasileira de Estudos Políticos*, Belo Horizonte, Universidade Federal de Minas Gerais, n. 82, p. 15-69, 1996.

__________. Ancilla iuris. *Revista da Faculdade de Direito da UFMG*, Belo Horizonte, v. 34, p. 77-85, 1994.

SARLET, Ingo Wolfgang. *Dignidade da pessoa humana e direitos fundamentais na Constituição Federal de 1988*. 3. ed. Porto Alegre: Livraria do Advogado, 2004.

SILVA, José Afonso da. *Curso de direito constitucional positivo*. 18. ed. São Paulo: Malheiros, 2000.

__________. *Curso de direito constitucional positivo*. 9. ed. São Paulo: Malheiros, 1994.

SILVA, Virgílio Afonso da. *A constitucionalização do Direito:* os direitos fundamentais nas relações entre particulares. São Paulo: Malheiros, 2005.

SOUTO MAIOR, Jorge Luiz. *O direito do trabalho como instrumento de justiça social*. São Paulo: LTr, 2000.

VILHENA, Paulo Emílio Ribeiro de. Valor: realidade, ficção ou projeção da realidade. *Revista da Faculdade de Direito da Universidade Federal de Minas Gerais*, Belo Horizonte, n. 37, p. 235-259, 2000.

Segunda Parte

Democracia, Direitos Fundamentais e Inclusão Social – o Papel do Direito do Trabalho no Brasil –

Capítulo IV
Funções do Direito do Trabalho no Capitalismo e na Democracia

Mauricio Godinho Delgado

I. Introdução

O Direito tem cumprido clássicas funções na sociedade ao longo da História, regulando condutas, vínculos e instituições, regendo a convivência social, pacificando conflitos.

Na sociedade histórica, contudo, antes do advento do contemporâneo fenômeno da Democracia, o Direito também se caracterizou por certo viés de desequilíbrio, à medida que confirmava e sedimentava, comumente, situações fáticas de desigualdade de poder e de riqueza sob o âmbito de suas regras.

Com a construção do fenômeno democrático na Europa Ocidental, a partir de meados e finais do século XIX, o Direito ganhou novas funções e características, embora sem eclipsar, de modo absoluto, as características e funções tradicionais.

É que o Direito passou também a traduzir perspectivas e interesses de setores sociais manifestamente subordinados na estrutura econômica e social, porém aptos a conquistar a elaboração de novos ramos jurídicos que fossem sensíveis à sua dinâmica de vida e de inserção na sociedade.

É o que ocorreu com o surgimento do Direito do Trabalho, ramo jurídico que pioneiramente desvelou para o interior do universo do Direito as perspectivas e interesses da classe trabalhadora conectada ao mundo capitalista estruturado tempos atrás.

O Direito do Trabalho, desde seu nascimento, cumpriu e tem cumprido funções específicas de grande relevo na vida econômica, social e cultural da humanidade, realizando, pela primeira vez na História, o contraponto do imaginário de trabalhadores aos antes irreprimíveis imperativos do moinho manejado pelas forças econômicas.

Este é o tema do presente capítulo.

II. Funções do Direito na história

Direito, em sua expressão mais simples, é *norma jurídica*, quer dizer, preceito geral, abstrato e impessoal, dotado de sanção, dirigido a reger relações jurídicas.

Constitui o Direito, mais analiticamente, o *complexo de princípios, regras e institutos de caráter normativo, dotados, de maneira geral, de coerção, dirigidos a reger condutas individuais e sociais, além de situações e instituições, em determinado território.*

É o Direito, ainda, o *complexo normativo, usualmente dotado de coerção, voltado a reger fatos, situações e atos em determinada sociedade e território.*

Pode ser também conceituado, por fim, como *produção cultural da humanidade dirigida a proteger, estimular ou impor condutas e formas de organização, ou as desestimular ou, até mesmo, vedá-las.*

Trata-se de produção essencialmente finalística, voltada a alcançar objetivos, fins, na vida interindividual e social.

Nessa medida, o Direito cumpre diversas funções na História: regular condutas, relações e instituições; regrar interesses; estruturar a convivência social; solucionar conflitos; eis algumas das clássicas funções do Direito ao longo dos séculos.

Em síntese, cabe ao Direito *regular condutas, interesses, relações e instituições, estruturando a convivência social e pacificando conflitos.*

Tais funções têm sido exercidas pelo Direito na História desde as primeiras formações sociais e econômicas até a atualidade. Naturalmente que a diversidade e a complexidade do Direito se elevam quanto mais diversas, gigantescas e complexas sejam as respectivas sociedades.

Antiga característica jurídica comum

Na sociedade histórica, entretanto, antes do advento da Democracia contemporânea, reiterava-se certa característica comum ao Direito, praticamente em todos os seus segmentos: o viés de *confirmar e sedimentar situações fáticas de desequilíbrio de poder reguladas por suas regras.*

Efetivamente, o Direito, em seus distintos segmentos, corroborava a desigualdade de poder existente na vida social, nas inúmeras e mais relevantes manifestações dessa desigualdade. Relações de propriedade, de trabalho, familiares, de gênero, de poder político, etc. Tratava-se, de certo modo, de um Direito da Desigualdade — instituidor, avalista e reprodutor da desigualdade no plano da sociedade civil e da sociedade política.

Tal característica comum permeou o Direito Civil e o Direito Penal ao longo dos séculos, desde a Antiguidade. Ela também esteve demarcada no núcleo dos segmentos jurídicos emergentes no processo de desarticulação do feudalismo e formação do Estado Nacional europeu, tais como o Direito Administrativo, o Direito Tributário tempos depois, além do Direito Comercial (hoje denominado Direito Empresarial).

Essa característica desigualitária comum iria afetar, inevitavelmente, as próprias funções exercidas pelo Direito, de maneira geral, fazendo-o emergir, na sociedade histórica até o advento da democracia contemporânea, como inegável *instrumento de dominação social, econômica e política.*

Claro que não se pode negar que o Direito, mesmo em formações históricas do passado, possuísse certo caráter civilizatório, respeitado o modesto patamar de desenvolvimento da respectiva sociedade e do Estado. Em alguma medida, a institucionalização do Direito atenuava a arbitrariedade, a imprevisão e a violência no exercício do poder nas sociedades em que ele se afirmasse. Além disso, há que se perceber que nem todas as relações normatizadas pelo Direito eram, efetivamente, relações de desequilíbrio de poder (notem-se determinadas relações de vizinhança, por exemplo); nesses casos, cumpria a ordem jurídica mais claramente sua função civilizadora.

Essas circunstâncias, entretanto, não afastam a inevitável conclusão de que, em tais sociedades históricas pré-democráticas, o Direito desempenhava função dominadora muito mais acentuada do que sua natural função civilizatória.

É tão evidente e incisiva essa preponderância que não há exemplo histórico, até finais do século XIX — momento em que a Democracia começa a despontar no cenário social, cultural e político do Ocidente —, da existência de qualquer ramo jurídico direcionado à regência principal de interesses de setores econômicos e sociais subordinados, tais como os trabalhadores, os camponeses, os consumidores, os doentes, os idosos etc.

Ainda que se possa redarguir que, na fase precedente ao século XIX, não se poderia falar na efetiva existência de *consumidores*, já existiam, sem dúvida, na vida econômica e social de tempos atrás, inúmeros idosos e doentes desvalidos (alcançados, posteriormente, pelo Direito de Seguridade Social), sem contar grandes levas de trabalhadores (posteriormente alcançados pelo Direito do Trabalho). Ora, todos esses importantes grupos sociais não receberam do Direito, por longo tempo, qualquer significativa tutela jurídica e institucional, quando não sofriam, ao reverso, grave violência institucionalizada — como ocorria com os trabalhadores durante os séculos de servidão e os milênios de escravidão.

III. Funções do Direito na sociedade democrática – continuidade e inovação

A função clássica do Direito de *regular condutas, interesses, relações e instituições, estruturando a convivência social e pacificando conflitos*, preserva-se, naturalmente, no período histórico caracterizado pelo advento da Democracia.

A grande distinção ocorrida no núcleo e no sentido do Direito, a partir da segunda metade do século XIX, em contraponto a todo o longo período histórico precedente, reside exatamente na circunstância de essa produção cultural normativa, nos quadros e circunstâncias da Democracia, passar a incorporar dimensões, perspectivas e interesses dos setores sociais destituídos tradicionalmente de poder e de riqueza, uma vez que passam a se constituir também em sujeitos institucionalizados da dinâmica democrática.

O unilateral papel do Direito como instrumento de confirmação e sedimentação de situações fáticas de desequilíbrio de poder, que preponderou por milênios e séculos, começa a ceder espaço a papel distinto, na qualidade de instrumento de institucionalização de processo crescente de inclusão social de setores tradicionalmente destituídos de riqueza e de poder.

Não desaparece, é claro, o papel tradicional do Direito; porém, ele é claramente atenuado, além de ter de conviver, desde então, em maior ou menor grau, com o papel democrático do Direito — seu papel civilizatório típico —, enquanto mecanismo de inclusão social existente na sociedade e na economia contemporâneas.

Há, portanto, inevitável continuidade nas funções desempenhadas pelo Direito mesmo depois do advento e avanço da Democracia na história ocidental, continuidade que ocorre até mesmo com o viés dominador tão demarcado nos longos períodos históricos precedentes.

Contudo, há também *manifesta inovação nas funções e no papel do Direito na História, uma vez que ele passa a incorporar e expressar, cada vez mais, as perspectivas e os interesses dos setores sociais tradicionalmente destituídos de riqueza e de poder*. Nesse quadro inovador, surgem inclusive ramos inusitados na árvore jurídica, compostos por segmentos jurídicos especializados, porém abrangendo largos setores sociais, invertendo, regra geral, o viés dominador característico dos segmentos jurídicos tradicionais. É o que se passa com os instigantes e criativos Direito do Trabalho e Direito de Seguridade Social, despontados, revolucionariamente, em fins do século XIX e início do século XX, os quais foram seguidos, décadas depois, após a Segunda Guerra Mundial, pelo Direito do Consumidor e pelo Direito Ambiental.

A primeira inovação decisiva, apta a deflagrar um significativo processo de mudança no caráter e papéis de todo o Direito, residiu no surgimento do Direito do Trabalho e, a seu lado, o Direito de Seguridade Social (este, inicialmente como simples Direito Previdenciário), a partir dos finais do século XIX. A afirmação da Democracia que esses dois ramos expressam seria dinâmica de largo impacto em toda a realidade jurídica existente.

A segunda inovação decisiva iria ocorrer, logo em seguida, com o Direito Constitucional. De fato, nesse contexto de democratização do Direito, importante mudança ocorreu no Direito Constitucional ao longo do século XX. Dois momentos fundamentais destacaram-se no tocante a essa mudança.

Em um primeiro instante, ao superar o paradigma liberalista, patrimonial e individualista, que foi preponderante em seu nascimento em fins do século XVIII, durante as chamadas *revoluções burguesas*. Tal superação verificou-se por meio da inevitável incorporação das dimensões sociais do mundo jurídico, fenômeno ocorrido a partir de finais da segunda década do século XX. De fato, notáveis textos constitucionais surgidos nessa época, como a Constituição do México de 1917 e a Constituição da Alemanha de 1919, trouxeram para dentro do Direito Constitucional os ramos jurídicos trabalhista e de seguridade social, rompendo com a natureza excludente, patrimonial, individualista e elitista das matrizes constitucionais vindas do século XVIII.

Em um segundo instante, demarcado a partir de fins da Segunda Guerra Mundial e décadas subsequentes, com a criação de *novo paradigma constitucional*, do Estado Democrático de Direito, em cujo núcleo passa a ocupar posição central a pessoa humana e sua dignidade, subordinando a sociedade civil, inclusive o mercado econômico, e a sociedade política a tal direção preponderante[(103)].

A terceira inovação decisiva ocorreria com o subsequente surgimento de dois novos segmentos jurídicos claramente inspirados na matriz aberta pelo Direito do Trabalho. Trata-se do Direito do Consumidor e do Direito Ambiental, os quais formam, capitaneados pelo Direito do Trabalho, o importante gênero da efetiva modernidade no mundo contemporâneo, o Direito Social.

A quarta inovação decisiva despontada desenvolveu-se no núcleo dos próprios ramos jurídicos tradicionais, fenômeno que iria se demarcar ao longo das décadas finais do século XX e início do século XXI. Induzidos pelo novo paradigma do Estado Democrático de Direito, ramos jurídicos tradicionais iriam sofrer notáveis modificações, em direção a uma visão mais social da normatividade jurídica e respeito mais manifesto à pessoa humana e sua dignidade.

É o que se nota, hoje, claramente, no âmbito do Direito Civil, do Direito Penal e do Direito Empresarial, por exemplo.

IV. Funções do Direito do Trabalho no capitalismo e na Democracia

Esse processo de inovações, conforme já acentuado, foi deflagrado pelo surgimento e afirmação do Direito do Trabalho na História, a contar da segunda metade do século XIX na Europa Ocidental.

O novo segmento jurídico surgiu com características profundamente diversas em contraponto ao padrão jurídico tradicionalmente assentado, rompendo com sedimentadas regras e princípios do paradigma liberalista hegemônico na época.

Em correspondência à sua lógica própria e inovadora, o Direito do Trabalho iria cumprir funções bastante demarcadas no sistema econômico, na vida social e na própria configuração da Democracia que começava a despontar nessa mesma época.

1. Direito do Trabalho como Direito novo

As inovações trazidas pelo Direito do Trabalho têm conotação efetivamente revolucionária, se tomados os padrões de estruturação do fenômeno jurídico nos séculos precedentes e, além disso, se considerados os padrões de estruturação desse fenômeno a partir da matriz liberalista construída nos séculos XVIII e XIX no Ocidente.

Em primeiro lugar, trata-se da primeira experiência surgida na História do Direito de um segmento jurídico que fosse expressão de um relevante setor social e econômico

---

(103) A respeito do novo paradigma constitucional criado a partir da segunda metade do século XX, do *Estado Democrático de Direito*, consultar no presente livro o Capítulo II, da lavra de Mauricio Godinho Delgado, sob o título "Constituição da República, Estado Democrático de Direito e Direito do Trabalho". Neste mesmo livro, consultar também o Capítulo I ("Os Paradigmas do Estado Constitucional Contemporâneo") e o Capítulo III ("Estado Democrático de Direito e Direito Fundamental ao Trabalho Digno"), ambos de autoria de Gabriela Neves Delgado.

subordinado na composição da sociedade, estruturalmente não proprietário e, até então, sem efetivo poder institucional.

Jamais houve esse fato nos séculos e milênios antecedentes. Os processos de renovação e criação de segmentos jurídicos, até então, realizavam-se a partir de duas variantes básicas. Ou resultavam de transformações no plano de certos segmentos jurídicos precedentes, desdobrando-os em conformidade com a especialização surgida (caso do Direito Tributário e do Direito Administrativo, em face do Direito Público) ou decorriam da pujança de segmentos sociais novos, porém economicamente poderosos, tipicamente proprietários, com irreprimível influência econômica e até mesmo política, esta ainda que originalmente indireta — como ocorreu com o surgimento do Direito Comercial nos interstícios da sociedade medieval e desenvolver da Idade Moderna e seus Estados Nacionais.

O Direito do Trabalho, ao invés, é fruto de setor social e economicamente subordinado (a chamada, genericamente, *classe trabalhadora*), que continuou com esse caráter subordinado nas décadas seguintes a seu surgimento, embora com influência política e econômica crescente à medida que se aprofundava o avanço democrático das sociedades nacionais em que se desenvolvia.

Em segundo lugar, é o segmento jurídico que, pioneiramente e de modo mais direto e franco, rompeu com a matriz liberalista e individualista hegemônica desde fins do século XVIII e início do século XIX, inserindo na estrutura do Direito as noções de *ser coletivo, de ação e atuação coletivas, de norma jurídica como instrumento de reversão de poder e não de sua afirmação ou acentuação, norma jurídica como instrumento de justiça social*, em contraponto à livre força do mercado econômico e à livre pactuação dos contratos; em suma, conceitos cardeais à ideia e à prática da Democracia que iriam se afirmar e espraiar nas décadas seguintes, já no século XX.

Em terceiro lugar, é o segmento jurídico que melhor combinaria a noção de justiça social como estratégia de atuação não somente das políticas públicas e medidas administrativas do Estado, entretanto, na mesma intensidade, como estratégia de atuação no plano da sociedade civil. Atuação não somente no mercado econômico (embora aqui de modo preponderante), mas também em toda a dimensão da sociedade civil.

2. Funções do Direito do Trabalho no capitalismo e na Democracia

O Direito do Trabalho, evidentemente, cumpre, na vida contemporânea, a função clássica a qualquer segmento do fenômeno jurídico, qual seja, *regular condutas, interesses, relações e instituições, estruturando a convivência social e pacificando conflitos*.

Ele realiza essa função clássica, como se sabe, no âmbito das relações socioeconômicas que regula, isto é, no mundo do trabalho, em especial em torno da relação de emprego e outras relações de trabalho legalmente especificadas para receberem sua regência.

O Direito do Trabalho é expressão ainda — na verdade, a mais clara expressão — da patente inovação nas funções e no papel do Direito que surgiu com o desenvolvimento da Democracia, uma vez que esse segmento normativo trabalhista incorpora e exprime as perspectivas e os interesses de setores sociais tradicionalmente destituídos de riqueza e de poder — os trabalhadores urbanos e rurais.

Entretanto, é importante enfatizarem-se as funções específicas cumpridas pelo Direito do Trabalho, que irão distingui-lo dos demais ramos jurídicos existentes no mundo contemporâneo.

Nesse quadro, as funções específicas e distintivas do Direito do Trabalho são, essencialmente, três: a) buscar a melhoria das condições de pactuação e gestão do trabalho na vida econômica e social; b) garantir uma evolução econômica do tipo progressista no plano do capitalismo; c) assegurar uma influência civilizatória e democrática no contexto da sociedade civil e da sociedade política.

É claro que se pode aferir a presença de uma quarta função, em aparente contraponto às três precedentes: d) função conservadora, resultante de seu papel de cimentar as bases de continuidade das próprias sociedade e economia capitalistas.

Passa-se ao exame dessas funções do Direito do Trabalho.

A. Melhoria das condições de pactuação e gestão do trabalho na vida socioeconômica

O novo segmento jurídico despontou a partir da segunda metade do século XIX como notável instrumento de restrição do poder empresarial no plano da contratação e gestão trabalhistas, elevando, por meio de norma jurídica imperativa, as condições de inserção da força de trabalho no capitalismo. O Direito do Trabalho não somente diminuía o império do polo empresarial no contrato de emprego, como também impunha condições contratuais cogentes, de modo a aperfeiçoar e elevar o nível da contratação e da gestão laborativas.

Essa melhoria expressava-se, relativamente à perspectiva do trabalhador, pelos ganhos contratuais advindos da intervenção justrabalhista (ganhos inimagináveis, caso dependessem do simples arranjo contratual bilateral entre as partes). Entretanto, tal melhoria expressava-se ainda sob a perspectiva do próprio interesse público, uma vez que ela cumpria papel relevante como dimensão de políticas públicas concertadas, seja visando ao incremento da saúde e da segurança quanto à comunidade de trabalhadores, seja visando a outras medidas em favor do bem-estar dos setores sociais populares.

Ao exercitar essa função que lhe é central, o Direito do Trabalho transformou-se no único veículo realmente eficiente de *desmercantilização* do trabalho no sistema econômico capitalista, diminuindo a tendência incessante do sistema de subordinar a seu império a pessoa humana e sua força laborativa. Sem o Direito do Trabalho, tem se mostrado impossível, segundo reiterados exemplos históricos nos últimos 150 anos, obstar-se ou se restringir a conversão do trabalho e da própria pessoa humana em simples mercadoria, como qualquer outra existente na vida socioeconômica.

É claro que o Direito do Trabalho se realiza, nas experiências democráticas, em conformidade com dois grandes padrões de estruturação jurídica, não sendo, necessariamente, um único e indiferenciado tipo, à base da legislação estatal.

Há o modelo de *normatização autônoma e privatística*, originário da pioneira experiência da Inglaterra e que se mostrou importante em países de tradição anglo-americana e alguns outros países europeus continentais, baseado menos em legislação estatal do que em normatização advinda da negociação coletiva trabalhista.

Usualmente denominado *modelo negociado*, esse padrão jurídico, para obter efetivo sucesso, supõe notável reconhecimento à força organizacional e às prerrogativas dos sindicatos de trabalhadores, a par de significativo respeito às organizações de empregados no interior das empresas e de seus distintos estabelecimentos, normalmente de natureza sindical ou sob a direta influência dessas entidades. Na lógica desse modelo, cláusulas de manifesto e irreprimível incentivo à sindicalização — comumente consideradas inválidas no segundo modelo democrático existente (de *normatização privatística subordinada, ou modelo legislado*) — são acolhidas e generalizadas, fortalecendo sobremaneira a presença e a atuação dos sindicatos.

O segundo modelo jurídico trabalhista que se estruturou na História do Direito do Trabalho, consideradas as matrizes europeias continentais e a presença da Democracia nos respectivos países, é o da *normatização privatística subordinada*, também chamado de *modelo legislado*. Claro exemplo de sua configuração é dado pela França, embora também a Alemanha, de certo modo, possa se enquadrar nesse modelo jurídico. O Brasil, por sua vez, nele melhor se enquadra, *especialmente em seguida à Constituição de 1988*.

A estrutura desse segundo padrão jurídico democrático baseia-se em forte presença da legislação estatal (o Direito do Trabalho legislado, seja por códigos, seja por leis específicas), em harmonia à organização sindical e à presença da negociação coletiva no conjunto de todo o sistema. Embora as regras da negociação coletiva sejam, evidentemente, importantes, elas se subordinam ao piso mínimo fixado pela legislação do Estado, que assume, de maneira geral, caráter de patamar civilizatório mínimo imperativo no conjunto econômico e social.

Contraponto entre modelos jurídicos

Não há, obviamente, superioridade formal ou substantiva de um modelo sobre outro. Ambos podem cumprir a função central do Direito do Trabalho de assegurar a melhoria nas condições de contratação e gestão da força de trabalho no sistema econômico e social.

Contudo, não se pode negar, em face da experiência histórica dos últimos trinta anos, desde o início da borrasca desregulamentadora, flexibilizadora e antissindical iniciada em 1979-1980 no Ocidente, que o modelo essencialmente negociado, ao ver enfraquecida a força associativa e organizacional dos sindicatos, ainda que por razões meramente conjunturais, permite colocar em risco maior, mais direto, mais automático, mais profundo, o patamar civilizatório propiciado pelo Direito do Trabalho na História. É o que se percebe, com clareza, em distintos países, como Inglaterra, EUA e Itália, a contar da década de 1980.

O modelo legislado, ao revés, além de possuir capacidade de mais rápida generalização, desde que vivenciando conjunturas favoráveis, também possui mais significativa força de resistência, quando consideradas conjunturas fortemente desfavoráveis. É que o modelo da *normatização privatística mas subordinada* supõe e incentiva a criação, ao longo de seu desenvolvimento histórico, de grande diversidade de instituições voltadas a incrementar a efetividade do Direito do Trabalho, além dos próprios sindicatos — instituições estatais diversificadas, com densidade, lógica e potencial operativos distintos. Tudo isso sem contar ainda a diferenciada força normativa cogente de seu núcleo jurídico — a ordem jurídica trabalhista —, que se torna, assim, de mais difícil descontrução.

De par com isso, nos países democráticos de tradição romano-germânica, em geral, que possuam constituições analíticas e ramos jurídicos codificados, é muito difícil que a ordem jurídica e a interpretação constitucional acolham poderes sindicais tão largos quanto os necessários para o eficiente e equilibrado funcionamento do modelo de *normatização autônoma e privatística* (modelo negociado). Afinal, na tradição jurídica desses países, praticamente não há exemplo de jurisprudência sedimentada considerando válidos, constitucionais, poderes como os conferidos aos sindicatos pelas cláusulas *closed shop, union shop, preferencial shop* ou *maintenance of membership* — cláusulas e poderes comuns aos modelos negociados antes da borrasca antissindical de fins dos anos de 1970 e início da década de 1980. Ora, sem tais cláusulas, poderes e prerrogativas, o modelo de normatização autônoma e privatística perde muito de sua densidade e vigor políticos, institucionais e jurídicos.

Acresça-se, ademais, que, salvo raras exceções, o modelo de normatização autônoma e privatística correspondeu, historicamente, a experiências jurídicas e sindicais ocorridas dentro da evolução capitalista originária (Inglaterra e EUA, por exemplo), construindo-se em período ainda demarcado por baixa pressão externa do sistema econômico. Esse período, como se nota, tornou-se inteiramente superado já durante o desenrolar do século XX e mais ainda na fase contemporânea do capitalismo, caracterizada pela globalização. Ora, a tendência natural dos ramos justrabalhistas construídos a partir de meados do século XX e períodos subsequentes é que se perfilem pelo modelo de normatização privatística mas subordinada (modelo legislado), até mesmo como mecanismo eficiente de construção e generalização de políticas públicas democráticas de valorização do trabalho e da pessoa humana.

Finalmente, é notória a assimilação do modelo de normatização autônoma e privatística (modelo negociado) ao padrão jurídico tradicional dos países de Direito não escrito, salvo raras exceções. A coincidência do modelo negociado com a tradição anglo-americana, salvo exceções, é manifesta.

Ora, nesse quadro de comparações, soa como artificial e inconsistente a ideia de se instaurar, hoje, sistema jurídico trabalhista autônomo e privatístico em país de forte e exclusiva tradição de Direito escrito e legislado. Esse artificialismo fica ainda mais patente no caso do Brasil, país em que não existe um único ramo jurídico que não seja escrito, legislado e, de certo modo, até mesmo codificado.

B. Função econômica modernizante e progressista

O Direito do Trabalho, despontado a partir da segunda metade do século XIX na Europa Ocidental, cumpre função econômica progressista e modernizante de grande relevância no sistema socioeconômico e jurídico. Essa função se manifesta em múltiplas dimensões, todas relacionadas a seu impacto na sociedade e na economia capitalista.

A primeira dimensão reside no fato de a legislação trabalhista (ou as regras coletivas negociadas, caso considerado o modelo de normatização autônoma e privatística), de maneira geral, corresponder a um processo de generalização ao conjunto do mercado de trabalho daquelas condutas e direitos alcançados pelos trabalhadores dos segmentos mais avançados da economia e melhor organizados grupalmente. O efeito é que o Direito do Trabalho generaliza ao conjunto da comunidade trabalhista de certo país as práticas do setor mais moderno e dinâmico da economia, permitindo a universalização crescente de práticas mais modernas, ágeis e civilizadas de contratação e gestão da força de trabalho.

Com isso, o Direito do Trabalho torna mais homogêneas as condições de concorrência entre as próprias empresas, não permitindo que setores mais atrasados e primitivos realizem concorrência desleal e retrógrada em face dos setores econômicos mais modernos e civilizados. O ramo jurídico, portanto, tem um papel racionalizador quanto ao funcionamento do próprio mercado econômico, evitando concorrência desleal e deletéria, em detrimento dos segmentos empresariais mais modernos, ágeis e de melhor gestão socioeconômica.

A segunda dimensão situa-se na circunstância de o Direito do Trabalho estimular o empresário a investir tanto em tecnologia quanto no aperfeiçoamento de sua mão de obra, de maneira a elevar a produtividade do trabalho em seus empreendimentos. Assim o ramo jurídico induz o manejo das melhores potencialidades da inteligência e criatividade humanas em favor do avanço tecnológico da economia e também do avanço educativo da força laborativa que a integra.

Perceba-se, portanto, que esse segmento normativo especializado incrementa a modernização constante da economia, estimulando investimentos renovados em tecnologia e capacitação de trabalhadores, propiciando que a dinâmica empresarial favoreça não somente o capitalista, porém toda a economia e a própria sociedade.

A terceira dimensão encontra-se no fato de o Direito do Trabalho incrementar, direta ou indiretamente, a adoção de fórmulas mais eficientes e respeitosas de gestão trabalhista, eclipsando modalidades obscurantistas de gerência e gestão de pessoas no universo empresarial.

A quarta dimensão desse papel econômico modernizante e progressista do Direito do Trabalho é, simplesmente, impressionante. É que esse ramo jurídico distribui renda equanimemente ao conjunto da sociedade e do país envolvidos, por meio da valorização que impõe ao labor humano. Com isso, alarga e fortalece o mercado interno da respectiva economia, conferindo a esta dinamismo e organicidade.

Nessa linha, o ramo justrabalhista consubstancia a mais ampla, pulverizada e eficiente política pública de distribuição de renda e de fortalecimento do mercado econômico interno que já se construiu na história do capitalismo. É política que abrange, equilibradamente, de modo contínuo, a curto, médio e longo prazos, todos os inúmeros e diversificados segmentos sociais, desde os trabalhadores mais simples e pouco qualificados, passando por toda a cadeia de cargos e funções existentes nas pequenas, médias e grandes empresas, até o núcleo mais qualificado da força de trabalho das empresas e seus estabelecimentos. Mais importante ainda, trata-se de política pública que não se realiza somente mediante a distribuição de recursos e equipamentos públicos, estatais, porém se realiza preferencialmente no próprio âmbito privado da economia e da sociedade, impondo a todos os setores sociais que cumpram certo papel no tocante à distribuição de renda no conjunto do respectivo país.

Peculiaridades do caso brasileiro

O cumprimento dessas diversas funções especiais pelo Direito do Trabalho supõe sua ampla e efetiva presença nos diversos segmentos componentes da realidade social e econômica de cada país. A efetividade desse ramo jurídico, portanto, é condição necessária ao mais amplo alcance de seus efeitos modernizantes e progressistas no plano socioeconômico.

Nos países europeus continentais, essa efetividade é bastante significativa. Considerados dois dos maiores e mais desenvolvidos países da Europa continental, Alemanha e França, percebe-se que o Direito do Trabalho usualmente tem regido mais de 80% da força de trabalho ocupada daquelas grandes, modernas e dinâmicas economias, tendo, desse modo, plenas condições de produzir todas as suas benéficas repercussões em favor da economia e da sociedade[(104)].

Já no caso brasileiro, sempre houve clara tendência de se impedir a generalização desse progressista segmento jurídico ao conjunto do mercado de trabalho do País, o que, obviamente, responde pelos terríveis índices de concentração de renda e de exclusão social no Brasil, ao longo de décadas[(105)].

---

(104) O contraponto entre a larga generalização do Direito do Trabalho em importantes países europeus continentais em comparação com a restrita efetividade do Direito do Trabalho, ao longo de décadas, no Brasil, foi apontado, no início de 2004, na palestra deste autor "Discriminação e Exclusão Social – as grandes maiorias e o Direito do Trabalho", no Fórum Internacional sobre Direitos Humanos e Direitos Sociais, no Tribunal Superior do Trabalho, realizado em março/abril de 2004, em Brasília-DF. O texto encontra-se publicado *in* Tribunal Superior do Trabalho, Fórum Internacional sobre Direitos Humanos e Direitos Sociais: São Paulo: LTr, 2004. p. 365-377.

(105) Os dados sobre a Alemanha, referentes ao período depois da Segunda Guerra Mundial até o final dos anos de 1990, constam, por exemplo, da obra de DÄUBLER, Wolfgang. *Direito do Trabalho e Sociedade*

Realmente, durante o século XIX e mesmo no período republicano até 1930, o País demarcava-se como economia essencialmente agrícola, com notória e reconhecida estrutura e prática de profunda exclusão social.

Apenas a contar da Revolução de 1930, com o incremento da urbanização e da industrialização brasileiras, é que se inicia um importante processo de modernização da economia e da sociedade. Generaliza-se, *no plano urbano das grandes cidades*, a legislação trabalhista, construindo-se na época o chamado modelo justrabalhista brasileiro.

Curiosamente, entretanto, o Direito do Trabalho foi explicitamente direcionado apenas aos setores urbanos da economia e da sociedade, mantendo-se na exclusão legal a grande massa de trabalhadores rurais (art. 7º, "*b*", CLT), além de todos os trabalhadores domésticos, mesmo das cidades (art. 7º, "*a*", CLT). Sendo ainda a sociedade brasileira eminentemente rural (a população urbana só ultrapassaria a rural na década de 1950), percebe-se que o início do Direito do Trabalho no Brasil não poderia mesmo se caracterizar como caminho de superação da exclusão social e econômica no País — é que muito mais da metade de sua população economicamente ativa estava, formal e substantivamente, excluída da regência de suas regras.

Esse processo de exclusão começou a ser atenuado, em tese, no alvorecer da década de 1960, quando a Lei n. 4.214, de 1963 ("Estatuto do Trabalhador Rural"), estendeu os direitos e regras trabalhistas ao campo brasileiro. Contudo, essa atenuação mostrou-se mais formal do que efetiva, uma vez que o regime militar logo em seguida implantado (1964), com forte direcionamento antitrabalhista e antissocial, não evidenciaria especial interesse no implemento da efetiva aplicação do Direito do Trabalho no universo do campo brasileiro.

Na década de 1980, com a democratização do Brasil e a promulgação da Constituição de 1988, abria-se oportunidade ímpar para se conseguir, finalmente, a plena efetividade do Direito do Trabalho na economia e na sociedade do País. Afinal, a Constituição alargou vários direitos trabalhistas, fortaleceu a atuação dos sindicatos, avançou quanto à paridade jurídica entre trabalhadores urbanos e rurais, incrementou a inclusão trabalhista dos empregados domésticos. Além disso, ela também instituiu instrumentos novos de atuação coletiva sindical, entre os quais se destaca a substituição processual. Mais do que isso, o novo Texto Máximo produziu completa reestruturação do Ministério Público do Trabalho, inserindo-o como novo e importante órgão implementador da efetividade justrabalhista.

---

na Alemanha. São Paulo: LTr/Fundação Friedrich Ebert/ILDES, 1997. p. 41-42. Também estão expressos na publicação oficial daquele país, "Perfil da Alemanha", editada, em 1996, pela Societäts-Verlag, de Frankfurt/Meno. No caso da França, considerado o mesmo período, consulte-se, por exemplo, JAVILLIER, Jean-Claude. *Manuel Droit du Travail*. Paris: LGDJ, 1998. p. 50. A respeito desse tema, além do artigo/palestra deste autor citado na nota de rodapé precedente, divulgado no início do ano de 2004, examinar também estudo divulgado seis anos depois, em 2010, já repercutindo dados sobre o crescimento da efetividade do Direito do Trabalho no Brasil, nos últimos anos, entre 2003/2010, a saber: DELGADO, M. G. Relação de Emprego e Relações de Trabalho: a retomada do expansionismo do Direito Trabalhista. *In:* SENA, Adriana Goulart; DELGADO, Gabriela Neves; NUNES, Raquel Portugal. *Dignidade humana e inclusão social* – caminhos para a efetividade do Direito do Trabalho no Brasil. São Paulo: LTr, 2010. p. 17-33.

Contudo, conforme se sabe, logo depois de 5 de outubro de 1988, ainda no início de 1990, abriu-se longo período de cerca de *treze anos* de claro direcionamento liberalista das políticas governamentais então adotadas, acompanhadas de manifesto desprestígio oficial de todo o Direito do Trabalho. Na verdade, a política oficial seguida por cerca de treze anos incentivou, explicitamente, o enfraquecimento do Direito do Trabalho, corroborando antiga tendência adversa à sua generalização na sociedade e na economia do País. O fato é que a década de 1990 chegou a assistir, por vários anos (de 1989 até início de 1998, mais de oito anos!), até mesmo efetivo *desassalariamento* da força de trabalho no sistema econômico, fazendo diminuir, em certo período, o próprio número absoluto de empregados formalizados nas estatísticas existentes.

Vejam-se dados desse período, tomando-se como fronteiras 1989 (ano precedente ao início dessa fase liberalista) e, ao final, 2002 (último ano dessa fase): 1989: 24,48 milhões de empregos formais na população economicamente ativa brasileira; 1990: 23,19 milhões; 1991: 23,01 milhões; 1992: 22,27 milhões; 1993: 23,16 milhões; 1994: 23,66 milhões; 1995: 23,755 milhões; 1996: 23,83 milhões; 1997: 24,10 milhões; 1998: 24,49 milhões; 1999: 24,99 milhões; 2000: 26,22 milhões; 2001: 27,18 milhões; 2002: 28,68 milhões. Ou seja, entre 1989 e 2002, após 13 anos, somente 4,2 milhões de empregos formais foram criados na economia brasileira, um crescimento de apenas 17,15% em quase uma década e meia![(106)]

Essa quase secular tendência de se impedir a generalização do Direito do Trabalho ao conjunto do mercado laborativo do País — tendência que era claramente um dos principais fatores responsáveis pelos terríveis índices de concentração de renda e de exclusão social no Brasil — iria refluir, por fim, a contar do período iniciado em 2003, estendendo-se, felizmente, até os dias atuais (2011).

A partir desse último período (2003/2011), felizmente, cessa (ou se restringe) a política oficial de modificação e enfraquecimento precarizante do Direito do Trabalho e, principalmente, eleva-se esse ramo jurídico ao *status* de instrumento decisivo de uma política pública de crescimento econômico, distribuição de renda, inclusão social e econômica e de fortalecimento do mercado interno do País.

De fato, dados oficiais do Ministério do Trabalho e Emprego, com base nas informações anuais da RAIS, atestam que foram criados 15,38 milhões de empregos formais na economia e sociedade brasileiras durante os anos de 2003 até 2010[(107)], de

(106) Os presentes dados resultam das fontes oficiais do CAGED/RAIS, sob organização do Ministério do Trabalho e Emprego, baseando-se em informações fornecidas por empresas e instituições, a partir da guia obrigatória "Relação Anual de Informações Sociais – RAIS". A estatística abrange vínculos assalariados formais, quer dizer, empregos e outros vínculos privados sob regência da CLT (avulsos, por exemplo), além de vínculos formais da área estatal, sejam empregos ou vínculos administrativos assalariados. FONTE: Ministério do Trabalho e Emprego – RAIS 2008 – Resultados Definitivos – Características do emprego formal segundo a Relação Anual de Informações Sociais – 2008 – RAIS 2008. Disponível em: <http://www.mte.gov.br/PDET/index.asp> Acesso em: 16 fev. 2010.

(107) FONTE: sítio do Ministério do Trabalho e Emprego: <http://www.mte.gov.br/PDET/index.asp> Acesso em: 31 ago. 2011. Conforme já esclarecido, essa estatística do Ministério do Trabalho e Emprego, com base na RAIS, agrega como empregos formais não somente os vínculos empregatícios clássicos, regidos pela CLT (empregados e trabalhadores avulsos), como também os vínculos eminentemente administrativos,

modo a elevar a população economicamente ativa ocupada para 44,06 milhões de trabalhadores assalariados. Isso corresponde a um aumento de 53,62% de novos empregos (incluída, é claro, a formalização de empregos precários precedentes), considerada a base de comparação de 2002 (ou seja, de 28,68 milhões de empregos formais, em 2002, passou-se para 44,06 milhões de empregos formais, em 2010).

Não por coincidência, no mesmo recente período, o País tem assistido significativo processo de inclusão social e econômica de enorme contingente de pessoas e famílias, permitindo se evidenciar, com clareza, o impressionante papel civilizatório e progressista do Direito do Trabalho também em nossa realidade.

C. Função civilizatória e democrática

O Direito do Trabalho, surgido desde a segunda metade do século XIX e generalizado nas primeiras décadas do século XX, iria cumprir ainda notável função civilizatória e democrática nos países ocidentais em que floresceu.

Esse ramo jurídico, efetivamente, tornou-se, na História do Capitalismo Ocidental, um dos instrumentos mais relevantes de inserção na sociedade econômica de parte significativa dos segmentos sociais despossuídos de riqueza material acumulada, e que, por isso mesmo, vivem, essencialmente, de seu próprio trabalho. Nessa linha, ele adquiriu o caráter, ao longo dos últimos 150/160 anos, de um dos principais mecanismos de controle e atenuação das distorções socioeconômicas inevitáveis do mercado e sistema capitalista.

Ao lado disso, dentro também de sua função democrática e civilizatória, o Direito do Trabalho consumou-se como um dos mais eficazes instrumentos de gestão e moderação de uma das mais importantes relações de poder existentes na sociedade contemporânea, a relação de emprego.

Será esse ramo jurídico, ademais, o principal canal de transmissão do espírito e avanços democráticos experimentados na sociedade política para o interior da sociedade civil, espraiando-se para o universo das empresas e demais instituições privadas, com seus estabelecimentos, escritórios e demais módulos de estruturação e atuação. Sem o Direito do Trabalho, ter-se-ia uma Democracia meramente formal, no plano da política e das instituições estatais (no plano da *sociedade política*, portanto), em contraponto com o império unilateral do poder privado, no plano da economia e das instituições privadas (no plano da *sociedade civil*, em suma). O mecanismo principal de democratização do poder na esfera da sociedade civil é, sem dúvida, o Direito do Trabalho, com suas regras, garantias, travas e princípios atenuadores e democratizadores do poder empresarial.

---

regidos pelo Direito Administrativo – os quais, como se sabe, também se caracterizam, regra geral, por serem claramente favoráveis e protecionistas da pessoa humana trabalhadora (servidores estatutários).

D. Função conservadora

Conforme já se adiantou, é claro que se pode aferir a presença de uma quarta função, em aparente contraponto às três precedentes: a função conservadora do Direito do Trabalho, resultante de seu papel de cimentar as bases de continuidade das próprias sociedade e economia capitalistas.

Tal função existe à medida que esse ramo jurídico especializado confere legitimidade política e cultural à relação de produção básica da sociedade contemporânea — a relação de emprego. Na proporção que o Direito do Trabalho eleva as condições de pactuação e gestão da força de trabalho, além de cumprir papel civilizatório e democrático em favor dos trabalhadores, ele provoca, em contrapartida, certo compromisso desse segmento socioeconômico com a preservação do sistema capitalista. Em tal medida, o jovem ramo jurídico construído há pouco mais de um século atrás, com espírito fortemente transformador, deixa de ser plenamente revolucionário, realizando inegável função conservadora.

Naturalmente que o reconhecimento dessa função conservadora, contemporaneamente, não invalida o diagnóstico de que a normatividade autônoma e heterônoma justrabalhista é que assegurou, ao longo dos últimos 150 anos, a elevação do padrão de contratação e gestão das relações empregatícias existentes e do próprio nível econômico conferido à retribuição paga aos trabalhadores por sua inserção no processo produtivo.

V. O século XXI e as funções do Direito do Trabalho

O despertar do século XXI deu continuidade a certas tendências demarcadas no sistema capitalista desde as últimas três décadas do século precedente. As duas mais importantes e universais dessas tendências são, sem dúvida, a globalização e a renovação tecnológica.

Há duas outras tendências de significativo peso socioeconômico e cultural, embora tal peso se perceba com maior força essencialmente no plano *ocidental* do globo terrestre. De um lado, a persistente hegemonia do setor financeiro no conjunto econômico (hegemonia algo abalada com a crise deflagrada em 2007/2009 nos EUA e que continua até os dias atuais; hegemonia que não se afirmou, com tanta clareza, a propósito, nos países asiáticos, que se destacam por serem países fundamentalmente de hegemonia econômica *industrial*). De outro lado, a também desproporcional influência do ideário liberalista no universo dessas economias e sociedades ocidentais (influência bastante abalada, reconheça-se, com a crise econômica dos últimos quatro anos e a manifesta ineficiência prática dos postulados liberalistas; influência, registre-se, praticamente inexistente nos países asiáticos mais dinâmicos nos últimos quarenta anos).

Nesse quadro de transformações econômicas, sociais e culturais, mantêm-se presentes as principais funções do Direito do Trabalho? Essas funções e o próprio ramo jurídico mantêm-se válidos no contexto contemporâneo do capitalismo?

A resposta é claramente positiva.

A globalização e a contínua renovação tecnológica são fenômenos em constante andamento, porém sem alterar, de modo significativo, alguns dos principais aspectos que deram origem e justificam a existência do Direito do Trabalho.

De um lado, o sistema econômico capitalista, por si só, é manifestamente incapaz de realizar qualquer coisa próxima à ideia de justiça social. Ao contrário, a globalização e a incessante renovação tecnológica apenas têm exacerbado as tendências desigualitárias do capitalismo, além de aprofundado seus aspectos irracionais, provocadores de crises reiteradas em seu funcionamento.

Tudo isso quer dizer que a regulação do sistema econômico e social contemporâneo é medida fundamental para a preservação de sua própria existência, a par de garantir as correções necessárias para que o moinho implacável do mercado não conduza à exclusão e à entropia sociais. No conjunto das inevitáveis e necessárias políticas regulatórias imprescindíveis para o aperfeiçoamento e para a própria manutenção do sistema, ganha destaque especial o Direito do Trabalho.

Há que se perceber, de outro lado, que o *glamour* que usualmente envolve o fenômeno da globalização também não supera um fato simples e absoluto: a circunstância de que as condições físicas da produção mercadológica ainda têm de continuar a ser realizadas, basicamente, em um mesmo sítio geográfico localizado, o Estado Nacional. As empresas podem até mesmo optar por alterarem seu local de produção e funcionamento; entretanto, ainda não se criou tecnologia que as permita produzir em locais etéreos, fora do espaço físico de algum(ns) país(es). Logo, não desapareceram as condições para a regulação do trabalho nos diversos países do globo, regulação feita pelos Estados Nacionais.

Tudo isso quer dizer que a globalização, no fundo, acentuou a necessidade de preservação do Direito do Trabalho nos diversos países, ampliando ainda a necessidade de se criarem condições para que suas regras protetivas avancem inexoravelmente para todos os cantos da terra, de modo a impedir estratégias de espoliação do ser humano em cantos longínquos do território mundial. *Mais* Direito do Trabalho — e não menos — é o que impõe a globalização, na verdade.

Acresça-se, nesse cenário, que a própria renovação tecnológica que tanto tem se incrementado nas últimas décadas também não põe cobro ao emprego e, muito menos, ao ramo jurídico que o regulamenta. Conforme se sabe hoje — ultrapassada a fase de mera manipulação ideológica desse tema —, a renovação tecnológica acarreta influências muito diversificadas sobre o emprego, jamais se circunscrevendo a um único tipo de influência e repercussão.

Efetivamente, algumas inovações reduzem ou até eliminam empregos; outras, no entanto, são relativamente neutras com respeito a ele. O mais importante, contudo, é que existe largo grupo de inovações que criam, multiplicam empregos, não só por seu potencial de reduzir o custo da mercadoria ou serviço ofertados, como também por, até mesmo, instituírem novas funções, novos mercados, novos consumidores, novos núcleos econômicos e sociais. A propósito, o mais comum é que as inovações restrinjam ou eliminem certos empregos ou funções, porém, ao mesmo tempo, induzam à criação de várias outras funções ou empregos, correlatos aos efeitos econômicos, organizacionais e sociais que propiciam(108).

Reconheça-se que a hegemonia econômica do setor financeiro sobre os demais segmentos da economia capitalista, sem dúvida, desponta como um fator tendencial de enfraquecimento na curva de geração de empregos, em face do caráter restrito desse específico segmento no conjunto da estrutura e operação do capitalismo. Todavia, esse fator não tem caráter absoluto, não eliminando, afinal, a própria existência dos outros setores econômicos. A par disso, é fator nitidamente conjuntural, instituído em decorrência do *tipo* de política pública adotada em certo Estado — e, desse modo, passível de modificação a qualquer tempo na mesma economia e sociedade.

Reconheça-se também, por fim, que a desproporcional influência que o ideário liberalista tem tido no universo das economias, sociedades e cultura ocidentais nos últimos 30 anos acaba por abalar o papel do Direito do Trabalho no mundo contemporâneo. O ideário liberalista, como se conhece, reúne, diuturnamente, argumentos e discursos em direção ao desprestígio do trabalho e especialmente do emprego no mundo atual, apontando, em repetição monocórdia, para a crescente *mercantilização* do trabalho na sociedade econômica — o que o faz eleger, em decorrência lógica, o Direito do Trabalho como alvo predileto de suas críticas e assédios.

Não obstante a inegável força e os amplos recursos midiáticos dessa matriz ideológica unilateral, ela não possui, do mesmo modo, caráter absoluto. Afinal, é manifesto o substrato de interesses econômicos que responde pela existência e veiculação dessa matriz, supondo profunda ingenuidade do destinatário que se deixe influenciar por semelhante ideário propagandístico. Além disso, têm sido reiterados os exemplos da ineficiência prática das medidas mercantilizadoras propostas por esse ideário, responsáveis não apenas pela acentuação e repetição de crises econômicas ao longo do globo, como também pelo aprofundamento da exclusão e diferenciação social em vários países submetidos à sua mais direta influência.

VI. Conclusão

O Direito do Trabalho, como qualquer segmento jurídico, cumpre funções tradicionais ao Direito, observada sua área específica de incidência. Assim, cabe-lhe, no campo das relações empregatícias e outros vínculos laborais legalmente especificados, regular condutas, interesses, relações e instituições, estruturando a convivência social e pacificando conflitos.

Cumpre o Direito do Trabalho ainda funções efetivamente específicas, que bem demarcam sua distinção perante outros ramos jurídicos próximos. São elas: aperfeiçoar

(108) A respeito das correlações entre mudanças tecnológicas *versus* emprego/desemprego, consultar DELGADO, Mauricio Godinho. *O fim do trabalho e do emprego no capitalismo atual:* realidade ou mito?, no livro do mesmo autor. *Capitalismo, trabalho e emprego* – entre o paradigma da destruição e os caminhos de reconstrução. São Paulo: LTr, 2006.

as condições de contratação e gestão da força de trabalho no sistema econômico e social; função econômica modernizante e progressista; função civilizatória e democrática; função conservadora. Todas essas funções justificaram a criação e a existência desse segmento jurídico especializado desde sua origem na segunda metade do século XIX na Europa Ocidental.

Principalmente as três primeiras têm ainda respondido pelo essencial processo de desmercantilização da força de trabalho no sistema capitalista, realizando o objetivo de assegurar, no mundo do trabalho, a preservação da dignidade da pessoa humana, o incremento do valor trabalho, a distribuição de renda, além do controle e aperfeiçoamento do exercício de poder no âmbito da relação de emprego e relações laborativas conexas. As mudanças ocorridas no sistema capitalista nas últimas décadas, a contar do final dos anos de 1970, alargaram o cenário de atuação do sistema socioeconômico, tornando-o efetivamente mundial. Estreitaram as inter-relações entre as diversas partes do globo, acentuando a competição internacional entre as empresas e as distintas economias. Produziram inovações tecnológicas acentuadas e reestruturações organizacionais significativas no plano das empresas e instituições. Todas essas mudanças, porém, não reduziram a necessidade de existência de ramo jurídico com as características do Direito do Trabalho, para cumprir as funções específicas que tem cumprido ao longo de um século e meio. Não se construiu, nesse tempo, outro mecanismo que possa, com eficiência, agilidade e equilíbrio, assegurar a subordinação da propriedade à sua função social, garantir a preservação da dignidade da pessoa humana nas relações trabalhistas, elevar as condições de pactuação da força de trabalho na economia e na sociedade, distribuir renda no âmbito do sistema capitalista e, ao mesmo tempo, fortalecer seu mercado econômico interno, além de controlar ou moderar o exercício de poder no âmago do mundo do trabalho. A manutenção das razões de nascimento e existência do Direito do Trabalho na sociedade e na economia globalizadas apontam para o avanço e generalização do ramo jurídico ao longo do século XXI.

Referências bibliográficas

DÄUBLER, Wolfgang. *Direito do Trabalho e Sociedade na Alemanha*. São Paulo: LTr/Fundação Friedrich Ebert/ILDES, 1997.

DELGADO, Mauricio Godinho. Relação de emprego e relações de trabalho: a retomada do expansionismo do Direito Trabalhista. *In:* SENA, Adriana Goulart; DELGADO, Gabriela Neves; NUNES, Raquel Portugal. *Dignidade humana e inclusão social* — caminhos para a efetividade do Direito do Trabalho no Brasil. São Paulo: LTr, 2010.

______________. O Fim do Trabalho e do Emprego no Capitalismo Atual: realidade ou mito? *In:* DELGADO, Mauricio Godinho. *Capitalismo, trabalho e emprego* — entre o paradigma da destruição e os caminhos de reconstrução. São Paulo: LTr, 2006.

______________. Discriminação e exclusão social — as grandes maiorias e o Direito do Trabalho. *In:* Tribunal Superior do Trabalho. *Fórum Internacional sobre Direitos Humanos e Direitos Sociais*. São Paulo: LTr, 2004, p. 365-377.

JAVILLIER, Jean-Claude. *Manuel Droit du Travail*. Paris: LGDJ, 1998.

Ministério do Trabalho e Emprego — RAIS 2008 — Resultados Definitivos — Características do emprego formal segundo a Relação Anual de Informações Sociais 2008. Disponível em: <http://www.mte.gov.br/PDET/index.asp> Acesso em: 16 fev. 2010.

Sítio do Ministério do Trabalho e Emprego. Disponível em: <http://www.mte.gov.br/PDET/index.asp> Acesso em: 31 ago. 2011.

Capítulo V
Democracia, Cidadania e Trabalho[109]

Mauricio Godinho Delgado

I. Introdução

Os conceitos de *Democracia, cidadania e trabalho*, especialmente *valor trabalho* — hoje considerados cardeais à estrutura teórica e normativa do *Estado Democrático de Direito* e dos *direitos fundamentais* que foi consolidada pela Constituição da República de 1988 —, compõem o mesmo cenário de modernização da sociedade, Estado e economia contemporâneas, a partir de meados e finais do século XIX.

São conceitos que envolvem um dos mais importantes fenômenos de transformação gerados na História, qual seja, a dinâmica inovadora de inclusão de grandes levas sociais e populacionais (originalmente excluídas) nas estruturas multidimensionais da vida contemporânea.

Os três conceitos despontam e se desenvolvem de modo relativamente correlacionado nas experiências europeias predominantes entre meados do século XIX e desenrolar do século XX.

Entretanto, no caso brasileiro, tomando-se como marco o período de mudanças deflagrado pela Revolução de 1930, não se verifica a mesma exata e automática correlação verificada na matriz originária da Europa.

Apesar dessa diferença e de outros aspectos peculiares à história brasileira, também no Brasil a tríade conceitual indicada terá notável importância no aperfeiçoamento e modernização das instituições da sociedade política e da sociedade civil.

Sua compreensão é pressuposto decisivo para a melhor assimilação das noções de Estado Democrático de Direito e de direitos fundamentais da pessoa humana, que hoje compõem o cerne do mais importante documento constitucional da história do País, a Constituição de 1988.

Esse tema é que será analisado no presente capítulo.

---

(109) O presente texto resulta de *palestra* realizada no mês de *outubro de 2009* no Tribunal Regional do Trabalho de Minas Gerais (3ª Região), em Belo Horizonte-MG, durante o IV Encontro Nacional da Memória da Justiça do Trabalho. Para ser inserido no presente livro, foi o texto revisado, atualizado e, em certa medida, reescrito e ampliado, a fim de se harmonizar ao objeto do presente livro. Preservou-se, contudo, o estilo oral e relativamente informal da apresentação. A redação primitiva, contudo, pode ser acessada na obra coletiva resultante do evento. *In:* CAIXETA, Maria Cristina Diniz *et alii* (Orgs.). *IV Encontro Nacional da Memória da Justiça do Trabalho*, São Paulo: LTr, 2010, observado ali o seguinte título da palestra deste autor: DELGADO, Mauricio Godinho. *Mesa-redonda:* trabalho e cidadania no Brasil – trajetória e perspectivas."

II. Democracia e cidadania

Democracia é o *regime de estruturação da sociedade política e da sociedade civil pelo qual se assegura o império das liberdades públicas, coletivas e individuais, da participação individual e coletiva nas diversas esferas de poder, da inclusão institucional, política, social, econômica e cultural dos vários segmentos sociais e dos indivíduos, sob a regência de regras e relações institucionalizadas ou, pelo menos, não proibidas pelo Direito.*

Cidadania, por sua vez, é a *titularidade de diversificado e importante rol de direitos políticos, sociais, econômicos e culturais atribuída à pessoa humana no contexto do Estado e da sociedade civil.*

São conceitos *conexos*, uma vez que a presença de um tende a corresponder ou, pelo menos, instigar a existência do outro. São também conceitos e realidades *recentes*, somente ganhando consistência a partir das transformações políticas, sociais, jurídicas, econômicas, culturais e institucionais despontadas no mundo ocidental desde fins do século XIX e, principalmente, durante o século XX.

Em síntese, o conceito de cidadania conecta-se com o de Democracia, sendo correlatos, em essência, além de constituírem conceitos basicamente *contemporâneos*. Evidentemente que a ideia de Democracia e o próprio verbete existem desde a Grécia antiga. Entretanto, parece insofismável que a ideia de Democracia dos antigos não tem qualquer relevante correspondência com a ideia contemporânea desse fenômeno. Afinal, a ideia de Democracia dos antigos ajustava-se a certo tipo de gestão compartilhada de elites, concretizada entre elites, em estrito benefício dessas elites; ora, isso não tem relação forte, substantiva, com a ideia contemporânea de Democracia.

A ideia contemporânea de Democracia corresponde à noção de *inclusão social, política e institucional* — inclusão notadamente dos vastos segmentos despossuídos de poder e de riqueza. De fato, a sociedade humana, a partir de finais do século XIX e mais acentuadamente no século XX, encontrou fórmula de convivência (com variações, é claro) que desponta como absolutamente inovadora na História, pela qual se alcançaram mecanismos de participação no poder institucionalizado e de participação em distintas formas de poder, no âmbito inclusive da sociedade civil, por parte dos setores que não são os controladores da riqueza e do poder tradicional nesta mesma sociedade.

Essa é a marca distintiva da ideia de democracia na contemporaneidade. Essa marca específica não existiu na História em nenhum momento anterior.

Da mesma maneira, a ideia de cidadania, segundo a concepção considerada mais adequada ou, pelo menos, mais relevante. Essa noção e essa prática de se conferir uma situação jurídica pela qual o indivíduo, ainda que destituído de riqueza e de poder, torne-se titular de uma série de prerrogativas institucionais, sociais, econômicas e culturais. Essa fórmula é recentíssima, ela jamais houve na História até finais do século XIX.

Claro que, em finais do século XIX, ela apenas começou a ser construída, tendo se realizado com maior plenitude a partir do século XX. Note-se, então, que as ideias contemporâneas de Democracia e de cidadania demarcam-se de maneira mais objetiva a partir da segunda metade do século XIX.

Não há dúvida que existiram pressupostos oriundos de épocas passadas, pois essas ideias e realidades não surgiram do nada, uma vez que tiveram como antecedentes, por exemplo, o liberalismo originário com as suas noções individualistas e até então elitistas de liberdade, de individualidade, de direitos institucionalizados contra o poder soberano. Tais ideias precedentes, ainda que meramente individualistas, foram pressupostos fundamentais. Porém, a noção de participação do ser humano excluído, a noção acerca da existência de um conjunto de prerrogativas institucionais e sociais franqueadas a todos, essas noções somente surgem a partir da segunda metade do século XIX, com as lutas sociais despontadas na Europa Ocidental, com certo reflexo nas Américas, principalmente nos EUA, e eventualmente em alguma outra experiência localizada(110).

III. Democracia, cidadania e trabalho

Há clara e importante coincidência histórica entre o surgimento desses conceitos contemporâneos de *Democracia* e de *cidadania* com o surgimento também do *trabalho* como efetivo *valor* na sociedade humana.

De fato, a emergência do trabalho como efetivo valor (o valor trabalho) desponta também ao longo do século XIX. Claro que o valor trabalho também possui pressupostos culturais. De certa maneira, neste tópico, até mesmo o pensamento liberal mais uma vez dá sua contribuição: basta lembrar que o grande teórico do liberalismo originário, Adam Smith, em sua construção econômica e filosófica, ainda escreve a partir do conceito do trabalho como fonte de valor. Apenas logo a seguir, já na primeira metade do século XIX, é que os liberais tradicionais iriam se aperceber do risco de considerarem o trabalho como valor, como um valor cardeal (risco, naturalmente, sob a ótica dos estritos interesses capitalistas, é claro). Risco político e cultural que, nos momentos seguintes, em meados do século XIX, seria claramente demonstrado por meio das correntes socialistas, comunistas, marxistas e assemelhadas. Nesse quadro, os liberais cuidadosamente substituíram o valor trabalho pelo conceito mais impessoal e aparentemente despolitizado, de *utilidade* — a *utilidade* (não o trabalho) é que seria o critério de valor na economia capitalista.

Está-se falando, pois, da correlação entre as noções e realidades contemporâneas de *Democracia*, *cidadania* e *valor trabalho*, todas surgidas na mesma época, no mesmo quadro histórico e social, em meio às lutas sociais da segunda metade do século XIX. Desde então, desponta essa grande inovação, que é a circunstância de grandes grupos sociais — a maioria da sociedade, no fundo — reivindicarem participação na sociedade

(110) Para exame do tema da cidadania, sob o ponto de vista teórico, além de histórico, consultar o texto da cientista política e historiadora DELGADO, Lucilia de Almeida Neves. Cidadania e república no Brasil: história, desafios e projeções do futuro. *In:* PEREIRA, Flávio Henrique Unes; DIAS, Maria Tereza Fonseca. *Cidadania e inclusão social* – estudos em homenagem à Professora Miracy Barbosa de Sousa Gustin, Belo Horizonte: Fórum, 2008. p. 321-335.

política, na sociedade econômica, na sociedade cultural, embora não fossem detentores de riqueza. Relembre-se de que, por vários milênios, os indivíduos que não fossem detentores de riqueza jamais seriam considerados detentores de poder; esse é exatamente o quadro que se alterou e esses três conceitos — Democracia, cidadania e trabalho — integram seus componentes principais.

Portanto, desponta ligação muito estreita entre essas três noções, em seu conteúdo e em sua origem histórica, esta correspondendo ao exemplo europeu ocidental da segunda metade e finais do século XIX.

Claro que, em seguida, já no século XX, ocorreram momentos e experiências de dissociação dessas três noções, bastando lembrar as experiências autoritárias do fascismo e do nazismo principalmente, além de experimentos similares vividos em regiões mais atrasadas da Europa do Sul — caso da Espanha e Portugal —, sem contar países da Europa Oriental, que ainda não haviam se democratizado de maneira significativa. Essa dissociação autoritária, regra geral, construiu-se com prejuízo dos três conceitos mencionados, comprometendo a Democracia, acanhando a cidadania onde já se instaurara, fustigando o valor trabalho. Não obstante esses períodos de dissociação, o fato é que na história da Europa Ocidental dos últimos 150 anos, é muito clara essa vinculação entre as noções de Democracia, cidadania e trabalho — valor trabalho, afirmação do trabalho.

Essa dinâmica de vinculação dos três conceitos e realidades contemporâneos seria claramente retomada a partir do final da Segunda Guerra Mundial, com a institucionalização do chamado Estado de Bem-Estar Social. Assistiu-se então, na Europa Ocidental, o apogeu da Democracia, da cidadania, do valor trabalho.

Não se desconhece que nestas últimas três décadas, a contar de fins dos anos de 1970, tivemos um processo de desgaste da afirmação do valor trabalho no universo do pensamento ocidental hegemônico. Ainda assim, se examinarmos a prática dos países europeus ocidentais mais importantes e desenvolvidos, veremos que eles não desmontaram a hegemonia do valor trabalho em suas estruturas. Na prática concreta, não houve um desmonte efetivo do *Welfare State* europeu ocidental de 1970/1980 em diante.

É bem verdade que esses países e as entidades internacionais líderes do capitalismo perseverantemente divulgaram um pensamento de desgaste do valor trabalho e do próprio *Welfare State*, como se se tratasse de algo em suplantação, em superação, fenômenos datados, em franco eclipse na sociedade humana.

Entretanto, do ponto de vista real, há vários estudos que demonstram que o investimento público em direitos sociais cresceu nos últimos 30 anos nos países clássicos da Europa Ocidental. No fundo, nós assistimos a uma acentuação do discurso oficial divulgado pela Europa e pelas diversas agências internacionais sob sua influência e dos EUA, o discurso de desvalorização do trabalho e do eclipse do *Welfare State*, mas, no plano interno dos respectivos países, essa desvalorização não se refletia nos instrumentos objetivos de aferição, de que são exemplos os investimentos públicos em direitos sociais. Claro que em 30/35 anos de incansável assédio desconstrutivista, alguma alteração efetiva iria se concretizar, em comparação com o parâmetro da década de 1960. Mas não foram alterações de substância[(111)].

Neste contraponto entre continuidades e mudanças no *Welfare State* europeu, ficamos um pouco submetidos à perspectiva do analista destacado: aqueles pensadores que almejam, direta ou indiretamente, enxergar e enfatizar a superação do valor trabalho, por exemplo, seja por convicção ideológica, seja por desalento, enfatizam o teor de tais alterações, insistindo que são a predição de um futuro sombrio em que o trabalho não terá relevância; aqueles que não incorporam tal compreensão ideológica do problema, não veem a presença de crucial ponto de ruptura nesse processo de adequações e calibragens do Estado de Bem Estar Social.

Na verdade, a recente crise econômica dos anos de 2007 e seguintes, que se originou na economia líder do capitalismo (EUA), espraiando-se pela Europa (e que, no fundo, em 2011 ainda não se encerrou), desponta como manifesta prova de quão expressivo era o ardil a que nos submeteu o pensamento liberal dominante nos últimos 30 anos. A crise evidenciou como se tratava de pensamento destituído de real consistência histórica e de fundamentação objetiva, desvelando-se com impressionante viés ideológico.

Desse modo, mesmo nos dias atuais, mantém-se clara a presença de forte correlação entre Democracia, cidadania e trabalho na matriz europeia fundamental. Mas notem, como lembra muito bem o economista Márcio Pochmann, quando se fala em trabalho no século XXI, não se quer referir, evidentemente, à presença imutável de uma matriz de labor extenuante, de jornadas extensas, tal como ainda se assiste hoje em vários locais e regiões. Quer-se referir a um trabalho calibrado, temporalmente diminuído, ajustando-se aos avanços tecnológicos e organizacionais verificados nas últimas décadas[(112)].

Ora, a sociedade continuará a ser a sociedade do trabalho, mas, em virtude dos avanços organizacionais e tecnológicos, as pessoas poderão e terão de trabalhar menos. É preciso que a ordem jurídica institucionalize esse avanço propiciado pela tecnologia, permitindo que a sociedade continue a ser a sociedade do trabalho, *porém não do trabalho extenuante*. Márcio Pochmann, em palestra, anos atrás, no TRT-MG, quando lhe concedemos a medalha do Tribunal como homenagem, falou — creio que provocativamente — em uma média de trabalho de no máximo 3 horas por dia. Claro, penso que ele estava provocando com o intuito de abrir, definitivamente, o debate com relação a isso. Porém, de fato, o fundamental é que se altere, de modo correspondente, a ordem jurídica para

(111) Para exame das características, desafios e transformações do Estado de Bem-Estar Social, consultar a excelente pesquisa contida em CONDÉ, Eduardo Salomão. *Laços na diversidade* – a Europa social e o *Welfare* em movimento (1992-2002). Juiz de Fora: UFJF, 2008. Consultar ainda DELGADO, Mauricio Godinho; PORTO, Lorena Vasconcelos (Orgs.). *O estado de bem-estar social no século XXI*, São Paulo: LTr, 2007.

(112) São textos relevantes, entre outros, do economista Márcio Pochmann, especializado no estudo do trabalho e emprego na sociedade capitalista, em especial a brasileira: POCHMANN, Márcio. *A década dos mitos*. São Paulo: Contexto, 2001; *O desafio da inclusão social no Brasil*. São Paulo: Publisher Brasil, 2004; *O emprego na globalização* – a nova divisão internacional do trabalho e os caminhos que o Brasil escolheu. 2. reimp. São Paulo: Boitempo, 2002.

que os ganhos de produtividade tecnológica do sistema sejam absorvidos pelo conjunto da população. O que passa, necessariamente, pela redução da duração do trabalho remunerado. Isso é Democracia, isso é cidadania, isso é afirmação do valor trabalho.

Ou seja, *a sociedade continuará a ser a sociedade do trabalho, porém com todos trabalhando menos*. Não é o que está acontecendo por ora, reconheça-se. Afinal, os ganhos de produtividade têm sido espantosos nas últimas décadas, contudo, no caso brasileiro, mantemos uma duração do trabalho absolutamente incompatível com esses ganhos de produtividade, os quais teriam de ser, naturalmente, democratizados e distribuídos para todos aqueles que contribuem para o desenvolvimento do nosso país.

Mantém-se, portanto, como válida, no século XXI, a correlação entre Democracia, cidadania e trabalho.

IV. Cidadania, trabalho e emprego no Brasil

Muito bem, chegamos ao Brasil. Como sempre, o Brasil tem algumas peculiaridades interessantes, que são características do nosso país. Essas peculiaridades tornam um desafio especial construir-se uma teorização que nos dê razoável instrumentalidade para a compreensão de nosso país e de nossa história.

Retomemos o início de nossa fala: não tenho dúvida de que os conceitos de Democracia e de cidadania estão estruturalmente ligados ao conceito de valor trabalho. Penso que se trata de esvaziar a ideia de Democracia e de se esvaziar a ideia de cidadania não fazer essa vinculação.

Só que no caso brasileiro há, efetivamente, algumas peculiaridades no que tange a essa equação, essa tríade.

Ora, sabemos que o nosso país não teve Democracia na maior parte de sua história e, portanto, obviamente, não teve exatamente cidadania, de maneira geral, na maior parte de sua história. Para se lembrar rapidamente, até 1888, portanto até o final do século XIX, sequer tínhamos trabalho livre como marca institucional de estruturação da nossa sociedade, da nossa economia. Só em 1888 é que abolimos a escravatura, sendo o último dos países, a última das sociedades e dos Estados que assim o fizeram em todas as Américas.

Mais do que isso: quando se fez a abolição da escravatura, lamentavelmente não se tomaram medidas para sanar a profunda desigualdade social. Ao contrário, as autoridades instituídas ordenaram a queima dos arquivos da escravidão para que a mancha ficticiamente desaparecesse. Foi uma decisão que mostrava o desprezo das instituições pelo combate à desigualdade social: tentar-se queimar a memória da desigualdade social, ao invés de se criarem instrumentos para combatê-la. E de fato foi o que aconteceu: por cerca de mais de quatro décadas da República Velha, praticamente, nada se fez do ponto de vista institucional, com pequenos espasmos e diferenciações, em termos de combate à exclusão social[(113)].

Então, na história brasileira não se pode falar em efetiva prática e institucionalização de cidadania como regra geral, até pelo menos 1930.

Por quê? Porque o Império, evidentemente, era um teatro de elites. O Império não tinha nenhuma relação com a ideia democrática contemporânea. O Império traduzia uma gestão de elites e de afirmação de sociedades profundamente excludentes. Falar-se em Democracia numa sociedade de escravatura traduz insofismável desrespeito ao ser humano. A ideia de Democracia numa sociedade onde há trabalho escravo institucionalizado é algo incabível do ponto de vista estrutural, a não ser que fiquemos com aquela concepção grega pela qual Democracia pode ser algo que abranja apenas 10% da população — o que é incompatível com a visão moderna e contemporânea deste conceito. A palavra é a mesma, mas o conteúdo é radicalmente diferente. Rememore-se também que as mulheres, mesmo as que não eram escravas, estavam excluídas do conceito de cidadania; só neste tópico estávamos excluindo 50% da população.

No tocante à República Velha, que se iniciou logo depois da libertação dos escravos (esta em 1888, a subsequente em 1889), sabe-se que formalmente era um Estado Liberal institucionalizado. Tínhamos a Constituição Republicana de 1891. Entretanto, só para citar uma descrição da superficialidade da ideia democrática e de cidadania na República Velha — ou sua absoluta ausência —, lembro uma passagem do livro biográfico do jornalista criador dos Diários Associados, Assis Chateaubriand, de autoria do escritor Fernando Morais[(114)]. Lá tem passagem notável como descrição do sentido da República Velha, sob a perspectiva da Democracia e da cidadania. Um dos futuros presidentes do Brasil, que iria governar por 4 anos o País naquele período, era então embaixador na França, residindo naturalmente em Paris; daí recebeu a visita de uma delegação de líderes políticos brasileiros. Foram dar a ele a notícia de que fora ungido candidato à presidência da República, por escolha do grupo longamente dominante. Ficou obviamente muito honrado, isso vários meses antes da eleição e subsequente posse. Muito honrado, agradeceu, não acreditando no que o destino lhe reservava, simplesmente o máximo de aspiração para um político brasileiro, uma efetiva honra. E fez uma pergunta simples e

---

(113) A historiadora e cientista política Lucilia de Almeida Neves Delgado evidencia os paradoxos da democracia e da cidadania no Brasil: "Uma característica recorrente do período republicano brasileiro é o permanente desafio referente à consolidação da democracia. Na verdade, a prática da democracia no Brasil e a plena realização da cidadania apresentam-se como um enigma histórico a ser decifrado, pois a tradição do país tem sido marcada por dois tipos de movimento: o primeiro refere-se à facilidade com que experiências democráticas foram interrompidas no decorrer do período republicano; o segundo relaciona-se à permanência residual e paradoxal de práticas políticas autoritárias em conjunturas de exercício político da democracia." DELGADO, Lucilia de Almeida Neves. Cidadania e república no Brasil: história, desafios e projeções do futuro". *In:* PEREIRA, Flávio Henrique Unes; DIAS, Maria Tereza Fonseca. *Cidadania e Inclusão Social* – estudos em homenagem à Professora Miracy Barbosa de Sousa Gustin, Belo Horizonte: Fórum, 2008, p. 321.

(114) Referência bibliográfica: MORAIS, Fernando. *Chatô – o rei do Brasil*. São Paulo: Cia. das Letras, 1994 (a obra possui dezenas de edições).

inevitável: "eu agradeço muito, porém pergunto: tenho de voltar imediatamente para realizar a campanha?" E foi dito a ele: "de forma alguma, continue aqui; mas você tem que voltar para tomar posse, a eleição deixe conosco." Isso mostra a força e o impacto da chamada *eleição a bico de pena*. Não havia qualquer participação efetiva da população brasileira: tratava-se de mero ajuste de elites; escolhido o candidato, a eleição estava resolvida no País inteiro. Isso em um país continental, com uma população que já era superior a 20 milhões de habitantes. Essa incrível cena demonstra quão precárias, ilusórias e fictícias eram as ideias de cidadania e de Democracia da República Velha.

Com relação ao trabalho, ao valor trabalho, todos sabemos que a política da República Velha era absolutamente excludente. A própria oposição liberal à estrutura política excludente da República Velha — representada pelo pensador, político, tribuno e jurista Ruy Barbosa — era absolutamente infensa à ideia de valorização do trabalho.

Há uma Dissertação de Mestrado da UFMG, do Departamento de Ciência Política, muito interessante a respeito dessa visão do liberalismo oposicionista da República Velha. Tive a satisfação de participar da respectiva banca de defesa dessa dissertação, orientada pelo economista e grande intelectual brasileiro, Juarez Guimarães, que no livro *A Esperança Equilibrista*, em sua primeira parte, fornece uma das mais adequadas visões sobre essa combinação de forças surpreendentes que fazem a realidade brasileira[(115)]. A autora Letícia Godinho de Souza, em sua excelente obra, disseca o pensamento de Ruy Barbosa. A análise da cientista política impressiona: como flui um pensamento de caráter oposicionista, que se almeja crítico, porém, que não consegue enxergar a questão do trabalho e, notadamente, do *valor trabalho*! No final da vida, depois da campanha civilista, é que o tribuno brasileiro passa a ter uma certa sensibilidade para a questão do trabalho, mas ainda sem incorporar parâmetros interventivos no contrato de emprego, única solução efetiva para garantir certa autonomia real para os prestadores de serviços.

Em síntese, o pensamento da República Velha — quer o oficial, quer o da oposição institucional existente — em nada incorporava ou reverenciava, de maneira significativa, consistente, a ideia do trabalho e, principalmente, do valor trabalho[(116)].

A singularidade e a contradição brasileiras continuariam a mostrar sua presença na fase imediatamente seguinte. Afinal, quando a matéria trabalhista, o valor trabalho passa a ser importante efetivamente do ponto de vista institucional no Brasil, que é a partir de 1930 e período subsequente, nós temos uma das mais férreas ditaduras no País. Este, a propósito, é período de especial concentração de pesquisas e estudos da grande historiadora aqui presente, Ângela de Castro Gomes, o Estado Novo (1937-1945), período ditatorial de certo modo já antecipado com o *estado de sítio* de 1935[(117)].

(115) A referência bibliográfica é: GUIMARÃES, Juarez Rocha. *A esperança equilibrista* – o governo Lula em tempos de transição. São Paulo: Fundação Perseu Abramo, 2004.

(116) A referência bibliográfica é: SOUZA, Letícia Godinho de. *Direito do Trabalho, Justiça e democracia* – o sentido da regulação trabalhista no Brasil. São Paulo: LTr, 2006.

(117) São obras da historiadora, ilustrativamente: GOMES, Ângela de Castro. *A invenção do trabalhismo*. Rio de Janeiro: Vértice, 1988; *Ministério do Trabalho:* uma história vivida e contada. Rio de Janeiro: CPDOC,

Vejam que fenômeno curioso: quando o trabalho no Brasil passa a ser efetivo valor social, efetivo valor cultural, valor jurídico, quando as instituições brasileiras passam a considerar, com respeito e proporcionalidade, a questão do trabalho, estamos imersos em uma ditadura.

Ora, essa equação torna-se um problema, obviamente, para a questão democrática; desponta um momento relevante de anteposição da emergência do trabalho com a questão democrática. E a ideia de cidadania no Brasil também surge com algumas amarras que são difíceis de serem desprendidas, conforme a história brasileira posterior iria demonstrar. Daí até ter surgido a expressão — que me parece feliz, embora possa também ser criticada — do cientista político Wanderley Guilherme dos Santos, de que no Brasil nós temos uma *cidadania regulada*, porque na verdade quem passa a ser titular de direitos na ordem jurídica brasileira, a partir da sociedade organizada e do Estado organizado em 1930, é quem se insere nesta sociedade do *trabalho regulado*(118). É uma sociedade que inclui, sem dúvida, embora também mantenha importante exclusão dos segmentos populares, a saber, os habitantes da imensa área rural brasileira (sem contar os trabalhadores domésticos).

Vamos rememorar algo da política trabalhista de Vargas: uma política avançada sob o ponto de vista de direitos sociais, de inclusão social (ressalvados o campo e o segmento doméstico), porém não avançada sob o ponto de vista político-institucional. De certo modo, também tinha evidentes limitações até mesmo na seara dos direitos coletivos trabalhistas, embora fosse avançada no plano do Direito Individual do Trabalho. No plano coletivo, o império do autoritarismo vicejava, uma vez que a liberdade e a autonomia sindicais eram considerados incompatíveis com o modelo jurídico-sindical então estruturado.

Temos aí uma contradição — ou, quem sabe, melhor dizendo, uma *característica* — que vai perpassar toda nossa evolução subsequente, criando inegáveis dificuldades não só para os analistas da história brasileira, os pesquisadores da lógica de nossas instituições, como também para os práticos, os agentes políticos, inclusive aqueles dotados de reais afinidades e preocupações democráticas e populares. Foram dificuldades, em suma, presentes no desenrolar de toda uma geração.

Reconheço que minha geração, décadas depois, já nos anos de 1960 e 1970, teve grande dificuldade em compreender com clareza esse problema. A dissociação, em certo momento, entre Democracia, cidadania e valor trabalho gerou impasses analíticos inegáveis. Parte importante de nossa geração não conseguiu, *ao menos por certo tempo*, ver a compatibilização entre Democracia e o modelo trabalhista brasileiro. Participei também da banca examinadora de outra Tese de Doutorado, de uma brilhante economista,

---

2007; *Memória da Justiça do Trabalho* – trajetórias de Juízes (em colaboração com Elina Gonçalves da Fonte Pessanha). Porto Alegre: Tribunal Regional do Trabalho da 4ª Região, 2010. A autora tem direcionado seus estudos ao sistema trabalhista do Brasil, inclusive também com respeito à estrutura, composição e papel da Justiça do Trabalho.

(118) A referência bibliográfia é: SANTOS, Wanderley Guilherme. *Cidadania e Justiça* – a política social na ordem brasileira. 2. ed. Rio de Janeiro: Campus, 1987. A edição original do livro é de 1979.

que assessora importantes sindicatos brasileiros há cerca de 15 anos, sendo integrante do DIEESE, Regina Camargos, que demonstrou como, durante a década de 1980 e início dos anos 90, a mais combativa corrente do sindicalismo brasileiro, na época, evidenciava profunda dificuldade na compreensão do papel progressista e includente do Direito do Trabalho na sociedade capitalista brasileira(119). Mesmo relativamente ao Direito Individual do Trabalho, preservadas as críticas ao Direito Sindical. É que o viés autoritário que presidiu a primeira fase de estruturação desse ramo jurídico nos anos de 1930/40 fazia descer um manto impenetrável de censura sobre toda a obra normativa e institucional construída.

Felizmente, essa simplificação analítica foi superada no contexto dos embates políticos e ideológicos dos anos de 1990. Hoje compreende-se com clareza a importância do Direito do Trabalho, especialmente do Direito Individual do Trabalho, para a democracia, a cidadania e a afirmação do valor trabalho em nosso país. Porém, esse ajuste de reflexão, tempos após, não afasta a perplexidade de se ter pensado que o *pecado original autoritário* dessa ordem jurídica necessariamente pudesse comprometer toda sua validade, mesmo décadas depois.

É claro que não é razoável, em contrapartida, deflagrar-se, hoje, uma revisão histórica ingênua e acrítica, produzindo-se uma *releitura* da História que negue a existência dos anos de ditadura encerrados em 1945. Claro que houve a ditadura Vargas, houve tortura, toda a violência e todo o obscurantismo característicos de qualquer ditadura — como se sabe uma das piores construções do ser humano, inclusive em decorrência da quase inevitável simplificação que produz em nossas mentes e reflexões. Todavia, esse fato autoritário abominável original não elide a importância da ordem jurídica trabalhista do País como o mais significativo instrumento de inclusão social e econômica de parte importante da população despossuída de riqueza e de poder durante aquela fase histórica e períodos subsequentes.

Em síntese: nesse quadro de perplexidades, setores manifestamente progressistas e democráticos chegaram a pensar, durante a década de 1980 e início dos anos 1990, no combate integral à legislação trabalhista, ao suposto de que seria incompatível com a construção democrática no País e com a pretendida autonomia dos segmentos dos trabalhadores.

A fase de perplexidade, felizmente, já não existe mais. Vividos quase 25 anos de intensa prática democrática no Brasil contemporâneo, desde o fim do regime militar (a ditadura terminou em 1985), e vencida a primeira década do século XXI, já se formou significativa compreensão acerca da importância de se resgatar a tríade clássica entre *Democracia, cidadania* e *valor trabalho.*

Em síntese: a ideia de *Democracia* mantém-se como fundamental; ela passa, entretanto, necessariamente, pela ideia de *cidadania*. Esta, por sua vez, é, naturalmente,

---

(119) A referência bibliográfica é: CAMARGOS, Regina Coeli Moreira. *Negociação coletiva* – trajetória e desafios. Belo Horizonte: RTM, 2009.

multifacetada. Fica claro, porém, nessa multiplicidade de facetas, que a cidadania não se realiza, não se completa, *para a maioria das pessoas*, caso não envolva o mundo do trabalho, o *valor trabalho*, porque o trabalho, *especialmente em sua forma empregatícia*, mantém-se como a única maneira de a grande maioria das pessoas firmar-se na vida econômica e social. É que, excetuadas as pessoas com dom ou com qualificação muito especiais ou pessoas inseridas em posição econômica manifestamente favorável, grande parte dos indivíduos têm de se afirmar pelo trabalho e, particularmente, pelo emprego; não há outro caminho, ainda não se descobriu outro caminho relevante e genérico de afirmação social das pessoas.

Então, hoje me parece que estamos aparentemente caminhando para um reencontro com aquela tradição que foi bastante mais firme, um pouco mais homogênea, dentro do pensamento social, político e cultural europeu, ou seja, *uma inter-relação direta entre a ideia de Democracia, a ideia de cidadania — multifacetada essa ideia, multidimensional essa ideia —, e, no seu interior, com força pujante, a ideia do trabalho, especialmente o emprego, a ideia da realização das pessoas pelo mundo do trabalho, com destaque para o emprego*. Naturalmente, quer se referir aqui a emprego que incorpore os ganhos de produtividade dos avanços tecnológicos e organizacionais, emprego com menor duração temporal do que no passado recente, mas emprego como principal instrumento de afirmação da grande maioria dos seres humanos na sociedade capitalista.

As perspectivas que vejo para esta inter-relação entre Democracia, cidadania e trabalho no Brasil são otimistas. A minha geração, por exemplo, demorou a entender o significado dos símbolos da pátria, porque vivíamos numa ditadura, os símbolos da pátria eram absorvidos pela ditadura e por ela insistentemente manipulados. Nós demoramos a entender a importância desses símbolos, a entender a importância da ideia de nação. Hoje a minha geração aprendeu muito, sendo que a conquista da Democracia e estes mais de 25 anos de sua vivência firmaram nossa mais profunda convicção nessa área.

Vejo também notável evolução nos segmentos ligados ao mundo do trabalho, uma evolução que é das mais belas. Um amadurecimento rápido em torno do aprendizado da vivência social. Aquilo que Norberto Bobbio[120] criticava no pensamento de esquerda, que era a ausência de um pensamento democrático, de uma compreensão de Estado em sua feição democrática, eu creio que isso hoje, felizmente, no caso brasileiro principalmente, está superado ou em superação. Ou seja, está-se compreendendo que, em uma sociedade democrática, a ordem jurídica é para todos — *deve ser* para todos — e não apenas para os setores que detêm o controle do processo econômico central na sociedade. A *lei* pode ser significativamente democrática (ainda que não absolutamente, é claro) — visão que minha geração não tinha, na época, porque a lei era da ditadura e nós achávamos que o Estado era a ditadura, a lei era a ditadura. Percebo que isso era

(120) São obras do jurista, filósofo e cientista político italiano, ilustrativamente: BOBBIO, Norberto. *O conceito de sociedade civil*. 1. ed. Rio de Janeiro: Graal, 1982; *Direita e esquerda* – razões e significados de uma distinção política. São Paulo: UNESP, 1995; *A era dos direitos*. Rio de Janeiro: Campus, 1992; *Estado, governo, sociedade*. Rio de Janeiro: Paz e Terra, 1987; *O futuro da democracia*. 2. ed. Rio de Janeiro: Paz e Terra, 1986; *Igualdade e liberdade*. Rio de Janeiro: Ediouro, 1996.

uma simplificação quase infantil, mas inevitável para quem teve as portas arrombadas pelo poder violento, autoritário e truculento de uma ditadura. Esse amadurecimento é também uma conquista de toda uma geração.

Eu sou otimista também no Direito e na jurisprudência. O avanço jurisprudencial parece-me muito claro, especialmente em nossa área temática.

Dou um exemplo prático desse avanço jurisprudencial: os poderes da negociação coletiva, parecendo incertos e algo erráticos no passado recente, particularmente na década de 1990, estão hoje bastante mais firmes e, ao mesmo tempo, *adequadamente delimitados*. A jurisprudência contemporânea tem mais clareza de que a negociação coletiva é fundamental, é um poder da sociedade, é uma decisiva descentralização de poder. Porém, está também compreendendo que ela, *como qualquer poder, tem de possuir limites*, por não haver sentido, dentro de um cenário regido pela tríade *Democracia, cidadania e valorização do trabalho*, a que se confiram prerrogativas absolutas e irrefreáveis à sociedade civil, a ponto de esta, por alguma razão, franquear instrumentos para efetiva subvalorização do trabalho das pessoas. *A negociação coletiva não pode ser instrumento de regressão cultural, mas de avanço cultural, avanço econômico, avanço da cidadania*. É evidente que ainda persistem alguns pontos fora da curva nessa evolução jurisprudencial, mas, regra geral, são produtos de concepções antigas, já superadas; hoje tem claramente prevalecido uma direção interpretativa que evidencia um amadurecimento de nossa sociedade e de nosso Direito, traduzindo um reencontro e superação de nós mesmos em face desses fantasmas do passado[121].

V. Conclusão

Há conceitos cardeais à construção de concepções hoje dominantes no pensamento jurídico, tais como *Estado Democrático de Direito* e *direitos fundamentais da pessoa humana*. Concepções que demarcam o cerne da Constituição da República Federativa do Brasil, promulgada em 1988.

Entre esses conceitos, destacam-se o de *Democracia*, o de *cidadania* e o de *valor trabalho* (isto é, trabalho como valor).

A trajetória dessas realidades e conceitos no Brasil não foi idêntica à percebida na matriz europeia ocidental, entretanto.

Nos principais países europeus ocidentais, especialmente aqueles que primeiro vivenciaram a experiência das revoluções liberalistas e do sistema econômico capitalista, como Inglaterra e França, a construção da Democracia e o exercício crescente da cidadania

(121) As mudanças na jurisprudência do TST, aprovadas na sessão plenária de 24 de maio de 2011, são uma demonstração do acerto da afirmação anteriormente feita. Por exemplo, foram canceladas a Súmula n. 349, o item II da Súmula n. 364 e a Orientação Jurisprudencial Transitória n. 4 da SDI-I do TST. Tais verbetes interpretativos autorizavam a flexibilização *in pejus* de normas legais imperativas pela negociação coletiva trabalhista – posição que já não mais expressava o pensamento dominante na jurisprudência nos últimos anos (tais verbetes eram, desse modo, alguns dos pontos fora da curva mencionados na palestra realizada em outubro de 2009 no TRT-MG).

foram fenômenos relativamente contemporâneos à própria afirmação do valor trabalho naquelas economias e sociedades.

Em contraponto a isso, no Brasil, a Democracia manteve-se como indissimulável enigma histórico ao longo de várias décadas do século XX, despontando com maior clareza apenas no curto interregno entre 1945 e 1964, para adquirir foros de efetiva afirmação somente a contar de 1985 e subsequente Constituição de 1988. Contudo, aqui o valor trabalho passou a ter significativa relevância a contar da Revolução de 1930, embora essa época não pudesse ser enquadrada como ilustração preferencial da afirmação democrática.

O próprio conceito e a realidade da cidadania, embora apresentando-se durante a fase da República Velha, melhor se destacaram também a contar da Revolução de 1930, em período fortemente demarcado por práticas e visões autoritárias.

Essas vicissitudes e peculiaridades inerentes ao desenvolvimento de tais realidades e conceitos no País não desmerecem, porém, seu significado na História brasileira.

Muito menos são capazes de diminuir sua relevância na construção e efetivação do Estado Democrático de Direito e dos direitos fundamentais da pessoa humana nas sociedades civil e política deste país.

Passadas mais de duas décadas da construção e vigência da Constituição de 1988, já desponta maturidade teórica e histórica para se compreender a assimilação constitucional das características do desenvolvimento político, social, econômico e cultural do País, de modo a incorporar, na melhor medida, esses três conceitos cardeais, integrando-os à direção normativa do Texto Máximo da República em torno dos direitos fundamentais da pessoa humana e do Estado Democrático de Direito.

Referências bibliográficas

BOBBIO, Norberto. *Igualdade e liberdade*. Rio de Janeiro: Ediouro, 1996.

______________. *Direita e esquerda* — razões e significados de uma distinção política. São Paulo: UNESP, 1995.

______________. *A era dos direitos*. Rio de Janeiro: Campus, 1992.

______________. *Estado, governo, sociedade*. Rio de Janeiro: Paz e Terra, 1987.

______________. *O futuro da democracia*. 2. ed. Rio de Janeiro: Paz e Terra, 1986.

______________. *O conceito de sociedade civil*. 1. ed. Rio de Janeiro: Graal, 1982.

CAMARGOS, Regina Coeli Moreira. *Negociação coletiva* — trajetória e desafios. Belo Horizonte: RTM, 2009.

CONDÉ, Eduardo Salomão. *Laços na diversidade* — a Europa social e o *Welfare* em movimento (1992-2002). Juiz de Fora: UFJF, 2008.

DELGADO, Lucilia de Almeida Neves. Cidadania e república no Brasil: história, desafios e projeções do futuro. *In:* PEREIRA, Flávio Henrique Unes; DIAS, Maria Tereza Fonseca. *Cidadania e inclusão social* — estudos em homenagem à Professora Miracy Barbosa de Sousa Gustin. Belo Horizonte: Fórum, 2008.

DELGADO, Mauricio Godinho. Mesa-redonda: trabalho e cidadania no Brasil — trajetória e perspectivas. *In:* CAIXETA, Maria Cristina Diniz *et al.* (Orgs.). *IV Encontro Nacional da Memória da Justiça do Trabalho*. São Paulo: LTr, 2010.

DELGADO, Mauricio Godinho; PORTO, Lorena Vasconcelos (Orgs.). *O estado de bem-estar social no século XXI*. São Paulo: LTr, 2007.

GOMES, Ângela de Castro. *Ministério do Trabalho:* uma história vivida e contada. Rio de Janeiro: CPDOC, 2007.

______________. *A invenção do trabalhismo*. Rio de Janeiro: Vértice, 1988.

GOMES, Ângela de Castro; PESSANHA, Elina Gonçalves da Fonte. *Memória da Justiça do Trabalho* — trajetórias de juízes. Porto Alegre: Tribunal Regional do Trabalho da 4ª Região.

GUIMARÃES, Juarez Rocha. *A esperança equilibrista* — o governo Lula em tempos de transição. São Paulo: Fundação Perseu Abramo, 2004.

MORAIS, Fernando. *Chatô* — o rei do Brasil. São Paulo: Cia. das Letras, 1994.

POCHMANN, Márcio. O *desafio da inclusão social no Brasil*. São Paulo: Publisher Brasil, 2004.

______________. *O emprego na globalização* — a nova divisão internacional do trabalho e os caminhos que o Brasil escolheu. 2. reimp. São Paulo: Boitempo, 2002.

______________. *A década dos mitos*. São Paulo: Contexto, 2001.

SANTOS, Wanderley Guilherme. *Cidadania e justiça* — a política social na ordem brasileira. 2. ed. Rio de Janeiro: Campus, 1987.

SOUZA, Letícia Godinho de. *Direito do Trabalho, Justiça e Democracia* — o sentido da regulação trabalhista no Brasil. São Paulo: LTr, 2006.

Capítulo VI

Relação de Emprego e Relações de Trabalho – A Retomada do Expansionismo do Direito Trabalhista

Mauricio Godinho Delgado

I. Introdução

A sociedade democrática é — e tem de ser — uma sociedade inclusiva. A incorporação de todas as pessoas, independentemente de sua origem, poder e riqueza, à estrutura e dinâmica do sistema político, econômico, social e cultural, ainda que desempenhando papéis distintos, é nuclear à ideia e à prática da Democracia.

No plano da vida econômica e da vida social, essa incorporação tem de se materializar por meio de políticas públicas e de normas jurídicas, em face de ser o capitalismo incapaz, pelo exercício e dinâmica de suas meras forças de mercado, de realizar semelhante processo inclusivo.

Na sociedade contemporânea, a vasta maioria das pessoas vive dos rendimentos propiciados por seu trabalho. Nessa medida, a ordem jurídica trabalhista de cada sociedade e cada Estado pode cumprir, se bem estruturada, a função decisiva de realizar social e economicamente a Democracia, concretizando, em boa medida, seu objetivo de permanente inclusão das correspondentes populações.

Nesse quadro, o presente capítulo trata das condições para a retomada do expansionismo clássico do Direito do Trabalho, como um dos instrumentos mais relevantes para a maior e melhor realização da Democracia e justiça social na vida contemporânea.

Inicia-se com a análise dos conceitos de relação de trabalho e relação de emprego, essenciais ao ramo justrabalhista, acentuando a importância que tem, no capitalismo, a relação empregatícia.

Aborda as funções mais significativas da ordem jurídica trabalhista na economia e sociedade contemporâneas, evidenciando seu caráter muldimensional no capitalismo, não só como mecanismo retificador das desigualdades nesse sistema, mas também como veículo assecuratório de seu contínuo desenvolvimento econômico e tecnológico.

Conclui-se o texto com a análise dos caminhos abertos para a retomada do impulso expansionista do Direito do Trabalho, tendência que foi decisiva, tempos atrás, no processo de criação, alargamento e consolidação da Democracia na História do Ocidente.

II. Relações de trabalho e relação de emprego: caracterização

A relação de emprego é o vínculo interindividual entre uma pessoa física e outra pessoa natural, jurídica ou ente despersonificado, mediante o qual a primeira presta à segunda seu labor (ou sua disponibilidade), com pessoalidade, onerosidade, não eventualidade e subordinação.

É apenas um tipo situado entre as distintas relações de trabalho, que correspondem a vínculos por meio dos quais uma pessoa natural presta a alguém seus serviços, mas sem a concentração dos quatro elementos destacados na definição da relação de emprego. Quer dizer, na relação de trabalho, o labor é prestado com apenas alguns desses elementos mencionados; já na relação de emprego, todos esses elementos têm de estar reunidos.

A expressão *trabalho*, como se nota, é bastante ampla. Porém, possui, ainda assim, certa especificidade: é que ela diz respeito somente ao dispêndio de energia física ou intelectual pela *pessoa humana* em favor de alguém, objetivando resultado útil, direta ou indiretamente; não abrange, é claro, a prestação de serviços por entidades artificiais, isto é, pessoas jurídicas. Trabalho é atividade inerente à pessoa humana, compondo o conjunto físico e psíquico daquilo que realizam os integrantes da humanidade.

No estuário das atividades humanas de prestação de labor, a ideia de relação de trabalho desponta como gênero, envolvendo a relação de emprego, o trabalho eventual, o trabalho avulso, o trabalho autônomo, o trabalho de estágio, o trabalho gracioso (chamado *voluntário*) e outras espécies mais.

Havendo trabalho, há, necessariamente, atividade de uma pessoa natural; sendo esse trabalho prestado a alguém (pessoa física, jurídica ou até mesmo ente despersonificado), existe, em princípio, uma relação de trabalho.

É bem verdade que a relação de trabalho pode estar imbricada em um conjunto mais largo de relações socioeconômicas e jurídicas, sem ter, naquela situação complexa, caráter determinante, mas essencialmente conexo. Nesse contexto, seus efeitos, enquanto relação de trabalho, ficam jungidos ou até mesmo subordinados à regência jurídica principal da respectiva relação.

É o que se passa, por exemplo, com a relação de consumo que se consubstancie em uma prestação de serviços. O trabalho ali entregue pelo prestador ao consumidor está enquadrado em um complexo relacional mais amplo, determinante, que é a relação consumerista. Isso faz com que, sob a perspectiva do Direito, inclusive da Constituição, prepondere a relação consumerista no que tange ao vínculo estabelecido entre consumidor e prestador de serviços, embora, ao revés, prepondere a relação de trabalho no que tange ao vínculo estabelecido entre prestador de serviços e respectivo ente empresarial fornecedor do bem ou serviço colocado à disposição do público.

Para que haja uma relação de trabalho, é necessária a prestação laborativa de uma pessoa natural a alguém (primeiro elemento). Essa prestação dar-se-á qualificada ainda pela presença de alguns desses outros elementos: pessoalidade, onerosidade, não eventualidade e subordinação. Se todos estiveram reunidos, como já exposto, a relação de trabalho (gênero) qualifica-se como relação empregatícia (espécie).

Sinteticamente, esses demais elementos qualificadores (elementos fático-jurídicos) caracterizam-se pelos traços a seguir indicados[(122)].

Pessoalidade é a circunstância de a prestação laborativa realizar-se com significativa infungibilidade com respeito à pessoa do prestador de trabalho.

Onerosidade é a circunstância de a prestação laborativa formar-se com intuito contraprestativo pela pessoa natural prestadora dos serviços.

Não eventualidade é a circunstância de a relação socioeconômica e jurídica entre as partes configurar-se com *caráter de permanência*, seja pela circunstância de o objeto do contrato ajustar-se aos fins do empreendimento do tomador, seja pela circunstância de a prestação não ser meramente episódica, seja pela circunstância de o vínculo do prestador não ser do tipo pulverizado, conectando-se, simultaneamente, a distintos tomadores.

Subordinação é a circunstância de o prestador laborativo integrar-se à relação sociojurídica sob o poder diretivo do tomador, acolhendo, juridicamente, sua direção laborativa ao longo do contrato.

Relação de emprego: importância no capitalismo

A relação de emprego, tecnicamente, é apenas uma espécie do gênero relação de trabalho, como já indicado.

Contudo, é a espécie mais importante de relação de trabalho existente no sistema econômico e social capitalista. Por meio da relação de emprego é que o novo sistema emergente no século XVIII na Europa — Inglaterra, em particular — descobriu uma modalidade de conexão específica dos trabalhadores às necessidades organizacionais e produtivas do capital, sem as peculiaridades restritivas de cunho econômico, social, tecnológico e cultural das modalidades anteriormente dominantes na experiência histórica (escravidão e servidão)[(123)].

Note-se que tão importante quanto a existência do capital intensivo (acumulação de *riqueza aplicada* e também *riqueza líquida*) e da tecnologia inovadora (*trabalho cristalizado*) para a criação e propagação do sistema socioeconômico capitalista, foi também decisiva para o surgimento e generalização do capitalismo a descoberta dessa

(122) Análise minudente dos elementos fático-jurídicos da relação de emprego (presentes, em parte, nas demais relações de trabalho) consta de DELGADO, Mauricio Godinho. *Curso de Direito do Trabalho*. 10. ed. São Paulo: LTr, 2011. Capítulo IX.

(123) Embora, evidentemente, a escravidão e a servidão sejam absolutamente perversas para o trabalhador, propiciando unilateral apropriação laborativa pelo tomador – afora seus demais abomináveis aspectos anti-humanos –, sua fórmula laborativa jamais iria permitir significativo avanço tecnológico ao sistema produtivo (como comprovado pela História), além de implicar a institucionalização de sistema de gestão social inegavelmente complexo, oneroso e perigoso.

nova forma de utilização do trabalho e de sua consequente inserção no centro produtivo. De fato, essa nova relação social (a relação empregatícia) e sua estrutural inserção na empresa foram requisitos exponenciais para a configuração do novo sistema e para seu desenvolvimento contínuo nas décadas e séculos seguintes.

A relação de emprego, erigindo-se a partir do trabalho livre, mas simultaneamente subordinado, permite ao empresário usufruir do máximo da energia, da emoção, da inteligência e da criatividade humanas, dando origem a um mecanismo de integração da pessoa ao sistema produtivo dotado de potencialidade máxima no tocante à geração de bens e serviços na sociedade histórica.

Em torno da relação de emprego, pelas suas características de permitir combinar *liberdade pessoal do trabalhador* com *direção empresarial pelo empreendedor*, é que se erigiu a fórmula inovadora de organização do sistema produtivo que permitiria ao capitalismo distanciar-se dos precedentes modos de produção, potenciando ao máximo não só a inteligência produtiva, sistematizada e objetivada do ser humano, como a produtividade do trabalho ao longo dos últimos dois séculos e meio.

O trabalho servil ou escravo, prevalecente durante milênios na história da humanidade, jamais permitiu alcançar-se significativa eficiência tecnológica e produtiva no âmbito dos respectivos modos de produção, em decorrência de suas graves e inescapáveis restrições intrínsicas. Ora, a falta de liberdade não só compromete as potencialidades do labor e do gênio humanos, como inviabiliza a ideia de existência de universo dinâmico e crescente de consumo dos bens e serviços produzidos, além de implicar a necessária estruturação de enorme, explosivo e dispendioso aparato repressivo da força de trabalho no âmbito social.

Por outro lado, o trabalho autônomo — comum na humanidade desde o período histórico antigo —, embora assegurando a liberdade pessoal do trabalhador, também geralmente não tem permitido a criação, na História, de um amplo, organizado e coeso sistema de produção econômica e social. Isso igualmente resulta de suas características intrínsecas, que não permitem seja ele veículo de estruturação de um núcleo lógico, sistematizado e firmemente objetivado de criação de bens e serviços. O trabalho autônomo é, por definição, obviamente livre, independente, autodirigido, mas, por isso mesmo, é, ao mesmo tempo, *disperso e pulverizado*.

Essas observações são importantes para evidenciar a vinculação umbilical da relação de emprego com a genialidade produtiva do capitalismo, que depende estruturalmente de sua presença (mesmo com modulações diferenciadas em sua conformação) para alcançar sua eficiência e seus objetivos. Nesse quadro, são falaciosas as prédicas de surgimento de novas relações produtivas determinantes, dentro deste sistema histórico, que sejam caracterizadas pela dualidade **trabalho livre/trabalho** subordinado, porém situadas fora dos marcos da relação de emprego.

Uma vez mais a História fornece o teste de veracidade no âmbito das Ciências Humanas e Sociais, inclusive o Direito. E o que a história ocidental dos últimos trinta anos demonstra, efetivamente, é a repetida tentativa de desconstrução meramente discursiva da relação de emprego, sem o surgimento de algo significativo realmente novo em substituição. Desconstrução dissimulada da relação de emprego, como meio preferencial de incremento de formas de contratação empregatícia de labor humano, porém destituídas das garantias e proteções do Direito do Trabalho.

III. Direito do trabalho: funções na sociedade e na economia capitalistas

A estruturação do sistema produtivo capitalista em torno da relação de emprego propiciou, em um primeiro momento, a continuidade da situação econômica e social de superexploração da força de trabalho que sempre fora preponderante ao longo dos sistemas socioeconômicos existentes nas fases anteriores da História (sistemas escravagistas e servis).

Por meio da lógica jurídica e institucional dos primeiros estados nacionais capitalistas (o constitucionalismo primitivo e o juscivilismo individualista de Inglaterra, EUA e França do século XVIII e início do século XIX), consubstanciada na diretriz filosófica e jurídica liberal originária, considerava-se inviável a intervenção normativa nos contratos empregatícios formados entre trabalhadores e empregadores. Em consequência, respaldava-se situação de profunda desigualdade nas condições de contratação da força de trabalho no sistema econômico e social.

Com o surgimento do Direito do Trabalho na segunda metade do século XIX na Europa Ocidental e sua afirmação no transcorrer do século XX, alterou-se, de maneira substancial e decisiva, essa lógica jurídica e institucional inicialmente dominante. As recém-criadas normas jurídicas trabalhistas — quer dizer, as regras, princípios e institutos consubstanciadores do Direito do Trabalho — começam a intervir imperativamente nos contratos empregatícios. Desse modo, passam a atenuar a influência dos ditames do mercado econômico nesse tipo de relação sociojurídica, produzindo a chamada *desmercantilização do trabalho*, fenômeno includente e democratizante acentuado na obra clássica de Karl Polanyi, *A Grande Transformação*[124]. Com isso, institucionalizou-se patamar jurídico mais favorável aos trabalhadores no tocante a seu ingresso e sua permanência nas relações produtivas do capitalismo, independentemente de seu real poder social e econômico de caráter individual.

Com o desenrolar do século XX, percebeu-se que o Direito do Trabalho não se resumia a simples contraponto ao poder anteriormente incontrastável do empregador na relação de emprego — embora essa já fosse justificativa bastante para sua emergência,

---

(124) POLANYI, Karl. *A grande transformação:* as origens da nossa época. Rio de Janeiro: Campus, 1980. O livro do austríaco, filho de pais húngaros, formado em Filosofia e Direito, Karl Polanyi, foi publicado originalmente na década de 1940 (*Origins of our time:* the great transformation. New York: Farrar & Rinehart, 1944). Sobre a desmercantilização do trabalho, consultar também a recente obra da historiadora LOBO, Valéria Marques. *Fronteiras da cidadania:* sindicatos e (des)mercantilização do trabalho no Brasil (1950-2000). Belo Horizonte: Argumentum, 2010. Especialmente "Introdução", p. 11-23.

afirmação e desenvolvimento. O novo ramo jurídico despontava também como *importante política pública de inclusão social e econômica de grandes maiorias populacionais no âmbito do capitalismo.*

Mais do que essa sua inegável dimensão promocional dos trabalhadores e das grandes maiorias populacionais, o Direito do Trabalho demonstrou eficiente aptidão incrementadora do próprio sistema econômico capitalista, ao induzir o contínuo reforço ao mercado interno de cada economia nacional contemporânea, requisito essencial à existência e desenvolvimento de todo o sistema capitalista.

O exame — ainda que sumário — das mais importantes funções desse novo ramo jurídico surgido na segunda metade do século XIX irá permitir a transição para o tema principal deste capítulo, qual seja, a retomada do expansionismo do Direito do Trabalho no século XXI.

As funções centrais do Direito do Trabalho expressam a importância multidimensional que esse ramo jurídico alcançou na sociedade e na economia capitalistas[(125)].

A primeira função desse ramo jurídico criado há menos de dois séculos na História é, sem dúvida, *assegurar a melhoria das condições de pactuação e gestão da força de trabalho na ordem socioeconômica.* Por meio de suas regras, princípios e institutos jurídicos, atenuou-se o poder empresarial na relação empregatícia, assegurando-se nível mais elevado para a contratação de empregados na respectiva sociedade e economia.

A plena mercantilização do trabalho permitida pelo liberalismo jurídico original foi substituída por um processo mais equânime de desmercantilização do labor humano (também chamado de *desmercadorização do trabalho*), de maneira a garantir condições mais favoráveis ao trabalhador em sua inserção e dinâmica na vida econômico-social.

A segunda função desse novel ramo jurídico tem *caráter modernizante e progressista, do ponto de vista econômico e social.* O ramo jurídico interventivo, ao impor inegável distribuição de renda no capitalismo, contribui para o avanço econômico, social e tecnológico desse sistema socioeconômico. Por meio de tal ramo jurídico, é que as condutas mais avançadas dos segmentos de liderança do mercado empresarial são generalizadas, paulatinamente, para o conjunto desse mercado.

Além disso, o Direito do Trabalho potencia o mercado interno, permitindo o alargamento do número de seus efetivos componentes, pela elevação das condições de pactuação da força de trabalho que propicia.

Mais ainda, o ramo jurídico induz o empresariado a investir, permanentemente, em novos avanços tecnológicos e organizacionais, como meios de incremento da produtividade do trabalho, de modo a preservar ou aprofundar seu lucro.

---

(125) Para maior análise das funções do Direito do Trabalho, consultar o Capítulo IV do presente livro ("Funções do Direito do Trabalho no Capitalismo e na Democracia"). Consultar ainda, deste autor, *Curso de Direito do Trabalho*. 10. ed. São Paulo: LTr, 2011. Capítulo I, item V ("Funções").

Finalmente, esse caráter indutor do novo ramo jurídico instiga também o contínuo incentivo empresarial ao aperfeiçoamento e qualificação da mão de obra, de maneira a, novamente, incrementar a produtividade do trabalho e garantir melhores níveis de realização dos bens e serviços produzidos.

Há que se ressaltar, em terceiro lugar, a *função civilizatória e democrática* desse ramo jurídico recente.

Conforme já exposto, o Direito do Trabalho consolidou-se na História dos dois últimos séculos como um dos principais mecanismos de controle e atenuação das distorções socioeconômicas inevitáveis do mercado e sistema capitalistas.

Não bastasse isso, consumou-se como um dos mais eficazes instrumentos de gestão e moderação de uma das mais importantes relações de poder existentes na sociedade contemporânea, a relação de emprego.

Por fim, cabe se reconhecer certa *função conservadora do sistema socioeconômico* desempenhada pelo ramo jurídico trabalhista.

O Direito do Trabalho é a política pública que mais diretamente assegura certa reciprocidade do sistema capitalista à grande maioria de segmentos sociais destituídos de significativa riqueza material, excetuada sua própria aptidão para o labor. Sem um mínimo de reciprocidade social, nenhum macrossistema sobrevive, especialmente o Estado[126].

Nesse quadro, o ramo justrabalhista, com seu caráter e seu objetivo de distribuição de renda e de poder, além do importante caráter e objetivo de pacificação social, é mecanismo notável de preservação do próprio sistema capitalista, assim como da sociedade democrática.

IV. Relação de emprego e relações de trabalho: a retomada do expansionismo do Direito Trabalhista

As funções centrais do Direito do Trabalho sempre estiveram presentes, em maior ou menor grau, nas distintas experiências históricas dos estados nacionais mais destacados do mundo ocidental.

Evidentemente que atingiram seu ponto mais bem construído e realizado nos Estados de Bem-Estar Social (*Welfare States*), especialmente em países da Europa Ocidental. Não obstante, mesmo em sociedades ainda marcadamente desiguais, como o Brasil, o Direito do Trabalho tem destacado seu papel como uma das mais importantes políticas públicas inclusivas que existem na contemporânea sociedade e economia capitalistas.

É bem verdade que houve recente período de concentração de críticas à funcionalidade do ramo jurídico justrabalhista na atual fase globalizante do capitalismo. Esse período recente de críticas começou no final da década de 1970, encontrou seu

(126) Nem o Estado, nem as novas macrocomunidades estatais, como a União Europeia.

clímax nos anos de 1980 e 1990, mas passou a declinar logo em seguida, em face dos desastrosos resultados no campo social e econômico que alcançou. Finalmente, viu seu eclipse no desastre econômico mundial de 2007 e anos seguintes, ainda fruto da filosofia e receituários desregulamentadores que tais críticas propagavam[(127)].

Entretanto, mesmo nesta fase delimitada de desgaste ideológico do Direito do Trabalho, o fato é que suas bases e seus institutos mais relevantes não foram desconstruídos nos *Welfare States* europeus ocidentais mais desenvolvidos[(128)]. Até em países ainda muito desiguais, como o Brasil, preservou-se como o veículo mais eficiente e favorável de inserção das grandes massas de trabalhadores no mercado capitalista[(129)].

Nesse quadro de manifesta importância do Direito do Trabalho como política pública de inclusão social, econômica e até mesmo cultural nos marcos da sociedade capitalista, além de ser importante política democrática, porque também atenuadora do poder no âmbito da sociedade civil e do Estado, indaga-se pelos instrumentos aptos a assegurar a retomada do caráter expansionista desse ramo jurídico na presente conjuntura histórica.

A resposta a essa indagação, ao menos no Brasil, passa pelo exame, uma vez mais, do contraponto entre relação de emprego e relações de trabalho.

São três os caminhos abertos para a retomada do clássico expansionismo do Direito do Trabalho — caminhos que podem (e devem) concretizar-se de maneira harmônica e combinada[(130)].

De um lado, a crescente e contínua busca de efetividade do próprio Direito do Trabalho, aplicando-se realmente o ramo jurídico às relações socioeconômicas que lhe são específicas.

De outro lado, a própria ampliação do conceito de relação de emprego — cardeal ao Direito do Trabalho —, atualizando-o de modo a incorporar novas facetas da prestação laborativa por pessoas físicas no País.

---

(127) A respeito desse período de críticas à regulamentação estatal da economia nos marcos do capitalismo, inclusive seu Direito do Trabalho, iniciado no final dos anos de 1970, consultar a obra deste autor, *Capitalismo, trabalho e emprego* – entre o paradigma da destruição e os caminhos de reconstrução. São Paulo: LTr, 2006.

(128) Sobre a continuidade da essência, regras e instituições principais dos Estados de Bem-Estar Social na Europa, inclusive sua ordem jurídica de caráter social, mesmo perante a borrasca desregulamentadora que ali se concentrou de 1979 até os anos de 1990, consultar DELGADO, Mauricio Godinho; PORTO, Lorena Vasconcelos (Orgs.). *O estado de bem-estar social no século XXI*. São Paulo: LTr, 2007. Em direção semelhante, o livro de CONDÉ, Eduardo Salomão. *Laços na diversidade* – a Europa social e o *Welfare* em movimento (1992-2002). Juiz de Fora: UFJF, 2008.

(129) Em obra de 2002, escrevendo em período caracterizado por fortes críticas ao Direito do Trabalho no Brasil, o economista Marcio Pochmann constatou que cabe "se reconhecer que o emprego assalariado formal representa o que de melhor o capitalismo brasileiro tem constituído para a sua classe trabalhadora, pois vem acompanhado de um conjunto de normas de proteção social e trabalhista...". *In: O emprego na globalização* – a nova divisão internacional do trabalho e os caminhos que o Brasil escolheu. 1. ed. 1. reimp. São Paulo: Boitempo, 2002. p. 98.

(130) Esses três caminhos constam do artigo deste autor, "Direitos Fundamentais na Relação de Trabalho". *In: Revista LTr*, São Paulo, LTr, v. 70, n. 6, p. 667, jun. 2006. São eles aqui novamente sintetizados.

Finalmente, em conformidade com sugestão realizada, por exemplo, em *Tese de Doutorado* na UFMG por Gabriela Neves Delgado, a extensão do Direito do Trabalho a *relações de trabalho*, ultrapassando o marco clássico da simples relação de emprego(131).

1. Efetividade do Direito do Trabalho

O primeiro caminho — busca da efetividade do próprio Direito do Trabalho — corresponde, felizmente, no atual momento (considerados os anos de 2010/2013), à simples continuidade e aprofundamento da recente política pública de inclusão trabalhista iniciada na primeira década do século XXI no País.

Conforme exposto nos artigos "Discriminação e Exclusão Social — as grandes maiorias e o Direito do Trabalho" e "Direito do Trabalho e Inclusão Social: o desafio brasileiro", a mera implementação de política pública de real crescimento econômico, ao lado de política pública de real formalização trabalhista, tudo produziria notável expansão no ramo justrabalhista (e previdenciário) no País, em face dos injustificadamente modestos índices de inclusão trabalhista que caracterizavam nossa economia e sociedade até fins dos anos de 1990(132).

Este caminho de crescimento econômico e, principalmente, de formalização trabalhista tem sido trilhado na maior parte da presente década no País, evidenciando resultados substantivos de inclusão trabalhista e previdenciária. De fato, segundo dados da RAIS de 2008, verificou-se a criação de mais de 10 milhões de empregos formais no Brasil entre 2003 e 2008 (certamente, empregos novos acrescidos de empregos inovadoramente formalizados, é claro), atingindo a população economicamente ativa formalizada brasileira, ou seja, mais de 39 milhões de profissionais(133).

---

(131) DELGADO, Gabriela Neves. *Direito fundamental ao trabalho digno*. São Paulo: LTr, 2006. p. 228-230.

(132) DELGADO, Mauricio Godinho. Discriminação e exclusão social – as grandes maiorias e o Direito do Trabalho. *In:* Tribunal Superior do Trabalho, *Fórum Internacional sobre Direitos Humanos e Direitos Sociais*. São Paulo: LTr, 2004; do mesmo autor, *Direito do trabalho e inclusão social:* o desafio brasileiro, que corresponde ao último capítulo do livro *Capitalismo, trabalho e emprego* – entre o paradigma da destruição e os caminhos de reconstrução. São Paulo: LTr, 2006. Nesses dois textos, citam-se dados do IBGE demonstrativos de que, no ano de 2001, não mais do que apenas um terço da população economicamente ativa ocupada do Brasil era composta por empregados formalizados (CLT), evidenciando nível dantesco de informalidade em nossa economia e sociedade. Em ambos os estudos, apontava-se o incremento do Direito do Trabalho no Brasil como a mais importante política pública a ser realizada no País para combate à impressionante exclusão econômica e social existente na realidade brasileira.

(133) Em relatório sobre o tema, divulgado no sítio oficial do Ministério do Trabalho e Emprego na *internet*, sob o título "Características do Emprego Formal segundo a Relação Anual de Informações Sociais – 2008 – RAIS 2008", foi informado o seguinte: "No período de 2003 a 2008, com base nos dados da RAIS, verificou-se a geração de emprego formal da ordem de 10,758 milhões. Esse resultado demonstra um ganho na formalização da força de trabalho sem precedentes, com importantes repercussões em termos sociais e econômicos, visto que representa uma melhoria social, decorrente do fato de que esses trabalhadores são amparados legalmente, com salários mais altos e outros benefícios. (...) Se considerarmos o saldo do CAGED (que compreende apenas o mercado de trabalho celetista), de janeiro a junho de 2009 (299,5 mil postos, cujo resultado está fortemente influenciado pelo impacto da crise financeira), o montante de empregos criados no período de janeiro de 2003 a junho de 2009 totaliza 11,056 milhões de postos de trabalho formais." Fonte: Ministério do Trabalho e Emprego (MTE) – RAIS 2008 – Resultados Definitivos – "Características do Emprego Formal segundo a Relação Anual de Informações Sociais – 2008 – RAIS 2008". Disponível em: <http://www.mte.gov.br/PDET/index.asp> Acesso em: 16 fev. 2010.

Esse processo de formalização empregatícia, a propósito, persistiu nos anos seguintes, de modo a se atingir o recorde de mais de *quinze milhões de empregos formalizados instituídos entre 2003 e 2010*. Nesse quadro, o País ultrapassou, em dezembro de 2010, a notável marca de 44 milhões de trabalhadores efetivamente formalizados, submetidos à regência normativa com amparo legal mais acentuado, considerados, em suma, os vínculos regulados pela CLT e aqueles regulados por estatuto administrativo das entidades públicas[(134)].

Aduza-se, por fim, que, caso considerado o período de 2003 a 2013, o número de empregos novos e/ou formalizados ultrapassou 20 milhões, amplificando a população economicamente ativa ocupada no Brasil para mais de 49 milhões de empregados.[(135)]

Quer isso dizer que a simples valorização do Direito do Trabalho e de suas instituições próprias (Justiça do Trabalho, Ministério Público do Trabalho, Ministério do Trabalho e Emprego), ao lado de uma política pública de contínuo crescimento econômico, ambos compõem eficiente e decisiva estratégia de inclusão trabalhista e previdenciária na economia e sociedade brasileiras.

Não por coincidência, a década de 1990 caracterizou-se por estagnação ou até mesmo regressão nos índices de emprego no Brasil, ao passo que a década de 2000 e os anos iniciais da década seguinte se caracterizaram pelo inverso, por forte inclusão social pelo caminho clássico do capitalismo, ou seja, o *emprego formal e regulado*[(136)].

---

(134) Os anos de 2009 e 2010 foram também caracterizados pelo forte incremento da formalização empregatícia, ao lado de crescimento em menor grau dos vínculos estatutários. Conforme já esclarecido, os dados da RAIS, informados pelo Ministério do Trabalho e Emprego, englobam vínculos celetistas e estatutários, embora estes representem pequena proporção do somatório global. Esse somatório global, que tal estatística chama de *vínculos empregatícios ativos*, atingiram em 31 de dezembro de 2010 o montante de 44,068 milhões de trabalhadores (FONTE: Ministério do Trabalho e Emprego, "Características do Emprego Formal segundo a Relação Anual de Informações Sociais – 2010 – RAIS 2010", p. 02, *In:* sítio de internet: <www.mte.gov.br/rais/2010>, capturado em 29 jul. 2010). Acerca dessa reunião de dados, enfatiza o texto do Ministério do Trabalho e Emprego: "Vale lembrar que os empregos formais, tanto celetistas quanto estatutários, são considerados de maior qualidade, tendo em vista que esses trabalhadores usufruem de maior amparo legal." (ob. cit., p. 02). O mesmo relatório estatístico informa que, em 2010, cerca de 80% desse montante (em torno de 35,4 milhões de trabalhadores) correspondem a vínculos efetivamente celetistas (80,53% do total), ao passo que cerca de 19,47% abrangem vínculos estatutários (em torno de 8,5 milhões de servidores). Registra o relatório que o crescimento do emprego clássico segue em ritmo muito mais acentuado do que o incremento dos vínculos estatutários: "Em termos absolutos, os percentuais de 2010 representam uma geração de 2,590 milhões de vínculos celetistas e 270,4 mil estatutários, o que resultou em uma elevação na participação do emprego celetista no total do emprego formal de 79,84% para 80,53%, e consequentemente, um declínio na participação de estatutários, de 20,16% para 19,47%". (FONTE: Ministério do Trabalho e Emprego, "Características do Emprego Formal segundo a Relação Anual de Informações Sociais – 2010 – RAIS 2010", p. 02, in sítio de *internet:* <www.mte.gov.br/rais/2010> Acesso em: 29 jul. 2010).

(135) Os dados do CAGED são divulgados periodicamente pelo Ministério do Trabalho e Emprego, em seu sítio na *internet*, conforme indicado, após o fechamento de cada mês e ano. Tais dados demonstravam, em síntese, que o País possuía em dezembro de 2012 o número de 47,6 milhões de trabalhadores sob vínculo formalizado; em 2013 acresceram-se mais 1,1 milhões de vínculos formalizados, totalizando, em 11 anos de evolução (2003/2013, inclusive) cerca de 20 milhões de vínculos acrescidos em uma população economicamente ativa ocupada e formalizada superior a 49 milhões de pessoas.

(136) Efetivamente, dados obtidos da RAIS/MTE (Decreto n. 76.900/1975) demonstram que o País atingiu cerca de 24.486 milhões de empregos formalizados em 1989, ficando, desde então, em torno de uma inteira década quase estagnado nessa evolução. Em 1999, retoma-se modesto incremento no número de empregados (cerca de 24.993 milhões de empregos formalizados), alcançando 28.683 milhões em

2. Ampliação do conceito de relação de emprego, via subordinação

O segundo caminho — ampliação do conceito de relação de emprego, cardeal ao Direito do Trabalho, de modo a incorporar mais explicitamente novas facetas da prestação laborativa por pessoas físicas no País — passa pelo esforço teórico e prático dos estudiosos e profissionais da área jurídica.

Trata-se, na verdade, de adequar o *conceito de subordinação*, elemento atávico à relação empregatícia, de maneira a ajustar a conformação desse elemento às necessidades e características da vida real contemporânea.

Conforme se sabe, a subordinação, à semelhança de qualquer fenômeno social, tem sofrido ajustes e adequações ao longo dos dois últimos séculos, quer em decorrência de alterações na realidade do mundo do trabalho, quer em virtude de novas percepções aferidas pela Ciência do Direito acerca desse crucial elemento fático-jurídico da relação empregatícia.

2002 (crescimento de 3.690 empregos em 14 anos, ou seja, apenas 15% de evolução). Entre 2002 e 2008, porém, o número de empregos formalizados aumentou 10.759 milhões, cerca de 37% em 06 anos. Se considerado o período entre 2002 (28.683 milhões) e 2010 (44.068 milhões), o número de empregos formais cresceu um montante de 15.385 milhões (*sic*), ou seja, 53,63%, englobando vínculos regidos pela CLT e vínculos regidos por leis estatutárias de funcionários públicos. Eis os números oficiais da RAIS/MTE entre 1985 e 2008, segundo tabela oficialmente divulgada na internet:

NÚMERO DE EMPREGOS EM 31/12, VARIAÇÃO ABSOLUTA E RELATIVA
BRASIL – TOTAL DE ATIVIDADES

Ano	N. Empregos	Variação Absoluta	Variação Relativa (%)
1985	20.492.131	–	–
Ano	**N. Empregos**	**Variação Absoluta**	**Variação Relativa (%)**
1986	22.164.306	1.672.175	8,16
1987	22.617.787	453.481	2,05
1988	23.661.579	1.043.792	4,61
1989	24.486.568	824.989	3,49
1990	23.198.656	−1.287.912	−5,26
1991	23.010.793	−187.863	−0,81
1992	22.272.843	−737.950	−3,21
1993	23.165.027	892.184	4,01
1994	23.667.241	502.214	2,17
1995	23.755.736	88.495	0,37
1996	23.830.312	74.576	0,31
1997	24.104.428	274.116	1,15
1998	24.491.635	387.207	1,61
1999	24.993.265	501.630	2,05
2000	26.228.629	1.235.364	4,94
2001	27.189.614	960.985	3,66
2002	28.683.913	1.494.299	5,50
2003	29.544.927	861.014	3,00
2004	31.407.576	1.862.649	6,30
2005	33.238.617	1.831.041	5,83
2006	35.155.249	1.916.632	5,77
2007	37.607.430	2.452.181	6,98
2008	39.441.566	1.834.136	4,88

Fonte: RAIS/MTE – Dec. n. 76.900/75
Elaboração: CGET/DES/SPPE/MTE
FONTE: Ministério do Trabalho e Emprego – RAIS 2008 – Resultados Definitivos – "Características do Emprego Formal segundo a Relação Anual de Informações Sociais – 2008 – RAIS 2008". Disponível em: <http://www.mte.gov.br/PDET/index.asp> Informação capturada em: 16 fev. 2010.

Três dimensões principais, nesse contexto, destacam-se com relação ao fenômeno: a clássica (ou tradicional), a objetiva e a estrutural.

Clássica (ou tradicional) é a subordinação consistente na situação jurídica derivada do contrato de trabalho, pela qual o trabalhador se compromete a acolher o poder de direção empresarial no tocante ao modo de realização de sua prestação laborativa. Manifesta-se pela intensidade de ordens do tomador de serviços sobre o respectivo trabalhador. É a dimensão original da subordinação, aquela que mais imediatamente na História substituiu a anterior servidão na realidade europeia, propagando-se genericamente pelo capitalismo disseminado nas décadas e séculos seguintes. Continua, hoje, como a mais comum e recorrente modalidade de subordinação, ainda bastante destacada nas relações socioeconômicas empregatícias.

Objetiva é a subordinação que se manifesta pela integração do trabalhador nos fins e objetivos do empreendimento do tomador de serviços, ainda que afrouxadas "... as amarras do vínculo empregatício"(137). Lançada na doutrina pátria pelo jurista Paulo Emílio Ribeiro de Vilhena, essa noção "... vincula a subordinação a um critério exclusivamente objetivo: poder jurídico sobre atividade e atividade que se integra em atividade"(138). Conforme exposto pelo jurista, a subordinação pode traduzir uma "relação de coordenação ou de participação integrativa ou colaborativa, através da qual a atividade do trabalhador como que segue, em linhas harmônicas, a atividade da empresa, dela recebendo o influxo próximo ou remoto de seus movimentos..."(139). Como se percebe, a integração do obreiro e seu labor aos objetivos empresariais é pedra de toque decisiva a essa dimensão do fenômeno sociojurídico subordinativo.

Estrutural é, finalmente, a subordinação que se expressa "pela inserção do trabalhador na dinâmica do tomador de seus serviços, independentemente de receber (ou não) suas ordens diretas, mas acolhendo, estruturalmente, sua dinâmica de organização e funcionamento"(140). Nessa dimensão da subordinação, não importa que o trabalhador se harmonize (ou não) aos objetivos do empreendimento, nem que receba ordens diretas das específicas chefias deste: o fundamental é que esteja estruturalmente vinculado à dinâmica operativa da atividade do tomador de serviços.

A conjugação dessas três dimensões da subordinação — que não se excluem, evidentemente, mas se completam com harmonia — permite superar as recorrentes dificuldades de enquadramento dos fatos novos do mundo do trabalho ao tipo jurídico da relação de emprego, retomando-se o clássico e civilizatório expansionismo do Direito do Trabalho(141). Na essência, é trabalhador subordinado desde o humilde e tradicional

---

(137) VILHENA, Paulo Emílio Ribeiro de. *Relação de emprego* – estrutura legal e supostos. São Paulo: Saraiva, 1975. p. 235.

(138) *Idem.*

(139) *Idem.*

(140) DELGADO, Mauricio Godinho. Direitos fundamentais na relação de trabalho. *In: Revista LTr*, São Paulo, LTr, v. 70, n. 6, p. 667, jun. 2006. Nesse texto de junho de 2006, é que se referiu, inicialmente, à expressão *subordinação estrutural.*

(141) O novo expansionismo do Direito do Trabalho, inclusive a partir da renovação ampliadora do conceito de subordinação, superando o impasse esterilizante e excludente vivenciado pela doutrina contemporânea,

obreiro que se submete à intensa pletora de ordens do tomador ao longo de sua prestação de serviços (subordinação tradicional ou clássica), como também aquele que realiza, ainda que sem incessantes ordens diretas, no plano manual ou intelectual, os objetivos empresariais (subordinação objetiva), a par do prestador laborativo que, sem receber ordens diretas das chefias do tomador de serviços, nem exatamente realizar os objetivos do empreendimento (atividades-meio, por exemplo), acopla-se, estruturalmente, à organização e dinâmica operacional da empresa tomadora, qualquer que seja sua função ou especialização, incorporando, necessariamente, a cultura cotidiana empresarial ao longo da prestação de serviços realizada (subordinação estrutural).

A compreensão de tais dimensões do fenômeno subordinativo permite não somente adequar o conceito jurídico, pela via interpretativa, às modificações da vida real, renovando o necessário expansionismo do ramo juslaborativo, como também relativiza a utilidade de fórmulas jurídicas restritivas de direitos sociais e fundamentais. Demonstra, ademais, a elevada capacidade de adaptação do Direito do Trabalho aos desafios da cambiante sociedade e economia capitalistas(142).

Subordinação Alargada (novo art. 6º da CLT)

Felizmente o próprio legislador pátrio, em fins de 2011, pela Lei n. 12.551, publicada em 16.12.2011, deu passo exponencial quanto à ampliação do conceito de subordinação, de maneira a estender o âmbito de incidência do Direito do Trabalho. Inequivocamente, a nova lei absorveu as duas outras dimensões da subordinação (além da tradicional), quais sejam, a dimensão objetiva e também a estrutural.

Conferindo nova redação ao art. 6º, *caput*, da CLT, e lhe agregando novo parágrafo único, o recente diploma normativo permite considerar subordinados os profissionais que realizam o inovador teletrabalho, ou que desempenhem suas atividades laborativas no singular contexto do *home-office* computadorizado e telemático. Com sabedoria, a nova regra jurídica da Consolidação das Leis do Trabalho equipara, para fins de subordinação jurídica, os comandos tradicionais do empregador sobre seu empregado (que tanto caracterizam a subordinação tradicional) aos novéis comandos telemáticos e informatizados, típicos do teletrabalho e dos *home-offices*, e que tão bem se ajustam às situações de subordinação estrutural e de subordinação objetiva. A inteligente e sagaz nova regra celetista atualiza, indiretamente, o conceito de subordinação, conferindo dinamismo e força às dimensões estrutural e objetiva desse fenômeno jurídico.(143)

---

está sugerido, como exposto, em texto de 2006 de DELGADO, Mauricio Godinho. Direitos fundamentais na relação de trabalho. *In: Revista LTr*, São Paulo, LTr, v. 70, n. 6, p. 667, jun. 2006.

(142) A respeito deste tema, consultar também a fundamental obra de PORTO, Lorena Vasconcelos. *A subordinação no contrato de trabalho* – uma releitura necessária. São Paulo: LTr, 2009. A autora não só pesquisa o tema no Direito Comparado, inclusive na jurisprudência e doutrina estrangeiras, como ainda trata daquilo que denomina "tendências reducionistas do conceito de subordinação", enfrentando, ilustrativamente, o sentido e o papel do conceito de parassubordinação em diversos países europeus.

(143) Eis o texto do recente art. 6º, *caput* e parágrafo único, da CLT, em conformidade com redação conferida pela Lei n. 12.551/2001: "Art. 6º. Não se distingue entre o trabalho realizado no estabelecimento do empregador, o executado no domicílio do empregado e o realizado a distância, desde que estejam caracterizados

Trata-se de notável e precioso avanço jurídico, permitindo que a dinâmica de expansão do Direito do Trabalho, mediante o alargamento do conceito de subordinação, adquira irreprimível e moderna energia propagadora.

3. Extensão do Direito do Trabalho a outras relações de trabalho

O terceiro caminho aberto para a retomada do clássico expansionismo do Direito do Trabalho, qual seja, a extensão desse ramo jurídico especializado a outras *relações de trabalho*, ultrapassando o marco clássico da simples relação de emprego, nos moldes propostos, ilustrativamente, por Gabriela Neves Delgado em sua Tese de Doutorado pela UFMG, *Direito fundamental ao trabalho digno*(144), está franqueado claramente ao legislador, embora se possa indagar sobre a pertinência de seu manejo criativo pelo intérprete e aplicador do Direito.

A Professora da UFMG, da PUC Minas e da UnB, ciente dos importantes objetivos do ramo justrabalhista na história do capitalismo, como eficiente veículo garantidor de piso de dignidade aos que vivem de sua força laborativa, sustenta "... que as relações de trabalho que formalmente não se encontram hoje regidas pelo Direito do Trabalho também precisam ser reconhecidas como objeto de efetiva tutela jurídica, para que o trabalhador que as exerça possa, por meio da proteção jurídica, alcançar o espaço para o exercício de seus direitos"(145).

Aponta a autora que a *exclusão trabalhista*, na tradição brasileira por exemplo, importa também na consequente *exclusão previdenciária* — tão grave quanto a laborativa, aliás. É que dados oficiais do País (IBGE: *Síntese de Indicadores Sociais*, 2003) evidenciam que insignificante percentual de trabalhadores por conta própria (os *autônomos* e *eventuais*, por exemplo) inscrevem-se e contribuem regularmente para a Previdência Social (apenas 13,9% [*sic!*], na média nacional, considerado o ano de 2003)(146). Nessa medida, a extensão do Direito do Trabalho a outros segmentos laborativos que não os empregatícios corresponderia a uma política não só de inclusão trabalhista, mas também de inclusão previdenciária.

O legislador pátrio do novo século, de certo modo, evidenciou compartilhar desta visão includente ao editar novo diploma legal estendendo o Direito do Trabalho a certo grupo de trabalhadores eventuais urbanos e rurais, enquadrando-os como *avulsos*, por meio da função intermediadora da respectiva entidade sindical. Trata-se de trabalhadores vinculados às atividades de movimentação de mercadorias em geral, no âmbito rural e urbano, por além do setor portuário avulso classicamente abrangido pelas normas justrabalhistas. É o que dispôs a Lei n. 12.023, de 27.8.2009.

---

os pressupostos da relação de emprego. (...) Parágrafo único. Os meios telemáticos e informatizados de comando, controle e supervisão se equiparam, para fins de subordinação jurídica, aos meios pessoais e diretos de comando, controle e supervisão do trabalho alheio".

(144) DELGADO, Gabriela Neves. *Direito fundamental ao trabalho digno*. São Paulo: LTr, 2006. p. 228-230.

(145) *Ibidem*, p. 228.

(146) *Ibidem*, p. 229. Indica a autora, com base nesses dados do IBGE relativos a 2003, que, no Nordeste do País, apenas 4,2% dos trabalhadores por conta própria contribuíram para o INSS, ao passo que, no Sudeste, esse índice foi maior, alcançando 22,1% (média nacional: 13,9%, repita-se).

O novo diploma legal estabelece que as *atividades de movimentação de mercadorias em geral exercidas por trabalhadores avulsos, para os fins desta lei, são aquelas desenvolvidas em áreas urbanas ou rurais sem vínculo empregatício, mediante intermediação obrigatória do sindicato da categoria, por meio de Acordo ou Convenção Coletiva de Trabalho para a execução das atividades* (art. 1º, *caput*).

A Lei n. 12.023/2009 (art. 2º, I, II e III) arrola aquilo que considera atividades de movimentação de mercadorias em geral: *I – cargas e descargas de mercadorias a granel e ensacados, costura, pesagem, embalagem, enlonamento, ensaque, arrasto, posicionamento, acomodação, reordenamento, reparação da carga, amostragem, arrumação, remoção, classificação, empilhamento, transporte com empilhadeiras, paletização, ova e desova de vagões, carga e descarga em feiras livres e abastecimento de lenha em secadores e caldeiras; II – operações de equipamentos de carga e descarga; III – pré-limpeza e limpeza em locais necessários à viabilidade das operações ou à sua continuidade.*

Estabelece o novo diploma (*caput* do art. 4º) que o *sindicato elaborará a escala de trabalho e as folhas de pagamento dos trabalhadores avulsos, com a indicação do tomador do serviço e dos trabalhadores que participaram da operação.* Completa a lei que o sindicato deverá prestar, com relação a esses trabalhadores, as seguintes informações: *I – os respectivos números de registros ou cadastro no sindicato; II – o serviço prestado e os turnos trabalhados; III – as remunerações pagas, devidas ou creditadas a cada um dos trabalhadores* (art. 4º). Aqui devem se registrar, especificamente, as parcelas referentes a repouso remunerado, FGTS, 13º salário, férias remuneradas com 1/3, adicional noturno, adicional de horas extras (art. 4º). Naturalmente que outras parcelas trabalhistas pertinentes ao caso concreto devem ser especificadas no documento mencionado.

A Lei n. 12.023/2009 (art. 5º) arrola ainda os deveres do sindicato intermediador (art. 5º), os deveres do tomador de serviços (art. 6º), ao lado da responsabilidade das entidades e pessoas envolvidas (arts. 8º, 9º e 10).

Ora, uma vez que se sabe que o trabalhador por conta própria (autônomo ou eventual) não alcança, no Brasil, regra geral, o piso de direitos e de inclusão social inerente ao trabalhador empregado[147], o caminho perfilado pela Lei n. 12.023/2009 (permitindo a estruturação de novo cenário para o trabalho avulso, ao invés do meramente eventual) traduziria fórmula de inclusão social por meio do Direito do Trabalho.

É bem verdade que não se devem negligenciar os riscos de comprometimento da função representativa dos sindicatos em situações como esta aventada pelo novo diploma normativo (ou seja, alargamento das hipóteses de intermediação de mão de obra eventual — agora tornada avulsa — pela respectiva entidade sindical). Entretanto, mesmo assim, considerado o fato de a prática do labor eventual no País traduzir-se em preponderante exclusão trabalhista e previdenciária — *situada, pois, a questão dentro desse cenário tradicionalmente negativo* —, poder-se-ia sustentar que o novel diploma

(147) Relembre-se o dado oficial indicado por Gabriela Neves Delgado, no sentido de que a exclusão formal celetista se faz acompanhar, de maneira geral, também pela exclusão previdenciária, uma vez que somente 13,9% dos trabalhadores por conta própria do País, em 2003, contribuíam efetivamente para o INSS. *In:* DELGADO, Gabriela Neves, *op. cit.*, p. 229.

legal de 2009 importaria em extensão do ramo justrabalhista a segmento laborativo ainda excluído.

Outro exemplo trazido pela obra do legislador do novo século, na direção includente, reside na nova Lei do Estágio (n. 11.788/2008).

Embora o novo diploma legal não tenha efetivamente estendido o Direito do Trabalho às relações educacionais e laborativas de estágio, em face do caráter e objetivos eminentemente pedagógicos da figura jurídica excetiva (mantendo, pois, o incentivo econômico ao concedente do estágio), o fato é que a Lei n. 11.788/2008 trouxe importantes regulações e proteções ao trabalhador estagiário, restringindo manifesto exagero liberalista do diploma legal precedente (Lei n. 6.494/1977). Nessa medida, a nova intervenção legal foi salutar, criando regras dirigidas a que esse contrato educativo-laboral especialíssimo realmente cumpra os objetivos que justificam sua existência.

Não há dúvida de que a dinâmica de extensão do Direito Trabalhista a outras relações de trabalho *lato sensu* pode — e deve — ser mais ainda aprofundada pelo legislador. Porém, indaga-se: cabe realizar-se tal dinâmica extensiva pelo caminho da interpretação e aplicação do direito posto, pela via hermenêutica, em suma?

Reconheça-se que há direções normativas que poderiam ser manejadas nesse sentido. De um lado, existe o *caput* do art. 7º da Constituição, que se reporta à expressão mais ampla "*direitos dos trabalhadores urbanos e rurais*" e não exatamente a "direitos dos empregados urbanos e rurais". Mais recentemente, despontou o novo texto do art. 114, I, da Constituição, por meio da EC n. 45/2004, fixando a competência judicial trabalhista a partir do conceito mais largo de "*relação de trabalho*", ao invés do conceito tradicional e mais restrito de "*relação de emprego*". Não obstante tratar-se de regra manifestamente processual (competência da Justiça do Trabalho), pode ser incluída em esforço hermenêutico na direção ampliativa do Direito Trabalhista.

Não é, entretanto, o que tem ocorrido na prática jurídica dos tribunais do país. O que se percebe é que tais direções normativas constitucionais têm sido utilizadas para dar cobro a problemas pontuais em que a interpretação extensiva não comprometa o conjunto da lógica do sistema material trabalhista até então considerado imperante no Brasil. É que, admita-se, é difícil ao esforço meramente hermenêutico realizar minudência proporcional de direitos, de modo a compatibilizá-los com situações fático-jurídicas estruturalmente distintas (caso do labor efetivamente autônomo, por exemplo). Nessa perspectiva, a interpretação conclusiva do Direito, realizada pelos magistrados, tem considerado, com prudência, que semelhante passo extensivo é, antes de tudo, obra eminentemente política — a ser realizada não pelo Judiciário, mas preferentemente pelo Parlamento, em face dos significativos e inevitáveis ajustes e adequações a serem efetivados.

Nesse contexto, a extensão do ramo justrabalhista a trabalhadores não empregatícios fora das hipóteses claramente aventadas por lei ainda não se definiu, na jurisprudência do País, como efetiva realidade jurídica. Mantém-se, não obstante, como desafio a ser maturado por todos os que pensam e atuam no universo social do Direito.

Referências bibliográficas

CONDÉ, Eduardo Salomão. *Laços na diversidade* — a Europa social e o *Welfare* em movimento (1992-2002). Juiz de Fora: UFJF, 2008.

DELGADO, Gabriela Neves. *Direito fundamental ao trabalho digno*. São Paulo: LTr, 2006.

DELGADO, Mauricio Godinho. *Capitalismo, trabalho e emprego* — entre o paradigma da destruição e os caminhos de reconstrução. São Paulo: LTr, 2006.

____________. *Curso de Direito do Trabalho*. 9. ed. São Paulo: LTr, 2010.

____________. *Curso de Direito do Trabalho*. 10. ed. São Paulo: LTr, 2011.

____________. Direitos fundamentais na relação de trabalho. *In: Revista LTr*, São Paulo, LTr, v. 70, n. 6, jun. 2006.

____________. Discriminação e exclusão social — as grandes maiorias e o Direito do Trabalho. *In:* Tribunal Superior do Trabalho. *Fórum Internacional sobre Direitos Humanos e Direitos Sociais*. São Paulo: LTr, 2004.

DELGADO, Mauricio Godinho; PORTO, Lorena Vasconcelos (Orgs.). *O estado de bem-estar social no século XXI*. São Paulo: LTr, 2007.

LOBO, Valéria Marques. *Fronteiras da cidadania: sindicatos e (des)mercantilização do trabalho no Brasil (1950-2000)*. Belo Horizonte: Argumentum, 2010.

POCHMANN, Marcio. *O emprego na globalização* — a nova divisão internacional do trabalho e os caminhos que o Brasil escolheu. 1. ed. 1. reimp. São Paulo: Boitempo, 2002.

POLANYI, Karl. *A grande transformação:* as origens de nossa época. Rio de Janeiro: Campus, 1980.

PORTO, Lorena Vasconcelos. *A subordinação no contrato de trabalho* — uma releitura necessária. São Paulo: LTr, 2009.

Sítio do Ministério do Trabalho e Emprego (MTE). Disponível em: <http://www.mte.gov.br/PDET/index.asp>.

VILHENA, Paulo Emílio Ribeiro de. *Relação de emprego* — estrutura legal e supostos. São Paulo: Saraiva, 1975.

Capítulo VII
Direito do Trabalho e Inclusão Social – Estrutura, Evolução e Papel da CLT no Brasil

Mauricio Godinho Delgado
Gabriela Neves Delgado

I. Introdução

O sistema jurídico trabalhista brasileiro, passados mais de setenta anos de sua estruturação nas décadas de 1930 e 1940, com absorção por duas constituições republicanas de natureza democrática (1946 e 1988), além de cartas autoritárias (1967 e EC n. 1, de 1969), já se firmou, definitivamente, como uma matriz jurídica do tipo legislado.

Desde a Revolução de 1930, a propósito, seguida de profundas mudanças nas instituições políticas, econômicas, sociais e jurídicas brasileiras, o caráter legislado e federal de *todo* o Direito brasileiro sedimentou-se. Não há, no País, um único segmento jurídico importante, entre os tradicionais (Direito Constitucional, Direito Tributário, Direito Penal, Direito Civil, por exemplo) e os novos instituídos a partir daquela década e períodos subsequentes (Direito do Trabalho, Direito de Seguridade Social, Direito do Consumidor, Direito Ambiental, por exemplo), que não constitua real e pleno ramo jurídico legislado e federal.

O Direito do Trabalho, portanto, não mais do que se perfilou dentro de uma tradição que se mostraria irrefutável na história jurídica brasileira.

O principal documento jurídico representativo dessa tradição legislada federal do Direito do Trabalho é a Consolidação das Leis do Trabalho — CLT.

O objeto do presente capítulo é o estudo da estrutura, evolução e papel da CLT no Brasil, consideradas as mais de seis décadas de sua existência.

II. Dados técnico-jurídicos

1. *Aprovação e vigência*

A Consolidação das Leis do Trabalho foi aprovada no dia 1º de maio de 1943, em solenidade pública ocorrida nesse *dia do trabalho* na então Capital da República, Rio de Janeiro. O Decreto-lei de aprovação (DL n. 5.452) foi assinado pelo Presidente da República, Getúlio Vargas, no exercício de competência legiferante autocrática prevista pelo art. 180 da Constituição outorgada de 1937. A efetiva vigência do diploma normativo (publicado no Diário Oficial da União de nove de maio) foi fixada para mais de seis meses depois, em 10 de novembro de 1943.

A CLT, na qualidade de lei nova abrangente das situações trabalhistas então institucionalizadas, revogou ou modificou, por incompatibilidade, evidentemente, a vasta e diversificada legislação trabalhista anterior.

Contudo, o Decreto-lei n. 5.452/1943 ressalvou de tal revogação, de modo expresso, as *disposições legais transitórias ou de emergência, bem como as que não tenham aplicação em todo o território nacional.* Essa ressalva abrangia normas claramente datadas, próprias da conjuntura da época, sem aptidão de se preservarem, realmente, por longo tempo na História.

Apesar de denominada de *consolidação*, como artifício para reverenciar a intensa obra legiferante trabalhista produzida entre 1930 e 1943, o novo diploma legal correspondia, na verdade, do ponto de vista técnico-jurídico, a um verdadeiro *código do trabalho*, em vista não apenas da consistente sistematicidade de seus títulos, capítulos e sessões normativas, de seus princípios, regras e institutos jurídicos, como pela circunstância de ter propiciado reais inovações na ordem jurídica então existente.

2. CLT: estrutura normativa original

A CLT compõe-se de 11 títulos originais dos anos de 1940, subdivididos em distintos capítulos e estes, em diversas sessões. Integra-se por quase um milhar de artigos, estes com seus parágrafos, incisos e alíneas (922 artigos, especificamente)(148).

Eis seus títulos originais: I – Introdução; II – Das Normas Gerais de Tutela do Trabalho; III – Das Normas Especiais de Tutela do Trabalho; IV – Do Contrato Individual do Trabalho; V – Da Organização Sindical; VI – Das Convenções Coletivas de Trabalho; VII – Do Processo de Multas Administrativas; VIII – Da Justiça do Trabalho; IX – Do Ministério Público do Trabalho; X – Do Processo Judiciário do Trabalho; XI – Disposições Finais e Transitórias.

III. Adequação e renovações jurídicas

A Consolidação das Leis do Trabalho sofreu significativas mudanças e atualizações ao longo das várias últimas décadas.

De fato, há título da CLT que foi revogado em sua quase totalidade, vencido por diplomas legais posteriores, dotados de especialização acentuada. Trata-se do Título IX ("Do Ministério Público do Trabalho" — arts. 736/762).

O Capítulo III desse Título IX ("Da Procuradoria da Previdência Social") foi revogado ainda nos anos de 1960, no contexto da reforma da Previdência Social, que unificou os antigos Institutos de Aposentadorias e Pensões no então criado instituto público único, INPS (posteriormente INSS). Essa revogação se deu pelo Decreto-lei n. 72, de

(148) Dois novos títulos foram inseridos na CLT mais recentemente. O primeiro, de n. VI-A ("Das Comissões de Conciliação Prévia"), foi inserido na Consolidação no ano 2000 pela Lei n. 9.958/2000; o segundo, de n. VII-A ("Da Prova da Inexistência de Débitos Trabalhistas"), foi inserido na Consolidação no ano de 2011 pela Lei n. 12.440/2011.

1966, a partir de quando a matéria passou a se reger por diplomas legais estritamente previdenciários.

Esse mesmo Título foi ainda mais esvaziado em seu conteúdo normativo em seguida à Lei Complementar n. 75/1993, que instituiu o Estatuto do Ministério Público da União, regulando, na essência e com maior minúcia, a estrutura e atuação do Ministério Público do Trabalho.

Outro título da CLT sofreu, tempos depois de 1943, integral nova redação: é o que se deu com o Título VI ("Das Convenções Coletivas de Trabalho"), cujo texto atual resulta de inteira mudança produzida pelo Decreto-lei n. 222, de 1967 (posteriormente, algumas mudanças pontuais de dispositivos também ocorreram).

Registre-se, ademais, que, no ano de 2000, a CLT recebeu a adição de um novo título, de n. VI-A – "Das Comissões de Conciliação Prévia", com oito novos artigos, numerados do art. 625-A até o art. 625-H (inserção normativa feita pela Lei n. 9.958/2000).

Por fim, recentemente, em 2011, novo título foi inserido na CLT, pela Lei n. 12.440, publicada em 8.7.2011, com vigência 180 dias após a data de sua publicação (art. 4º, Lei n. 12.440/2011). Trata-se do Título VII-A – "Da Prova da Inexistência de Débitos Trabalhistas", com um artigo (n. 642-A) e seus parágrafos e incisos. O pequeno, mas importante título, institui a Certidão Negativa de Débitos Trabalhistas (CNDT), expedida gratuitamente, por meio eletrônico, *para comprovar a inexistência de débitos inadimplidos perante a Justiça do Trabalho* (art. 642-A, *caput*, CLT).

Além dessas mudanças mais abrangentes, há que se registrar que em todos os títulos da Consolidação, têm ocorrido inúmeras modificações de redação de preceitos legais, ao lado de incontáveis revogações expressas de dispositivos integrantes dos distintos segmentos do diploma legal oriundo dos anos 1940.

A esse notável rol de mudanças explícitas, há que se somarem as modificações *implícitas* da CLT, por revogação tácita de várias de suas normas componentes. Nesse conjunto, são inúmeros os preceitos de distintos títulos que se quedaram revogados em face da própria Constituição de 1946 (não recepção), além de um número ainda maior de dispositivos tacitamente revogados (ou não recebidos) pelo Texto Máximo de 1988. Agreguem-se, por fim, as regras legais tacitamente revogadas por emendas à nova Constituição, principalmente a EC n. 24/1999 (que extinguiu a representação classista) e a EC n. 45/2004, que aprovou a chamada *reforma do Judiciário*.

Com essas cirurgias normativas intensas sofridas pela CLT, ao lado do profundo e contínuo processo de adequação jurídica elaborado pela interpretação jurisprudencial, *o diploma legal de 1943 tem-se mantido razoavelmente lógico e atualizado*, apto a realizar, com significativa eficiência, seu objetivo central de produzir a inclusão socioeconômica de trabalhadores na realidade brasileira.

Hoje, porém, a CLT não corresponde mais ao multidimensional diploma jurídico editado nos anos de 1940. Enxugado pelas revogações expressas e tácitas ocorridas, traduz um Código do Trabalho que regula essencialmente quatro dimensões combinadas da vida laborativa:

a) as *relações empregatícias*, como fulcro principal de direitos sociais fundamentais na ordem jurídica do País — além de outras relações trabalhistas *lato sensu* legalmente especificadas (objeto do Direito Individual do Trabalho);

b) as *relações coletivas trabalhistas* (objeto do Direito Coletivo do Trabalho);

c) as *regras de atuação da Auditoria Fiscal do Trabalho*, como órgão de fiscalização do cumprimento da ordem jurídica no plano das relações laborais (objeto do que poderia ser chamado de Direito Administrativo do Trabalho);

d) as *regras processuais de resolução dos conflitos trabalhistas, individuais e coletivos* (objeto do Direito Processual do Trabalho, que inclui também a estrutura e funcionamento da Justiça do Trabalho)[149].

Diversas leis externas à CLT despontaram, desde fins do Governo Vargas (1945), objetivando ampliar direitos ou criar novas parcelas trabalhistas. Citem-se, por exemplo: Lei n. 605/1949, reguladora do descanso semanal remunerado e em feriados, em patamar mais avançado do que no texto original de 1943; Lei n. 4.090/1962, que instituiu o 13º salário; Lei n. 4.214/1963 (posteriormente revogada pela vigente Lei n. 5.889/1973), que produziu a inserção, mesmo com ressalvas, do trabalhador rural na órbita da CLT; Lei n. 5.859/1973, que fixou os primeiros — ainda que bastante restritos — direitos trabalhistas e previdenciários para o empregado doméstico (tais direitos foram posteriormente ampliados pelo parágrafo único do art. 7º da Constituição de 1988 e pela Lei n. 11.324/2006); Leis ns. 7.418/1985 e 7.619/1987, reguladoras do Vale-Transporte.

Outras leis esparsas à Consolidação surgiram para regulamentar profissões específicas, fixando regras adicionais para além do padrão genérico empregatício estruturado na CLT. Citem-se duas expressivas: Lei n. 3.207/1957, que regulou o contrato dos empregados vendedores viajantes ou pracistas, e Lei n. 6.354/1976 (posteriormente revogada, em parte, pela Lei n. 9.615/1998), reguladora do contrato do atleta profissional de futebol.

No campo do Direito Processual do Trabalho, também despontaram certas leis esparsas, visando a aperfeiçoar a estrutura e operação do processo e procedimentos judiciais trabalhistas. São seus exemplos a Lei n. 5.584/1970, que criou, entre outras regras, o procedimento sumário (causas de alçada até dois salários mínimos), e a Lei n. 7.701/1989, que modificou regras processuais no âmbito dos tribunais regionais e do TST.

Nesse campo do Direito Processual Trabalhista, há que se destacar também a EC n. 45/2004, que implementou a *reforma do Judiciário*. Essa emenda trouxe importantes

(149) A essas regras processuais de resolução de conflitos trabalhistas podem se agregar os preceitos aplicáveis às Comissões de Conciliação Prévia (Título VI-A da CLT, inserido pela Lei n. 9.958, de 2000), na qualidade de circuito extraprocessual de resolução desses conflitos.

alterações na estrutura de todo o sistema judicial, inclusive o trabalhista, é claro (ver novo texto dos arts. 92, 93 e seguintes da Constituição). Além disso, alargou, significativamente, a competência material da Justiça do Trabalho (novo texto do art. 114 do Texto Máximo).

Por outro lado, algumas leis esparsas de significativo impacto surgiram, em épocas distintas, com nítido propósito de reduzir o patamar de direitos institucionalizados na CLT. Por ilustração, citem-se a Lei do FGTS (n. 5.107, de 1966)[(150)], a Lei do Trabalho Temporário (n. 6.019, de 1974) e a Lei do Contrato Provisório (n. 9.618, de 1998).

A presença desse rol de diplomas trabalhistas esparsos — sejam convergentes com o espírito da Consolidação, sejam a ele dissonantes — não estremece a liderança jurídico-cultural da CLT como instrumento mais bem-sucedido de inclusão econômico-social de trabalhadores na história brasileira. Os quase setenta anos de vigência do diploma celetista têm comprovado que o Direito do Trabalho se traduziu na conquista socioeconômica mais significativa dos brasileiros que vivem essencialmente de sua força de trabalho. Evidenciam ainda que as tentativas normativas de se deslocarem relações trabalhistas do âmbito de regulação da CLT têm se mostrado manifestamente precarizantes dos direitos sociais fundamentais — e não o inverso. Qualificam-se, pois, como tentativas *excludentes*, por economicamente perversas e socialmente retrógradas.

A presença desse rol de leis extravagantes à CLT muito menos compromete o caráter sistemático do Direito do Trabalho, como ramo jurídico regente da mais importante modalidade de vinculação da pessoa humana à dinâmica socioeconômica capitalista — a relação de emprego. Essa natureza sistêmica do segmento jurídico especializado é, natural e diuturnamente, inferida pela comunidade profissional dedicada a esse campo de regulação normativa. Afinal, o Direito do Trabalho constitui um dos ramos jurídicos que mais e melhor tem instituições especializadas dirigidas a seu estudo e manejo operacional: Justiça do Trabalho, Ministério Público do Trabalho, Ministério do Trabalho e Emprego, Empresas e seus departamentos de recursos humanos, Sindicatos, Faculdades de Direito e sua área jurídico-trabalhista.

IV. Direito do Trabalho e CLT no Brasil

A periodização histórica do Direito do Trabalho, no Brasil, inicia-se com a promulgação da Lei Áurea, em 1888, momento em que o *trabalho livre, mas juridicamente subordinado*, ganhou condições para vir a se tornar a relação jurídica predominante no sistema capitalista de produção (ou seja, adquiriu a potencialidade institucional para se afirmar ao longo das décadas seguintes na vida econômico-social brasileira).

No período republicano a seguir iniciado, entretanto, o Direito do Trabalho, como complexo de regras, princípios e institutos jurídicos reguladores do vínculo de emprego, demorou a efetivamente se estruturar. É que não despontou, durante as quatro décadas seguintes a 1888, um complexo significativo de preceitos trabalhistas

(150) O Fundo de Garantia do Tempo de Serviço está, hoje, regulado pela Lei n. 8.036, de 1990.

— seja oriundo da negociação coletiva, seja oriundo do Estado — capaz de permitir a conclusão pela real presença de um ramo jurídico de tal especialidade na vida brasileira.

Leis trabalhistas estaduais existiram (principalmente do Estado de São Paulo), algumas leis federais também despontaram nessa época, além de haver importantes registros de atuação sindical em certas partes do País nessa fase, com o alcance de notáveis conquistas trabalhistas — mas não se pode, tecnicamente, falar ainda no efetivo surgimento de todo um ramo jurídico especializado na temática juslaborativa. Está-se na fase das manifestações incipientes e esparsas do Direito do Trabalho[(151)].

Nessa linha, a real *institucionalização do Direito do Trabalho* somente ocorreu a partir de 1930, em face da intensa e diversificada atividade legislativa do Governo Getúlio Vargas desde seu início, culminando com a edição da CLT em 1943[(152)].

A marca autocrática do novo e longo governo (1930/1945) evidentemente transpareceu no Direito do Trabalho institucionalizado na época. Essa marca atingiu, principalmente, o âmago do *Direito Coletivo do Trabalho*, por meio da nova *estrutura sindical corporativista* e seus distintos laços orgânicos com o aparelho de Estado.

As principais características do Direito Coletivo do Trabalho estruturado e de suas instituições e dinâmicas integrantes eram, sinteticamente:

a) controle político-administrativo do então Ministério do Trabalho, Indústria e Comércio sobre toda a estrutura e atuação operacional dos sindicatos;

b) estruturação corporativista dos sindicatos, observadas as seguintes características: agregação profissional (e econômica) mediante o conceito-motor de *categoria*; ausência do sindicato dos efetivos locais de trabalho; proibição de comunicação institucional entre as distintas categorias e entre o próprio conjunto da classe trabalhadora; unicidade sindical; financiamento compulsório de toda a estrutura oficial do sindicalismo;

c) cooptação de lideranças sindicais, mediante canais de sua inserção na burocracia estatal, seja na então construída Justiça do Trabalho (representação classista nas Juntas de Conciliação e Julgamento e Tribunais), seja nos então desenvolvidos Institutos de Aposentadorias e Pensões — IAPs (dirigentes recrutados na estrutura sindical);

d) absorção dos conflitos coletivos para dentro do Estado, pelo processo judicial denominado *dissídio coletivo* e sua *sentença normativa* (poder normativo judicial).

No plano do Direito Individual do Trabalho, institucionalizou-se *padrão normativo do tipo regulado* — como, de resto, seria a característica de praticamente todos os ramos

---

(151) Sobre tal legislação estadual e federal esparsa e evidências de atuação do sindicalismo no período, consultar: DELGADO, Mauricio Godinho. *Curso de Direito do Trabalho*. 7. ed. São Paulo: LTr, 2008. p. 105-109. Esclareça-se, de passagem, que a competência exclusiva da União para legislar sobre o Direito do Trabalho somente surgiu em 1926, inserida por emenda constitucional daquele ano na Constituição de 1891.

(152) *Ibidem*, p. 106-117.

jurídicos estruturados no País durante as décadas de modernização urbanizadora e industrializante experimentada no século XX[(153)]. O fato é que o Direito Individual do Trabalho, na qualidade de ramo normatizador da relação de emprego, iria se mostrar significativamente funcional para instigar a organização do mercado de trabalho em país com industrialização iniciante e promover a rápida e ampla inclusão social dos setores partícipes do célere processo de urbanização então deflagrado[(154)].

Nas décadas seguintes a 1943, apenas um pilar do sistema corporativista sindical seria modificado: a representação classista no âmbito dos antigos Institutos de Aposentadorias e Pensões foi extirpada com a reforma da Previdência Social nos anos de 1960. É que essa reforma agregou em um instituto público unitário, o INPS (hoje, INSS), todos os anteriores IAPs, eliminando a participação sindical nas diretorias da nova estrutura pública de seguridade social.

A Constituição de 1988, porém, trouxe mudanças relevantes no Direito Coletivo do Trabalho brasileiro. Eliminou o controle político-administrativo do Ministério do Trabalho sobre o sindicalismo (art. 8º, I); reconheceu a ampla prerrogativa sindical de atuação coletiva no âmbito administrativo e judicial (art. 8º, III); favoreceu a negociação coletiva trabalhista, via entidades sindicais (art. 8º, VI; art. 7º, VI, XIII, XIV e XXVI).

Sua obra renovadora foi continuada em 1999, com a EC n. 24/1999, que extinguiu a representação classista no interior do Judiciário Trabalhista.

A presença da nova e democrática Constituição também deu legitimidade política à criação de *centrais sindicais* no País (obviamente, também validade jurídica, uma vez que proibia a intervenção do Estado no sindicalismo — art. 8º, I, CF/1988). Esse processo de criação, na verdade, iniciou-se, do ponto de vista histórico-prático, um pouco antes do Texto Magno de 1988, na esteira do revigoramento do sindicalismo no Brasil ocorrido desde fins dos anos de 1970, ainda no contexto adverso do regime militar imperante. Assim, a primeira central sindical brasileira (CUT — Central Única dos Trabalhadores) foi criada no ano de 1983, mantendo-se como a maior delas até os dias atuais. Na mesma conjuntura política (1986), também foi criada a CGT — Confederação Geral dos Trabalhadores[(155)].

---

(153) O Direito do tipo legalmente regulado corresponde, na verdade, a um padrão dominante na tradição cultural a que se filia o Brasil, ou seja, a europeia continental romano-germânica – em anteposição à variante linha anglo-americana. Nessa tradição cultural sedimentada em países de larga experiência também democrática (como parte importante dos países europeus continentais romano-germânicos), os distintos ramos jurídicos tendem a conferir especial e relevante papel à legislação heterônoma do Estado.

(154) Em um primeiro momento, até os anos de 1960, o Direito do Trabalho praticamente não se estenderia ao campo do País, em conformidade com a exclusão feita no art. 7º, *"b"*, da própria CLT (não se estendia também, em qualquer medida, ao trabalhador doméstico, esclareça-se: art. 7º, *"a"*, CLT). A partir da Lei n. 4.214, de 1963 (posteriormente substituída pela Lei n. 5.889, de 1973), é que a ordem jurídica trabalhista deflagrou seu processo de avanço ao segmento rural brasileiro.

(155) A primeira experiência de unificação da atuação do sindicalismo obreiro no País foi o *Comando Geral dos Trabalhadores – CGT* –, criado no início dos anos de 1960. A entidade, porém, foi extinta, em 1964, com o advento do regime militar. Posteriormente a esse experimento pioneiro, apenas na década de 1980 é que se tornou viável a construção de centrais sindicais no Brasil. A respeito do CGT dos anos de 1960, consultar: DELGADO, Lucilia de Almeida Neves. *O Comando Geral dos Trabalhadores no Brasil – 1961-1964*. 2. ed. Petrópolis: Vozes, 1986.

No período seguinte, diversas outras centrais sindicais foram estruturadas. Citem-se, ilustrativamente, a FC (Força Sindical), a CAT (Central Autônoma de Trabalhadores), a SDS (Social Democracia Sindical), a NCST (Nova Central Sindical de Trabalhadores), a CGTB (Central Geral dos Trabalhadores do Brasil) e a Confederação dos Trabalhadores do Brasil (CTB). Recentemente (2007), a CGT, a CAT e a SDS se agregaram, dando origem à União Geral dos Trabalhadores (UGT).

No ano de 2008, finalmente, a figura da *central sindical* foi institucionalizada na ordem jurídica do País, por meio da Lei n. 11. 648, de 31 de março de 2008.

A obra renovadora da Constituição no campo trabalhista, por fim, mereceu aprofundamento com a Emenda Constitucional n. 45/2004 (*reforma do Judiciário*). É que, de um lado, essa emenda aperfeiçoou a estrutura e o funcionamento de todo o sistema judicial, com repercussões positivas no âmbito trabalhista (especialmente, arts. 92 e 93, CF/1988). De outro lado, também ampliou a competência da Justiça do Trabalho (art. 114, CF/1988), de modo a abranger *relações jurídicas conexas à empregatícia*, tais como lides intersindicais, lides entre empregador e Estado em face da atuação fiscalizadora do Ministério do Trabalho e Emprego, lides previdenciárias e outras não trabalhistas conexas à relação empregatícia (dano moral e acidentário, por exemplo)[(156)], lides derivadas do exercício do direito de greve (interditos proibitórios, ações de reintegração de posse e outras similares ações de natureza civil etc.)[(157)]. Com esse notável avanço, a EC n. 45/2004 permitiu a melhor estruturação de um eficiente sistema trabalhista no País, apto a melhor generalizar e aplicar o Direito do Trabalho na sociedade brasileira.

A ampliação da competência judicial trabalhista propiciada pela EC n. 45/2004 também abrangeria as demais *relações de trabalho "lato sensu"*, independentemente da existência de lei específica extensiva (art. 114, I).

Essa ampliação, contudo, não é absoluta, tendo de ser lida em harmonia com o conjunto de princípios, regras e institutos constitucionais. Desse modo, tem-se entendido, a teor da jurisprudência dominante, não abranger as seguintes relações: a) prestação de serviços entre efetivas pessoas jurídicas (exceto se alegada fraude no envoltório da entidade jurídica) — por ser a palavra *trabalho* inerente à atuação humana; b) relações de consumo, ainda que envolvam alguma prestação de serviço por pessoa natural; c) relações

---

(156) A competência material da Justiça do Trabalho para conhecer e julgar lides sobre danos morais e materiais conexos à relação de emprego, inclusive quando resultantes de doença ocupacional ou profissional ou acidente de trabalho, já era inferida, desde o início dos anos de 1990, do texto original da Constituição de 1988, a partir de interpretação lógico-sistemática e teleológica mais adequada. Porém, a expressa inserção da regra no corpo do novo art. 114 pela EC n. 45/2004 permitiu sepultar, definitivamente, todas as resistências jurídicas a essa interpretação já hegemônica.

(157) Também nesse caso era óbvia a competência judicial trabalhista para examinar lides conexas ao exercício do direito trabalhista de greve, ao menos a partir do texto original da Constituição de 1988 – desde que observada a mais adequada interpretação lógico-sistemática e teleológica do antigo art. 114 da Constituição. De todo modo, a nova redação da regra constitucional teve o mérito de afastar qualquer dúvida consistente acerca do comando magno.

de trabalho de natureza administrativa, abrangendo o servidor e o respectivo ente público[158].

V. Normas jurídicas integrantes da CLT

A CLT estabelece as *normas* reguladoras das relações de trabalho nela previstas (art. 1º).

O conceito de *norma*, na Teoria do Direito, é amplo, abrangendo não apenas as *regras jurídicas*, como também os *princípios* e os *institutos jurídicos*.

Normas jurídicas são *dispositivos gerais, impessoais, abstratos e obrigatórios dirigidos a regular vínculos, situações ou instituições na sociedade*. Podem ser *heterônomas* (as normas oriundas do Estado, como a própria CLT, por exemplo) ou *autônomas* (as normas oriundas da sociedade civil, como as convenções e acordos coletivos do trabalho, regulamentados pelo Título VI da CLT, ilustrativamente).

Regras jurídicas são normas que estabelecem regulações e/ou comandos específicos e objetivos sobre vínculos, situações ou instituições. Correspondem à ampla maioria das normas do ordenamento jurídico, por isso mesmo comumente se confundem com a própria noção de Direito. Os diplomas constitucionais e legais compõem-se, preponderantemente, de regras jurídicas, com menor presença quantitativa de princípios e institutos jurídicos (ilustrativamente, Constituição, CLT, CPC, CCB, etc.).

Instituto jurídico é figura normativa específica criada por regras jurídicas, que, em sua inteireza, adquire organicidade e lógica estrutural e operativa. São exemplos de institutos jurídicos no Direito do Trabalho o sindicato, a sentença normativa, a negociação coletiva.

Princípio jurídico é diretriz propositiva ampla integrante do universo jurídico geral ou dos ramos jurídicos especializados, que incorpora e propaga, normativamente, valores tidos como fundamentais na cultura jurídica.

O positivismo jurídico, dominante no Direito até meados do século XX, não considerava os princípios como integrantes do conjunto normativo jurídico, enquadrando-os como meras disposições programáticas, sem força imperativa. Não revelavam, desse modo, natureza de norma jurídica, mas de simples proposições abstratas ideais.

Contemporaneamente está superada, por inteiro, essa visão reducionista e empobrecedora do fenômeno jurídico. Os princípios têm natureza, estrutura e dinâmica operacional de norma jurídica, naturalmente se impondo ao conjunto social e estatal. Os

(158) O Supremo Tribunal Federal considerou incompetente a Justiça do Trabalho para conhecer e julgar lides entre servidores públicos não celetistas e a respectiva entidade de Direito Público, ainda que se trate de vínculo irregular, fora dos marcos do imperativo concurso público. Eis alguns arestos em que o STF pacificou a natureza desses vínculos, ainda que irregularmente constituídos: STF-RCL n. 5.381/AM, Rel. Min. Carlos Ayres Britto, Tribunal Pleno, DJ de 8.8.2008; STF-RE n. 573.202-9/AM, Rel. Min. Ricardo Lewandowski, Tribunal Pleno, Sessão de 21.8.2008; STF-RCL n. 5.171/DF, Relª Minª Cármen Lúcia Antunes Rocha, Tribunal Pleno, DJ de 3.10.2008; STF-RCL n. 4.489/PA, Rel. Min. Cármen Lúcia Antunes Rocha, Tribunal Pleno, DJ de 21.11.2008.

princípios são tão imperativos quanto são as regras e os institutos jurídicos, eventualmente podendo até mesmo esterilizar ou derrogar uma regra incompatível. O inverso é praticamente inviável em um Estado Democrático de Direito, isto é, uma regra jurídica derrogar um princípio jurídico.

No exame das distinções entre regra e princípio, desponta como critério decisivo a ideia de *ponderação*. Em conformidade com essa ideia, que tem suporte nas obras de notáveis jusfilósofos e/ou constitucionalistas como Robert Alexy, Ronald Dworkin, J. J. Gomes Canotilho, Paulo Bonavides e outros, os princípios seriam "mandamentos de otimização" (a expressão é de Alexy)[(159)], quer dizer, normas que ordenam que algo seja realizado na maior medida possível, dentro das possibilidades fático-jurídicas existentes no caso concreto. A realização do princípio, enquanto diretriz maior de um sistema jurídico, será necessariamente graduada e ponderada. As regras, em contrapartida, por estarem fundadas no critério de validade, devem ser cumpridas na exata medida de sua previsão — o que afastaria, inicialmente, o uso de qualquer graduação ou de ponderação em seu cotejo[160].

Na verdade, há clara inter-relação entre princípios e regras. De maneira geral, as regras tendem a ser lidas em consonância com os princípios jurídicos incidentes, podendo, nesse quadro interpretativo-aplicativo, ser reduzidas, atenuadas ou, ao revés, acentuadas. De outra parte, os princípios podem também ser ponderados, deixando de incidir, considerada a particularidade do caso concreto, com todo o seu potencial valorativo e normatizador. Por isso é que se afirma serem os princípios normativos *concorrentes* às regras jurídicas (*interagentes*, em suma) e não necessariamente com elas conflitantes ou excludentes[(161)].

Interpretado contemporaneamente (como cabe se interpretar o Direito), o primeiro artigo da CLT, simbolicamente, destaca a função particular da Consolidação de fixar normas justrabalhistas, princípios e regras (além de institutos), reguladores das relações individuais e coletivas de trabalho[(162)].

No Direito do Trabalho brasileiro, há nítida prevalência do *direito legislado* (integrado por normas heterônomas estatais) em face do direito negociado (oriundo da negociação coletiva trabalhista) — sendo a CLT a mais clara expressão disso. De fato, nos sistemas jurídicos romano-germânicos — a que se filia a tradição brasileira —, é

(159) ALEXY, Robert. *Teoria de los derechos fundamentales*. Madrid: Centro de Estudios Constitucionales, 1993. p. 86. A concepção normativa dos princípios foi sedimentada pelo trabalho teórico de importantes juristas: DWORKIN, Ronald. *Taking rights seriously*. 2. ed. London: Duckworth, 1978. p. 24-26; CANOTILHO, José Joaquim Gomes. *Direito constitucional*. 5. ed. Coimbra: Livraria Almedina, 1992. p. 544-545; BONAVIDES, Paulo. *Curso de direito constitucional*. 10. ed. São Paulo: Malheiros, 2000. p. 246-259.

(160) A respeito, consultar também: DELGADO, Gabriela Neves. *Direito fundamental ao trabalho digno*. São Paulo: LTr, 2006. p. 61-62.

(161) A concepção de princípios jurídicos concorrentes está lançada em DELGADO, Mauricio Godinho. *Princípios de direito individual e coletivo do trabalho*. 2. ed. São Paulo: LTr, 2004 (ver também 3ª edição, de 2010).

(162) Estabelece o art. 1º da CLT: "Esta Consolidação estatui as normas que regulam as relações individuais e coletivas de trabalho, nela previstas."

comum a prevalência das normas heterônomas estatais no campo dos distintos ramos jurídicos (em contraponto aos países de tradição anglo-americana, onde tem grande destaque o *direito não legislado*). No caso do Brasil, essa prevalência tem se afirmado — e, até mesmo, se alargado —, desde a primeira metade do século XX *em todos os ramos jurídicos*, inclusive o trabalhista[(163)].

O Direito do Trabalho legislado no Brasil é federal, uma vez que compete *privativamente* à União legislar sobre esse ramo jurídico, nos termos do art. 22, I, da Constituição da República Federativa do Brasil de 1988. Essa tradição de competência privativa da União remonta a 1926, quando emenda constitucional à Lei Máxima de 1891 insculpiu a regra, pela primeira vez, no Texto Magno.

A Constituição de 1988 trouxe inovação curiosa, ao dispor, em seu art. 22, que lei complementar poderá autorizar os Estados a legislar sobre *questões específicas das matérias relacionadas neste artigo*, portanto também relativamente à matéria trabalhista (parágrafo único do art. 22 da CF/1988). Tal *supletividade*, esclarece a doutrina, "não significa completar lacunas da lei federal preexistente, mas regular aspectos que se relacionam com peculiaridades regionais. (...) Exemplo dessa supletividade é a Lei Complementar n. 103, de 14.7.2000, autorizando os Estados a fixar pisos salariais"[(164)].

VI. Relações individuais e coletivas de trabalho

As relações individuais de trabalho são firmadas entre partes contratuais trabalhistas isoladamente consideradas, quer dizer, o *empregado*, pessoa física, e o *empregador*, pessoa física, jurídica ou ente despersonalizado (ver conceito de empregador no art. 2º da CLT e conceitos de relação de emprego e de empregado no art. 3º do mesmo diploma normativo).

Já as relações coletivas de trabalho assumem necessariamente dimensão grupal, uma vez que o empregado será representado pelos sindicatos, ao passo que o empregador, pelos sindicatos ou por sua própria entidade empresarial[(165)].

A CLT menciona regular as relações individuais e coletivas *nela previstas* (art. 1º, *caput, in fine*) — o que, claramente, prenuncia não se tratar de diploma regulador de todo o trabalho, mas, essencialmente, do trabalho pactuado nos moldes empregatícios (isto é, com os elementos fático-jurídicos enunciados no *caput* dos arts. 3º e 2º da Consolidação). Essa é a área social básica de aplicação do Direito do Trabalho, a *relação de emprego*.

A par disso, o ramo justrabalhista, por exceção, também se aplica às relações de trabalho *lato sensu* que sejam legalmente enquadradas em seu âmbito de abrangência.

---

(163) Sobre esse contraponto entre o modelo jurídico legislado e o modelo jurídico negociado, que foi debate recorrente no Direito do Trabalho brasileiro dos anos de 1990, consultar, neste livro, o Capítulo IV, item IV, em sua alínea "a", melhoria das condições de pactuação e gestão do trabalho na vida socioeconômica.

(164) SAAD, Eduardo Gabriel. *Consolidação das Leis do Trabalho:* comentada. 40. ed. atual. rev. e ampl. por José Eduardo Duarte Saad, Ana Maria Saad Castello Branco. São Paulo: LTr, 2007. p. 17.

(165) DELGADO, Mauricio Godinho. *Curso de Direito do Trabalho*. 7. ed. São Paulo: LTr, 2008. p. 51.

No Brasil, é o que ocorre com o *trabalho avulso*, típico das zonas portuárias, em que o obreiro oferta sua mão de obra eventual por meio de um órgão intermediário (tradicionalmente, por inúmeras décadas, esse órgão foi o sindicato de trabalhadores portuários; contudo, desde a Lei n. 8.630, de 1993, passou a ser o Órgão Gestor de Mão de Obra — OGMO —, de composição tripartite, sendo o sindicato obreiro apenas um de seus integrantes). Nesta relação trabalhista *lato sensu* peculiar (trabalho avulso portuário), não só o direito material aplicável tem sido, há décadas, o trabalhista, como a competência judicial para examinar as respectivas lides tem sido também, há tempos, da Justiça do Trabalho (art. 643 e art. 652, "*a*", V, CLT — ver redações antigas e novas)[166].

O fato de o Direito do Trabalho incidir, fundamentalmente, sobre a relação de emprego não torna esse ramo jurídico isolado ou de pequena importância social. Ao inverso, esse é um dos motivos de sua relevância jurídica, econômica, social e cultural: é que, no capitalismo, a relação de emprego é a mais importante modalidade de vinculação do trabalhador ao sistema socioeconômico, em proporção que se situa em torno de 80% da força de trabalho ocupada integrante da população economicamente ativa, segundo os padrões sedimentados nos países capitalistas desenvolvidos. Assim, por meio de um ramo jurídico bastante (e adequadamente) especializado, consegue-se realizar ampla e consistente inclusão socioeconômica da parcela populacional mais significativa das grandes sociedades capitalistas.

No Brasil ainda não se alcançou plena aplicação do segmento justrabalhista em todos os rincões sociais, em face de arraigada *tradição de não efetividade* de todos os ramos jurídicos que se abate sobre o País — tradição bastante acentuada também na seara laborativa.

Observem-se os dados dessa falta de efetividade do Direito do Trabalho: até os anos de 1960, a própria CLT (art. 7º, "*b*" e "*a*") excluía a incidência de suas normas sobre os trabalhadores rurais e domésticos, com isso deixando no limbo jurídico da época mais da metade da população economicamente ativa ocupada. A partir da Lei n. 4.214/1963 (posteriormente substituída pela Lei n. 5.889/1973), iniciou-se o processo de extensão da legislação trabalhista ao campo brasileiro — processo que levaria décadas para se consolidar de modo mais significativo. No tocante aos domésticos, sua real inclusão jurídico-social deu-se apenas com a Constituição de 1988 (parágrafo único do art. 7º, que estendeu vários direitos à importante categoria), uma vez que a Lei n. 5.859/1973, que timidamente iniciou tal processo inclusivo, apenas garantiu *dois* direitos trabalhistas a tais empregados (anotação de CTPS e férias anuais remuneradas), além de sua inserção no sistema previdenciário[167].

---

(166) A Lei n. 12.023, de 2009, autorizou a contratação de trabalhadores, por ela também chamados de avulsos, para o exercício de atividades de movimentação de mercadorias em geral, fora do âmbito portuário, mediante intermediação do respectivo sindicato obreiro. Naturalmente que, nesse caso, também se aplica o Direito do Trabalho (art. 7º, XXXIV, da Constituição), sendo a Justiça do Trabalho competente para examinar as lides entre tais trabalhadores e seu sindicato intermediador ou entre os trabalhadores e o respectivo tomador de serviços.

(167) A Lei n. 5.859, de 1973 sequer garantia o salário mínimo ao empregado doméstico ou o princípio da irredutibilidade salarial, omitindo-se também quanto às parcelas de 13º salário, descanso semanal remunerado,

O mais curioso nessa tradição de falta de efetividade jurídica é que, logo em seguida à Constituição — momento histórico ideal para se consolidar, definitivamente, a civilidade justrabalhista no meio social do País —, passou a imperar, por toda a década de 1990, na cultura brasileira, certo pensamento desregulamentador e precarizador de direitos sociais, com indisfarçável matiz excludente, que muito comprometeu o alcance da melhor e mais eficiente generalização do Direito do Trabalho na sociedade e economia brasileiras. Felizmente, nos últimos anos, desde 2003, retomou-se direção institucional de inclusão social e combate à *informalização* das relações trabalhistas, o que propiciou a regularização ou criação, em poucos anos, de 2003 a 2010, de mais de dez milhões de contratos de emprego com carteira assinada na realidade brasileira.

As relações de trabalho *lato sensu* não são regidas pela CLT (exceto as relativas ao trabalhador avulso, como já exposto). A Consolidação, em sua linguagem peculiar, faz referência ao vínculo entre o *empreiteiro, operário ou artífice* — trabalhador autônomo — e o dono da obra, mas apenas com o objetivo de fixar a competência da Justiça do Trabalho para conciliar e julgar a respectiva lide (art. 652, "*a*", III, CLT). O direito material aplicável será o civil e não o trabalhista, evidentemente. A motivação da ordem jurídica foi facilitar o acesso ao Judiciário a profissional simples, de parcos recursos econômicos, que vive da alienação de seu trabalho, ainda que não se enquadre como efetivo empregado e não receba o manto jurídico protetor da CLT.

Desde a EC n. 45, de dezembro de 2004, esse acesso ao Judiciário Trabalhista foi franqueado a toda pessoa natural que estabeleça relação de trabalho com alguém, ainda que não seja favorecido pela incidência do Direito do Trabalho em seu vínculo jurídico (art. 114, I, CF/1988, desde EC n. 45/2004, referindo-se à *relação de trabalho* e não mais somente à *relação de emprego*).

Maturada a interpretação acerca do sentido do novo inciso I do art. 114 da Constituição (*relação de trabalho* e não relação de emprego: EC n. 45/2004), tem prevalecido o entendimento de que houve, de fato, significativa ampliação da competência judicial trabalhista — embora sem extensão do Direito do Trabalho a essas relações laborativas *lato sensu*.

Essa ampliação da competência judicial especializada, porém, não é desmesurada e irracional, a ponto de entrar em choque com o conjunto de todo o Texto Magno de 1988 e com a própria lógica constitucional de estruturação e funcionamento do Poder Judiciário. Desse modo, mantêm-se dentro da competência da Justiça Comum Estadual lides entre pessoas jurídicas prestadoras de serviços e respectivas entidades tomadoras, já que não se verifica em tais casos efetiva relação de trabalho (a palavra *trabalho* é carregada de conteúdo cultural e jurídico, atando-se estritamente à prestação realizada pela pessoa natural, ser humano).

---

aviso-prévio etc. Em síntese, praticamente corroborava a servidão humana... mas com carteira assinada. Apenas com a Constituição de 1988 (parágrafo único do art. 7º) e com a Lei n. 11.324/2006 é que se estenderam vários direitos trabalhistas a essa categoria profissional relevante.

Também não se deslocaram da Justiça Comum Estadual e seus Juizados Cíveis Especializados as causas que envolvam *relação de consumo*, ainda que, no seu interior, haja alguma prestação de trabalho. É que o Texto Magno original de 1988, arguta e sensatamente, já destacara tais relações consumeristas, a elas determinando tratamento normativo próprio, inclusive no âmbito do sistema judicial estadual (art. 5º, XXXII, e art. 48, ADCT-CF/1988 — referindo-se ao Direito do Consumidor; art. 98, CF/1988 — reportando-se aos Juizados Especiais). Esse tratamento normativo e judicial próprio veio se concretizar pela conjugação do advento do Código do Consumidor (Lei n. 8.078/1990) com a estrutura ágil e centrada dos Juizados Cíveis Especializados — sistema de notável sucesso que se manteve preservado na *reforma do Judiciário* implementada pela EC n. 45/2004. De todo modo, trazer essas relações de consumo para o âmbito da Justiça do Trabalho seria irracionalidade e retrocesso socioculturais e jurídicos manifestos, por introduzir ramo jurídico especializado na *tutela do tomador de serviços* (e não do prestador) dentro de sistema judicial pensado e concretizado para firmar a *inclusão sociojurídica da pessoa humana do trabalhador*.

Finalmente, a jurisprudência dominante tem compreendido que a regra processual do inciso I do novo art. 114 da Constituição (EC n. 45/2004) também não deslocou para a Justiça do Trabalho lides entre servidores públicos administrativos e as correspondentes entidades estatais a que se vinculam(168).

VII. Conclusão

A avaliação jurídica, social e cultural que se pode fazer desse diploma normativo mais do que sexagenário, consistente na CLT, indica, desse modo, alguns pontos relevantes.

Em primeiro lugar, o *pecado original* da CLT — a circunstância de se ter gestado em período autocrático da vida político-institucional brasileira, em 1943 —, embora inegavelmente grave, não macula *toda* a obra jurídica, econômica e cultural inserida no diploma normativo. Mostra-se comprometedor essencialmente quanto à sua concepção de Direito Coletivo do Trabalho, em especial no tocante à estrutura corporativista do sindicalismo brasileiro, que desponta como pouco funcional para fazer frente aos desafios democráticos apresentados pela evolução histórica do País a partir de fins do regime autoritário de 1964/1985.

De todo modo, mesmo nesse campo do Direito Coletivo, vários aspectos do antigo modelo corporativista já foram superados na ordem jurídico-institucional do Brasil ao longo do tempo, em particular com o advento da Constituição de 1988.

Nesse quadro, suprimiu-se a absurda possibilidade de intervenção político-administrativa do Estado, via Ministério do Trabalho e Emprego, nas distintas entidades sindicais (art. 8º, I e II, CF/1988). Suprimiram-se também os comprometedores canais de

(168) Essa foi a interpretação oriunda do Supremo Tribunal Federal, conforme já examinado, a qual conduziu, inclusive, ao cancelamento da Orientação Jurisprudencial n. 205 da Seção de Dissídios Individuais I (SDI-I) do TST.

participação corporativa dos organismos sindicais na estrutura estatal (a representação classista sindical foi extirpada tanto do sistema previdenciário — já nos anos de 1960 —, como posteriormente do sistema judicial trabalhista, neste caso pela EC n. 24, de 1999). Incrementou-se, ademais, importante incentivo à negociação coletiva trabalhista (art. 7º, VI, XIII, XIV e XXVI, CF/1988), respeitada, em seu desenvolvimento e consumação, a lógica e obrigatória participação dos sindicatos obreiros (art. 8º, VI, CF/1988). Nessa linha de incentivo à negociação coletiva sindical, é que se veio reduzir, tempos depois, o espectro de atuação do concorrente judicial denominado *dissídio coletivo* (art. 114, § 2º, CF/1988, com redação da EC n. 45/2004: necessidade de *comum acordo* entre as partes para ajuizamento do dissídio coletivo de natureza econômica).

Entre os aspectos também evidenciadores da superação, ainda que não integral, do modelo sindical corporativista dos anos de 1930/40, está a recente institucionalização das *centrais sindicais* na ordem jurídico-institucional do País.

Em segundo lugar, o Direito Individual do Trabalho regulado pela CLT tem se mostrado bastante funcional no que tange ao processo de inclusão social de trabalhadores no sistema econômico-social brasileiro. A História do Brasil evidencia que não se construiu outra política pública com tamanha força inclusiva quanto o Direito do Trabalho — embora claramente este ainda não tenha produzido toda a sua potencialidade na vida socioeconômica do País.

Note-se, a propósito, a impressionante adequação da CLT, *em sua dimensão individual*, à nova Constituição da República, que incorporou inúmeros de seus institutos jurídicos clássicos, conferindo-lhes *status* de *direitos fundamentais*.

O Direito Individual do Trabalho, regulador do contrato de emprego, que teve fulcro jurídico na CLT, espraiando-se por diplomas normativos conexos, até atingir o núcleo da Constituição, tem, nesse contexto, se atualizado ao longo das décadas, seja por obra da atuação legislativa, seja por obra da interpretação efetivada pela comunidade jurídica.

Em terceiro lugar, o Direito Processual do Trabalho regido pela Consolidação tem se mostrado, reiteradamente, como um dos mais avançados instrumentos de prestação jurisdicional do sistema judicial brasileiro. Nessa linha, tem inspirado diplomas jurídicos recentes de notável destaque, como, por exemplo, o Código do Consumidor e parte importante das leis de modernização do Processo Civil, editadas a partir dos anos de 1990.

Enfim, todos esses pontos positivos permitem bem aquilatar a relevância da Consolidação das Leis do Trabalho na evolução social, econômica e jurídica do Brasil nas últimas seis a sete décadas.

Referências bibliográficas

ALEXY, Robert. *Teoria de los derechos fundamentales*. Madrid: Centro de Estudios Constitucionales, 1993.

BONAVIDES, Paulo. *Curso de Direito Constitucional*. 10. ed. São Paulo: Malheiros, 2000.

CANOTILHO, José Joaquim Gomes. *Direito constitucional*. 5. ed. Coimbra: Livraria Almedina, 1992.

DELGADO, Gabriela Neves. *Direito fundamental ao trabalho digno*. São Paulo: LTr, 2006.

DELGADO, Lucilia de Almeida Neves. *O Comando Geral dos Trabalhadores no Brasil — 1961-1964*. 2. ed. Petrópolis: Vozes, 1986.

DELGADO, Mauricio Godinho. *Princípios de direito individual e coletivo do trabalho*. 3. ed. São Paulo: LTr, 2010.

__________. *Curso de Direito do Trabalho*. 7. ed. São Paulo: LTr, 2008.

__________. *Princípios de direito individual e coletivo do trabalho*. 2. ed. São Paulo: LTr, 2004.

DWORKIN, Ronald. *Taking rights seriously*. 2. ed. London: Duckworth, 1978.

SAAD, Eduardo Gabriel. *Consolidação das Leis do Trabalho:* comentada. 40. ed. atual. rev. e ampl. por José Eduardo Duarte Saad, Ana Maria Saad Castello Branco. São Paulo: LTr, 2007.

Terceira Parte

Justiça do Trabalho – Estrutura e Funções no Sistema Trabalhista Brasileiro –

Capítulo VIII
Estruturação e Desenvolvimento da Justiça do Trabalho no Brasil

Mauricio Godinho Delgado
Gabriela Neves Delgado

I. Introdução

A Justiça do Trabalho do Brasil, que completou setenta anos de instalação em 1º de maio de 2011, passou por três grandes momentos em sua história.

O primeiro, de sua própria estruturação e inauguração, no ano de 1941, em que surgia como parte de uma série de políticas públicas de transformação da sociedade e do Estado brasileiros, cujo destino mais remoto sequer poderia ser imaginado.

O segundo momento, de sua afirmação e consolidação nas décadas seguintes à democratização do País em 1945, em que rapidamente se solidificou como instituição imprescindível à inclusão social, econômica e institucional de milhões de brasileiros emergentes à nova sociedade e economia recém-urbanizadas e industrializadas. Esse momento não recrudesceu mesmo na fase politicamente regressiva do regime autoritário de 1964 a 1985.

O terceiro momento em sua história desponta no processo de democratização do Brasil desde 1985, culminando com o projeto constitucional aprovado em 1988, que descortina papel e relevo inimagináveis para a Justiça do Trabalho na sociedade e no Estado brasileiros.

II. Inauguração da Justiça do Trabalho

A Justiça do Trabalho foi inaugurada em todo o País no dia 1º de maio de 1941. Sua instituição, contudo, resultou de processo de elaboração iniciado alguns anos antes.

1. Antecedentes

As datas e acontecimentos cardeais para o surgimento efetivo da Justiça do Trabalho, em 1941, concentram-se, principalmente, na década de 1930, embora, é claro, existam referências anteriores ao período histórico inaugurado com a Revolução de 1930.

Em 1922, a Lei Estadual de São Paulo n. 1.869 criou os Tribunais Rurais, integrados pelo Juiz de Direito e dois outros membros, representando o locador e o locatário de serviços rurais, em geral, colono imigrante europeu. Embora não tivessem maior significação, nem tratassem da aplicação do Direito do Trabalho, porém do Direito Civil, esses órgãos despontaram como antecedentes da Justiça do Trabalho no Brasil[169]. Tal circunstância ocorreu não só em virtude da composição paritária desses colegiados (característica que estaria presente no início da Justiça do Trabalho no País, tempos depois), como pelo fato de constituírem juízo especializado em litígios referentes a uma relação de trabalho em sentido amplo, embora ainda sob regência civilista. Tal experiência, contudo, não teve efetivo sentido prático[170].

Logo em seguida, em 1923, criou-se, no plano da União, o Conselho Nacional do Trabalho, no interior do Ministério da Agricultura, Indústria e Comércio, na qualidade de órgão consultivo do Poder Público Federal relativamente a matérias trabalhistas e previdenciárias. Embora não fosse órgão com função jurisdicional, tratava-se de uma das primeiras referências explícitas no que tange ao enfrentamento oficial de questões trabalhistas pela estrutura administrativa do Estado Federal brasileiro. Essa referência despontou em período histórico dominado pela noção não intervencionista no contexto das questões trabalhistas existentes na sociedade civil.

Na década de 1930, é que surgem, de fato, medidas oficiais efetivas na linha da instituição de uma Justiça Especializada em relações empregatícias no território brasileiro.

Em 1932, duas inovações merecem destaque: a criação das Juntas de Conciliação e Julgamento, órgãos de primeiro grau voltados à solução de litígios individuais entre empregados e empregadores (Decreto n. 22.132, de 25.11.1932), e a criação das Comissões Mistas de Conciliação, órgãos voltados aos conflitos coletivos trabalhistas (Decreto n. 21.396, de 12.5.1932). Tais órgãos, entretanto, eram vinculados ao Poder Executivo e não ao Judiciário[171].

Em 1934, a Constituição recém-promulgada introduziu em seu texto a primeira referência constitucional à denominação "Justiça do Trabalho", embora não tivesse criado, realmente, a instituição. De todo modo, não alterou a inserção dos órgãos existentes no Poder Executivo.

Em 1937, a Constituição recém-outorgada preservou a referência à denominação "Justiça do Trabalho" já despontada em 1934, não alterando a inserção dos órgãos existentes no âmbito executivo do Estado brasileiro.

---

(169) A respeito, consultar, GOMES, Orlando; GOTTSCHALK, Elson. *Curso de Direito do Trabalho*. 5. ed. Rio de Janeiro: Forense, 1972. p. 615-616. Também, BATALHA, Wilson de Souza Campos. *Tratado de Direito Judiciário do Trabalho*. São Paulo: LTr, 1977. p. 170-171. Na mesma direção, NASCIMENTO, Amauri Mascaro. *Curso de Direito Processual do Trabalho*. 22. ed. 2. tir. São Paulo: Saraiva, 2007. p. 48-49.

(170) A falta de sentido prático, efetivo, desses tribunais rurais paulistas criados em 1922 está mencionada pela bibliografia corrente. Nesta linha, consultar, GOMES, Orlando; GOTTSCHALK, Elson. *Curso de Direito do Trabalho*. 5. ed. Rio de Janeiro: Forense, 1972. p. 615-616. Também, BATALHA, Wilson de Souza Campos. *Tratado de Direito Judiciário do Trabalho*. São Paulo: LTr, 1977. p. 170-171. Na mesma direção, NASCIMENTO, Amauri Mascaro. *Curso de Direito Processual do Trabalho*. 22. ed. 2. tir. São Paulo: Saraiva, 2007, p. 48-49.

(171) Conforme GOMES, Orlando; GOTTSCHALK, Elson. *Curso de Direito do Trabalho*. 5. ed. Rio de Janeiro: Forense, 1972. p. 616. Na mesma linha, BATALHA, Wilson de Souza Campos. *Tratado de Direito Judiciário do Trabalho*. São Paulo: LTr, 1977. p. 171-173. Também, NASCIMENTO, Amauri Mascaro. *Curso de Direito Processual do Trabalho*. 22. ed. 2. tir. São Paulo: Saraiva, 2007. p. 49-51.

Em 1939, o Decreto-lei n. 1.237 promoveu a instituição e estruturação formal da Justiça do Trabalho, embora ainda vinculada ao Poder Executivo. Sua instalação e inauguração efetivas não se concretizaram imediatamente, contudo.

Em 1941, realizou-se a inauguração e real funcionamento da Justiça do Trabalho no Brasil, estruturada pelo Decreto-lei n. 1.237/1939[172].

2. Inauguração

A Justiça do Trabalho foi instituída e estruturada por meio do Decreto-lei n. 1.237, de 1º de maio de 1939. Foi instalada e entrou em efetivo funcionamento, inaugurando-se em todo o País, em 1º de maio de 1941.

Seu caráter federal e republicano evidenciava-se de distintas maneiras, a contar pela presença de uma corte nacional, o então chamado Conselho Nacional do Trabalho — CNT —, com sede na capital da República (Rio de Janeiro).

Também denotava sua estruturação federal e nacional a presença de órgãos colegiados de segundo grau ao longo de todo País (então denominados Conselhos Regionais do Trabalho — CRTs), distribuídos em oito grandes regiões, que eram centralizadas nos maiores estados brasileiros, do ponto de vista populacional, com sede nas respectivas capitais do estado matriz. As regiões originais abrangiam, naturalmente, outros estados e territórios pátrios, de modo a englobar toda a federação.

As regiões pioneiras foram as seguintes: 1ª: Rio de Janeiro, com sede na então capital da República; 2ª: São Paulo, com sede na capital do estado, São Paulo; 3ª: Minas Gerais, com sede em Belo Horizonte; 4ª: Rio Grande do Sul, com sede em Porto Alegre; 5ª: Bahia, sediada em Salvador; 6ª: Pernambuco, com sede em Recife; 7ª: Ceará, sediada em Fortaleza; 8ª Região: Pará, com sede em Belém.

Os Juízos de primeiro grau correspondiam às Juntas de Conciliação e Julgamento, as quais, na época da inauguração, representavam poucas dezenas em todo o Brasil. Em 1945, por exemplo, havia somente 31 Juntas de Conciliação e Julgamento no País, que passaram a 39 em 1947. Ou seja, inicialmente, portanto, a Justiça do Trabalho estava presente em apenas algumas poucas grandes cidades brasileiras[173].

Nesse primeiro momento de inauguração, a Justiça do Trabalho mantinha-se no âmbito do Poder Executivo, embora o Decreto-lei n. 1.237/1939 já autorizasse a execução de suas próprias decisões, procedimento que se realizava no plano da primeira instância trabalhista.

---

(172) A respeito de tais fatos e datas, consultar, além das três obras e autores já mencionados nas notas precedentes, as seguintes referências: GOMES, Ângela de Castro. Retrato falado: a Justiça do Trabalho na visão de seus magistrados. *In: Revista Estudos Históricos*, Rio de Janeiro, Fundação Getúlio Vargas, n. 37, p. 55-80, jan./jun. 2006 (Acesso em: <cpdoc.fgv.br/revista/> da Biblioteca Digital da FGV). Também BIAVASKI, Magda Barros. *O Direito do Trabalho no Brasil* – 1930-1942 – a construção do sujeito de direitos trabalhistas. São Paulo: LTr, 2007.

(173) Fonte: Tribunal Superior do Trabalho – Coordenadoria de Estatística e Pesquisa – 2011.

Embora tendo jurisdição por largos espaços geográficos, as Juntas de Conciliação e Julgamento não abrangiam, como visto, todos os municípios brasileiros, razão pela qual se tornou necessária a extensão da jurisdição trabalhista aos Juízes de Direito, relativamente aos locais não abrangidos por JCJs — medida já determinada pelo próprio Decreto-lei n. 1.237/1939.

Com a democratização do País em 1945/1946, os debates constituintes direcionaram-se no sentido de incorporar a Justiça do Trabalho ao Poder Judiciário, suplantando sua origem administrativa. Nesse contexto, dias antes da promulgação da nova Constituição, o Decreto-lei n. 9.777, de 9.9.1946, estruturou o processo de sua próxima incorporação ao sistema judicial.

A nova Constituição, finalmente, promulgada em 18 de setembro de 1946, constitucionalizou a existência da Justiça do Trabalho, com sua plena integração ao Poder Judiciário brasileiro, inclusive no tocante às garantias clássicas asseguradas à magistratura.

Deixou a Justiça do Trabalho o âmbito do Poder Executivo, onde surgira. Nesse novo quadro institucional, os CRTs receberam nova designação — Tribunais Regionais do Trabalho —, passando o CNT a ser denominado Tribunal Superior do Trabalho.

Não obstante sua integração ao Judiciário, a Justiça do Trabalho manteve sua peculiaridade de ser constituída por órgãos paritários, com a presença de *juízes togados* ao lado da *representação classista*, composta por representantes de empregadores e de empregados. Em primeiro grau, as JCJs eram integradas por um Juiz do Trabalho e dois representantes leigos, o vogal representante dos empregadores e o vogal representante dos empregados. A paridade estava presente também nos TRTs e no Tribunal Superior do Trabalho.

III. Afirmação da Justiça do Trabalho

Entre 1946 e 1988 — datas que separam as duas grandes constituições republicanas democráticas brasileiras —, a Justiça do Trabalho alcançou sua afirmação histórica.

Em um primeiro instante, de 1946 a 1964, essa afirmação ocorreu por meio de significativa integração do novo ramo do Judiciário à fase de manifestos avanços econômicos e sociais experimentados pelo País no período.

Curiosamente, no segundo instante, de 1964 a 1988 (ou, pelo menos, 1985, final do regime autoritário), essa afirmação deu-se por meio da preservação de sua estrutura e de seu papel jurídico, em fase de evidente resistência ao trato das questões sociais, coletivas e democráticas na conjuntura nacional.

1. Período democrático de 1946 a 1964

A Constituição de 1946, como visto, conferiu *status* magno à Justiça do Trabalho, integrando-a, com todos os poderes e prerrogativas, ao Poder Judiciário Federal. A partir de então, rapidamente destacou-se no cenário institucional e social do País.

No plano institucional, o destaque se deu por despontar como segmento efetivamente célere e eficaz do Judiciário, conferindo resposta pronta e efetiva aos litígios postos a seu exame. Por décadas, o Processo do Trabalho e seus magistrados aprofundaram a especificidade e a eficiência de seu *modus operandi* processual, quer no plano das lides individuais, quer no plano das lides coletivas, demarcando a existência de inquestionável novo paradigma no tocante ao funcionamento do Judiciário.

No plano social, o destaque se deu por despontar como segmento judicial dotado de notável reconhecimento da comunidade, que rapidamente se integrou às dinâmicas mais importantes dos conflitos individuais e coletivos trabalhistas. Brandindo ramo jurídico eminentemente popular e social — o Direito do Trabalho —, a Justiça do Trabalho granjeou intenso movimento processual e prestígio público já nos primeiros anos de sua instalação, conforme anotado pelo jurista Oscar Saraiva no início da década de 1950: "*(seus) órgãos, datando de um decênio, já se radicaram nos costumes e na consciência popular, que neles se encontra a última expressão da garantia dos direitos assegurados pela legislação trabalhista.*"(174)

Ao longo dos 18 anos de democracia entre 1946 e 1964, a Justiça do Trabalho aprofundaria sua inserção na sociedade urbana e industrial brasileira, seja em face das disputas individuais levadas a seu exame, ou no tocante aos processos de dissídios coletivos, que se tornaram extremamente importantes nessa fase.

A historiadora Larissa Rosa Corrêa, pesquisando o papel da Justiça do Trabalho e do Direito Trabalhista entre 1953 e 1964, produz conclusão que impressiona:

> *A Justiça do Trabalho se transformou em um terreno fértil para a construção de uma identidade da classe trabalhadora fomentada pela luta por direitos. A experiência no campo da lei possibilitava aos trabalhadores elaborar estratégias que lhes permitiam negociar com os patrões dentro dos limites do mundo legal. Enquanto os primeiros procuravam encontrar na legislação um espaço para garantir e reivindicar direitos, os empregadores tentavam encontrar qualquer brecha, ambiguidade ou contradição legal para impedir e, até mesmo, se esquivar dos deveres trabalhistas. Assim, nos artigos de jornais, nas atividades do Departamento Jurídico, nos plantões dos sindicatos, nas estatísticas da Justiça do Trabalho, nos cursos oferecidos para discutir e analisar a legislação trabalhista, enfim, em tudo é possível verificar o quanto a Justiça do Trabalho estava presente nas relações entre patrão-operário.*(175)

O segredo do rápido sucesso público da Justiça do Trabalho residia no fato de conferir efetividade a uma ordem jurídica nova, especialmente dirigida a regular as relações de emprego características do sistema capitalista em expansão no Brasil. Profundamente diverso do clássico Direito Civil — notoriamente individualista e não intervencionista,

(174) SARAIVA, Oscar, *apud* LEITE, Yara Muller. Empregador e empregado na Justiça do Trabalho. Rio de Janeiro: Freitas Bastos, 1954. *In:* CORRÊA, Larissa Rosa. *A tessitura dos direitos:* patrões e empregados na Justiça do Trabalho, 1953-1964. São Paulo: LTr, 2011. p. 26.

(175) CORRÊA, Larissa Rosa. *A tessitura dos direitos:* patrões e empregados na Justiça do Trabalho, 1953-1964. São Paulo: LTr, 2011. p. 216.

moldado para reger essencialmente relações entre sujeitos com igualdade ou semelhança de poder —, o jovem Direito do Trabalho era, ao revés, economicamente distributivista, intervencionista no contrato de emprego e com forte senso coletivo em sua diretriz geral. Em razão dessas características, o novo segmento jurídico decididamente deflagrava significativo e ágil processo de inclusão social, cultural e econômica das incontáveis levas de trabalhadores que chegavam às cidades em crescimento em diversas partes do País.

Naturalmente que se está falando, entre 1945 e 1964, de um segmento judicial que ainda não penetrava em todo o interior da sociedade e do território brasileiros, ficando circunscrito às capitais e grandes cidades. A Justiça do Trabalho, tal como o Direito Trabalhista à época, nos limites do pacto político informalmente estabelecido nas décadas de 1930 a 1945, não chegara ao campo, mantendo estrutura urbana não muito distinta daquela que lhe fora conferida em 1º de maio de 1941. Ilustrativamente, não se criaram quaisquer novos Tribunais Regionais do Trabalho entre 1946 e 1964 e nem se disseminaram as Juntas de Conciliação e Julgamento pelas cidades brasileiras, embora tivesse ocorrido crescimento no número de JCJs na época, até atingir 137 no ano de 1964. Mas, seguramente, não se pode considerar alcançada a real interiorização da Justiça do Trabalho no período.

Naturalmente, houve um processo de criação paulatina de novas Juntas de Conciliação e Julgamento entre 1946 e 1964, mas sem permitir a efetiva interiorização da Justiça do Trabalho no largo território brasileiro. De 1945 a 1964, ilustrativamente, o número de JCJs passou de 31 para 137, um crescimento expressivo, porém incapaz de ultrapassar a zona urbana e desenvolvida da sociedade e economia do Brasil. Quanto aos TRTs, a primeira criação em seguida a 1946 somente ocorreu quase 30 anos depois, em 1975, quando foi instituído o Tribunal Regional do Trabalho da 9ª Região, com sede em Curitiba-PR(176).

Esse relativo isolamento da Justiça do Trabalho aos maiores centros urbanos respondia também à circunstância de não ser ainda o Direito do Trabalho aplicável às relações empregatícias rurais, omissão que propiciava irreprimível exercício do poder oligárquico rural sobre os trabalhadores do campo. Tal pacto político de exclusão das áreas rurais brasileiras da influência da nova ordem jurídica trabalhista, expressado no primitivo art. 7º, "*b*", da CLT, apenas começou a ser suplantado em 2 de junho de 1963, quando entrou em vigor o Estatuto do Trabalhador Rural (Lei n. 4.214/1963), revogando, tacitamente, o excludente art. 7º, "*b*", da Consolidação, e estendendo direitos trabalhistas aos rurícolas.

2. Período autoritário de 1964 a 1985

As duas décadas do período ditatorial iniciado em 1964 propiciaram o surgimento de fase curiosa com respeito à Justiça do Trabalho: é que, apesar de o novo regime ser manifestamente refratário aos movimentos sociais e coletivos trabalhistas, não se propôs

(176) Fonte de dados sobre JCJs e TRTs: Tribunal Superior do Trabalho – Coordenadoria de Estatística e Pesquisa.

a desconstruir o sistema judicial trabalhista, até mesmo possibilitando certa ampliação e interiorização de sua estrutura no território e sociedade brasileiros.

No período de cerca de duas décadas, foram criados quatro Tribunais Regionais do Trabalho, a saber: 9ª Região, com sede em Curitiba (Lei n. 6.241, de 1975); 10ª Região, com sede em Brasília (Lei n. 6.927, de 1981); 11ª Região, com sede em Manaus (Lei n. 6.915, de 1981); e 12ª Região, com sede em Florianópolis (Lei n. 6.928, de 1981).

Foram também criadas novas Juntas de Conciliação e Julgamento na época, em continuidade ao processo de disseminação da Justiça do Trabalho no território brasileiro. O número de JCJs passou de 137, em 1964, para 382, em 1984[(177)].

No plano do Direito Coletivo do Trabalho, a ordem jurídica buscou restringir a atuação dos tribunais do trabalho, em especial no tocante à fixação de reajustamentos de salários. Não obstante, em face do refluxo operário e da repressão ao movimento sindical, os dissídios coletivos mantiveram-se como importante canal de veiculação de reivindicações coletivas no sistema jurídico trabalhista brasileiro.

IV. Constituição de 1988 e Justiça do Trabalho – a consagração da Justiça Social

O período descortinado pela Constituição de 1988 é de notável importância na história da Justiça do Trabalho. Corresponde à fase de sua plena consagração como lídimo segmento concretizador da justiça social no campo do Judiciário brasileiro.

O novo período constitucional foi precedido por quase quatro anos da Nova República, fase iniciada em março de 1985, com a superação do regime militar. Essa fase imediatamente anterior à Constituição já hauria as fortes orientações sociais que iriam se consumar em princípios e regras explícitos do Texto Máximo promulgado em 5.10.1988.

Nesse quadro de novos ventos democráticos e socialmente inclusivos, acelerou-se o processo de generalização da estrutura da Justiça do Trabalho no Brasil, criando-se, em apenas 3 anos e meio, quatro novos tribunais regionais no território nacional: 13ª Região, com sede em João Pessoa (Lei n. 7.324, de 1985); 14ª Região, com sede em Porto Velho (Lei n. 7.523, de 1986); 15ª Região, com sede em Campinas (Lei n. 7.520, de 1986); e 16ª Região, com sede em São Luís (Lei n. 7.671, de 21.9.1988).

A Constituição de 1988, entretanto, é que iria ter notável clareza quanto ao papel inclusivo e democrático da Justiça do Trabalho no sistema institucional brasileiro, compreendida como decisivo vértice da noção de justiça social no País.

Assim, determinou a Lei Maior, em seu texto original de 1988, a extensão dos tribunais do trabalho aos distintos estados da Federação. Nesse quadro, oito tribunais regionais foram criados desde a nova Constituição: 17ª Região, com sede em Vitória (Lei n. 7.872, de 1989); 18ª Região, com sede em Goiânia (Lei n. 7.873, de 1989); 19ª Região, com sede em Maceió (Lei n. 8.219, de 1991); 20ª Região, com sede em Aracaju (Lei

(177) Os dados sobre criação de JCJs e TRTs foram indicados pela Coordenadoria de Estatística e Pesquisa do Tribunal Superior do Trabalho (TST), em junho de 2011.

n. 8.233, de 1991); 21ª Região, com sede em Natal (Lei n. 8.215, de 1991); 22ª Região, com sede em Teresina (Lei n. 8.221, de 1991); 23ª Região, com sede em Cuiabá (Lei n. 8.430, de 1992); e 24ª Região, com sede em Campo Grande (Lei n. 8.431, de 1992)[178].

A Constituição também direcionou forte incremento na rede de juízos de primeira instância nas diversas localidades dos estados brasileiros. Número expressivo de juízos de primeiro grau foram criados desde 5.10.1988, ultrapassando o montante de *mais de 850 novas Varas Trabalhistas* (antigas Juntas de Conciliação e Julgamento), além de se ter ampliado o número de Juízes do Trabalho por unidade judicial[179]. Considerado o início do ano de 2011, o País possui mais de 1.370 Varas do Trabalho, com mais de 2.300 Juízes do Trabalho de 1ª instância em todo o Brasil, de modo a assegurar significativa presença da Justiça Trabalhista em todo o território nacional, mesmo nas áreas interioranas e preponderantemente rurais[180].

Se computadas as autorizações legais surgidas em 2011 quanto à criação de Varas e cargos de Juiz, os totais atingiriam 1.450 Varas Trabalhistas e em torno de 2.460 Juízes de 1º Grau em todo o Brasil.

Em pesquisa anteriormente elaborada por um dos autores deste artigo, alinhavou--se esse destacado comando generalizador e inclusivo oriundo da Constituição de 5.10.1988[181]:

Sua primeira medida estratégica foi generalizar a estrutura judicial trabalhista para todos os rincões do Brasil, suplantando a anterior inserção desse aparato público

(178) O art. 112 da Constituição de 1988 determinava a existência de, pelo menos, um TRT em cada Estado e no Distrito Federal. Teve sua redação alterada, contudo, pela Emenda Constitucional n. 45/2004, suprimindo-se esse comando institucional à União. No entanto, em 2004, data da EC n. 45, praticamente já se cumprira a determinação essencial do preceito constitucional primitivo, uma vez que todos os grandes estados federais sediavam cortes regionais trabalhistas (na verdade, em 2010, todos os estados federais com mais de 2 milhões de habitantes já possuíam TRTs). Não havia TRTs, na época (e até hoje, dezembro de 2011), somente nos estados mais escassamente populosos, quais sejam, Roraima (cerca de 450 mil habitantes em 2010), Amapá (cerca de 670 mil habitantes em 2010), Acre (cerca de 730 mil habitantes em 2010) e Tocantins (cerca de 1.380 mil habitantes em 2010). Todos os demais estados e o DF passaram a sediar pelo menos um TRT (São Paulo, com mais de 40 milhões de habitantes em 2010, possui dois TRTs, o da 2ª Região e o da 15ª Região).

(179) A partir da Emenda Constitucional n. 24, de 1999, com a extinção da representação classista, as Juntas de Conciliação e Julgamento desapareceram, passando a existir, em seu lugar, simplesmente as Varas do Trabalho, sob direção do Juiz do Trabalho.

(180) Considerado o período entre o fim do regime militar (março de 1985) e o início do ano de 2011, em torno de 1.000 novas Varas do Trabalho (ex-JCJs) foram criadas, passando de 382 a mais de 1.370, em crescimento de cerca de 258% em 26 anos. *Registre-se, ademais, que, entre maio e junho de 2011, a Presidenta da República, Dilma Roussef, promulgou cinco diplomas legais (Leis ns. 12.427, 12.411, 12.426, 12.423 e 12.420, todas de 2011), criando novas Varas do Trabalho e novas vagas de Juízes do Trabalho, titulares e substitutos, em cinco regiões brasileiras (2ª, 7ª, 16ª, 22ª e 23ª), totalizando mais 84 Varas Trabalhistas e 160 cargos de Magistrados* (números que não foram ainda inseridos dentro dos totais lançados no presente texto; caso inseridos, os totais atingem mais de 1.450 Varas Trabalhistas e cerca de 2.460 Magistrados Trabalhistas de 1º Grau no País). Isso demonstra que o direcionamento constitucional no sentido de reforçar e ampliar a Justiça do Trabalho tem tido efetivo cumprimento pelo Estado brasileiro.

(181) DELGADO, Mauricio Godinho. Efetividade da Justiça nas relações individuais e coletivas do trabalho. *In: Revista LTr*, São Paulo, LTr, ano 74, n. 06, p. 647-651, junho de 2010. Esse mesmo texto foi adaptado e inserido no presente livro, no Capítulo X, sob o título *"Justiça do Trabalho e Sistema Trabalhista – elementos para a efetividade do Direito do Trabalho e do Direito Processual do Trabalho no Brasil"*.

apenas nos grandes centros urbanos do País. A generalização fez-se não somente em primeiro grau — o que é mais relevante, do ponto de vista jurídico, institucional e econômico —, como também no plano dos tribunais regionais do trabalho.

Desse modo, o número de varas trabalhistas passou de, aproximadamente, 490 em 1988 para mais de 1.370 no ano de 2009, uma expansão de cerca de 180% em duas décadas(182)*. Além disso procurou-se implementar a presença de igual número de Juízes Substitutos em correspondência a cada Vara do Trabalho e Juiz Titular existentes, inaugurando-se, tempos depois de 1988, a partir da experiência de São Paulo (2ª Região), até mesmo a designação de dois Juízes Substitutos por Juiz Titular e Vara do Trabalho existentes. Há no País, nesta época (2009), mais de 2300 Juízes do Trabalho, entre titulares e substitutos, uma expansão de mais de 130% perante 1988, se considerados exclusivamente os juízes togados de primeira instância.*

Ora, a estruturação de um aparelho judiciário de 1ª Instância diversificado em todos os mais significativos rincões do País, com corpo técnico e administrativo concursado, garantindo notável capilaridade ao sistema judicial trabalhista, é elemento decisivo ao bom funcionamento de um modelo legislado de ordem jurídica.

Essa generalização do Judiciário do Trabalho fez-se também por meio da criação de vários novos TRTs em distintos estados brasileiros, até atingir a marca de um Tribunal Regional por estado relativamente populoso, assegurando-se, em consequência, condições de celeridade e efetividade à prestação jurisdicional no âmbito de toda a denominada instância ordinária (1º e 2º Graus).(183)

No plano do Tribunal Superior do Trabalho, finalmente, restaurou-se a composição plenária clássica da instituição, com a reposição das 10 vagas de Ministro resultantes da extinção da representação classista naquela Corte.(184)

No contexto criado pela Constituição, novo avanço relevante ocorreu em 1999, com a extirpação da representação classista no Judiciário Trabalhista, por meio da Emenda Constitucional n. 24, de 9 de dezembro de 1999. Com isso, a Justiça do Trabalho pôde aperfeiçoar sua feição técnico-jurídica, criando condições para a mais nítida melhoria no exercício da prestação jurisdicional.

---

(182) Até 1999, o Judiciário Trabalhista de 1ª Instância organizava-se nas *Juntas de Conciliação e Julgamento*, com um Juiz do Trabalho e dois representantes paritários classistas sindicais. Extinta a representação classista paritária sindical pela EC n. 24, de 9 de dezembro de 1999, os Juízes do Trabalho, titulares e substitutos, passaram a atuar, monocraticamente, nas respectivas Varas Trabalhistas resultantes.

(183) Antes da Constituição de 1988, existiam 15 TRTs instalados em todo o País (São Paulo, excepcionalmente, possuía dois: o TRT da 2ª Região, abrangendo a Capital, área metropolitana e outros municípios próximos, ao lado do TRT da 15ª Região, com sede em Campinas e competência territorial sobre centenas de municípios do interior do estado). O TRT da 16ª Região (MA), criado por lei em 1988, foi efetivamente instalado em 1989. A partir da nova Constituição, foram instalados 8 novos Tribunais Regionais (expansão de 50%), de modo que, hoje, apenas quatro estados com reduzida população não possuem tribunal trabalhista próprio (no caso, somente Acre, Amapá, Roraima e Tocantins, os quais estão abrangidos por outros tribunais regionais sediados em estados maiores e próximos, respectivamente 14ª Região, 8ª Região, 11ª Região e 10ª Região). Há 24 TRTs, no total, hoje no País.

(184) A EC n. 45, de 2004, é que determinou a reposição dessas 10 vagas, as quais somente tiveram seu provimento completado no final de 2007, restaurando-se o montante de 27 cargos de Ministros naquela Corte.

Ainda nesse mesmo contexto cultural, desponta a EC n. 45, de 9 de dezembro de 2004, que alargou a competência da Justiça do Trabalho para relações de trabalho não empregatícias, lides intersindicais e litígios entre empregadores e União, em face dos atos praticados pela auditoria fiscal trabalhista (nova redação do art. 114 e incisos da Lei Magna). Além disso, o novo texto reformado eliminou dúvidas reiteradas da jurisprudência acerca da competência judicial especializada(185).

A Constituição de 1988 é, pois, terreno fértil a propiciar a expansão da estrutura da Justiça do Trabalho, tanto em relação às Varas do Trabalho, como no tocante aos Tribunais Regionais.

Para além do incentivo à ampliação do quadro estrutural da Justiça Trabalhista propiciado pelo período democrático pós-1988, o Texto Constitucional também revigora a tese de compreensão da Justiça do Trabalho enquanto instrumento de justiça social.

Portanto, a Constituição de 1988 também fortalece o sentido axiológico atribuído à Justiça do Trabalho, fundado e ancorado no valor da justiça social, e que deve vincular a interpretação e aplicação do Direito no marco do Estado Democrático de Direito. Ou seja, a Justiça do Trabalho é considerada um dos mais sólidos e democráticos instrumentos jurídicos e institucionais para a concretização da dignidade do ser humano e dos direitos fundamentais nos conflitos de interesses do mundo do trabalho.

V. Conclusão

A História da Justiça do Trabalho destaca-se como enigmática evolução no sentido afirmativo de instituição direcionada à justiça social na estrutura da sociedade civil e Estado brasileiros.

Iniciando-se, aparentemente, como um experimento datado, integrante das políticas sociais elaboradas nas décadas de 1930 a 1945, afirmou sua identidade e seu papel social, econômico e jurídico no período democrático subsequente (1945-64), preservando-se e se impondo também na regressão autoritária de 1964 a 1985.

Com a democratização do País em 1985 e subsequente promulgação da Constituição de 1988, encontrou seu inteiro papel como a Justiça Social da República brasileira, contribuindo, decisivamente, para a realização da essencial função de desmercantilizar o trabalho humano no moinho incessante da economia e da sociedade.

Em sociedade civil e Estado fundados na dignidade da pessoa humana, na valorização do trabalho e especialmente do emprego, na submissão da propriedade à sua função social e ambiental — em conformidade com o que determina a Constituição —, é imprescindível a existência de uma sólida e universalizada estrutura dirigida à efetividade do Direito do Trabalho na vida econômica e social, inclusive com um segmento

(185) Entre as dúvidas eliminadas, situam-se as relativas ao exercício do direito de greve e as concernentes a indenizações por dano moral e material. Por outro lado, a amplitude da expressão *relação de trabalho* tem propiciado dissidências interpretativas no âmbito da doutrina e jurisprudência dos últimos anos.

especializado, célere e eficiente de acesso ao Judiciário e de efetivação da ordem jurídica. Nesse sistema, cumpre papel decisivo a Justiça do Trabalho.

Os 70 anos de instalação da Justiça Social no Brasil correspondem a data memorável na construção de uma *sociedade livre, justa e solidária* (art. 3º, I, CF), que garanta *o desenvolvimento nacional* (art. 3º, II, CF), erradique *a pobreza e a marginalização* (e reduza) *as desigualdades sociais e regionais* (art. 3º, III, CF), promovendo *o bem de todos, sem preconceitos de origem, raça, sexo, cor, idade e quaisquer outras formas de discriminação* (art. 3º, IV, CF).

A Justiça Social brasileira desponta, assim, várias décadas após instalada, como instituição cardeal na edificação do projeto maior da Constituição da República Federativa do Brasil.

Referências bibliográficas

BATALHA, Wilson de Souza Campos. *Tratado de Direito Judiciário do Trabalho*. São Paulo: LTr, 1977.

BIAVASKI, Magda Barros. *O Direito do Trabalho no Brasil — 1930-1942* — a construção do sujeito de direitos trabalhistas. São Paulo: LTr, 2007.

CORRÊA, Larissa Rosa. *A tessitura dos direitos:* patrões e empregados na Justiça do Trabalho, 1953-1964. São Paulo: LTr, 2011.

DELGADO, Mauricio Godinho. Efetividade da Justiça nas relações individuais e coletivas do trabalho. *In: Revista LTr*, São Paulo, LTr, ano 74, n. 06, p. 647-651, jun. 2010.

GOMES, Ângela de Castro. Retrato falado: a Justiça do Trabalho na visão de seus magistrados. *In: Revista Estudos Históricos*, Rio de Janeiro, Fundação Getúlio Vargas, n. 37, p. 55-80, jan./jun. 2006 (Disponível em: <cpdoc.fgv.br/revista/> da Biblioteca Digital da FGV).

GOMES, Orlando; GOTTSCHALK, Elson. *Curso de Direito do Trabalho*. 5. ed. Rio de Janeiro: Forense, 1972.

NASCIMENTO, Amauri Mascaro. *Curso de Direito Processual do Trabalho*. 22. ed. 2. tir. São Paulo: Saraiva, 2007.

SARAIVA, Oscar *apud* LEITE, Yara Muller. Empregador e empregado na Justiça do Trabalho. Rio de Janeiro: Freitas Bastos, 1954. *In:* CORRÊA, Larissa Rosa. *A tessitura dos direitos:* patrões e empregados na Justiça do Trabalho, 1953-1964. São Paulo: LTr, 2011.

Capítulo IX
O Papel da Justiça do Trabalho no Brasil

Mauricio Godinho Delgado
Gabriela Neves Delgado

I. Introdução

O Poder Judiciário, de maneira geral, cumpre essencialmente duas principais funções na sociedade democrática constitucionalizada: dirimir conflitos por meio da aplicação da ordem jurídica e, ao mesmo tempo, estabelecer clareza e efetividade quanto ao sentido dessa ordem jurídica no plano do Estado e da sociedade civil.

Essas duas funções primordiais são, naturalmente, também cumpridas pela Justiça Trabalhista, segmento do Judiciário que é especializado no exame de litígios decorrentes do mundo do trabalho e das relações que lhe são próprias.

Seja na esfera das questões contratuais entre trabalhadores e empregadores ou tomadores de serviços, seja na esfera das questões coletivas entre trabalhadores e suas entidades sindicais em face dos entes coletivos no plano empresarial, a Justiça do Trabalho consiste em importante veículo de solução de conflitos, assim como é também o estuário principal de interpretação da ordem jurídica trabalhista na sociedade brasileira.

O que singulariza a Justiça do Trabalho em comparação com os demais segmentos judiciais é particularmente a circunstância de compor amplo sistema de proteção jurídica em direção à desmercantilização da força de trabalho no contexto econômico e social.

São distintos os sistemas de desmercantilização do trabalho gerados na história ocidental. No interior desses sistemas, o segmento judicial pode cumprir papel relevante. A Justiça do Trabalho, onde existe, é parte desse sistema complexo de desmercantilização.

No Brasil, sua existência data das décadas de 1930 e 1940, mantendo-se hígida e até mesmo se expandindo nos setenta anos subsequentes.

A Constituição de 1988, finalmente, confere a esse segmento do Poder Judiciário novo padrão, não somente em face de sua amplitude nacional então concretizada, como também em decorrência da sedimentação de seu papel desmercantilizador classicamente assentado décadas atrás.

II. Sistemas de desmercantilização do trabalho no capitalismo e na democracia

"O trabalho não é uma mercadoria" — proclama o primeiro dos princípios fundamentais da Organização Internacional do Trabalho, em conformidade com a

Declaração Relativa aos Fins e Objetivos da OIT, firmada na Filadélfia, EUA, em 10 de maio de 1944 ("Declaração de Filadélfia — Anexo")(186).

Esse simples e abrangente enunciado da Organização Internacional do Trabalho, entidade criada em 1919 pelo Tratado de Versalhes, sintetiza a diretriz central de atuação dos movimentos sociais trabalhistas desde meados do século XIX, na Europa Ocidental, descortinando a *essência da direção normativa do Direito do Trabalho* desde sua origem há mais de século e meio passados até a atualidade.

De fato, os sistemas jurídicos surgidos no mundo ocidental, de 1848 em diante, voltados a estruturar e reger as relações trabalhistas no capitalismo, notadamente sob o marco do advento e avanço da democracia nos países europeus e das Américas, são sistemas que, em maior ou menor grau, buscam concretizar a grande diretriz explicitada posteriormente pelo princípio da OIT, ou seja, *desmercantilizar, ao máximo, o trabalho nos marcos da sociedade capitalista*(187).

Grosso modo, são dois os padrões de estruturação institucional e normativa dos sistemas jurídicos trabalhistas, a partir das experiências matrizes ocidentais, *considerados os marcos da sociedade democrática*: o modelo de *normatização autônoma e privatística* (ou *modelo negociado*, segundo expressão mais corrente hoje) e o modelo de *normatização privatística mas subordinada* (ou *modelo legislado*, segundo a linguagem dos dias atuais).

Ambos os modelos são plenamente compatíveis com experiências democráticas de organização e regência da sociedade política e da sociedade civil; ambos também são claramente interventivos nos contratos de trabalho, embora no primeiro a intervenção se faça mediante poderosa atuação sindical, ao passo que no segundo a imperatividade da norma estatal trabalhista cumpra destacado papel jurídico (papel maior ou menor, segundo a peculiaridade de cada país). Ambos criam uma estruturação complexa de regras jurídicas voltadas a diminuir e controlar o poder empresarial no âmbito dos contratos de emprego e da gestão trabalhista: no primeiro caso, instrumentos coletivos negociados e instituições representativas sólidas, com participação decisiva das entidades sindicais obreiras, dotadas de significativas prerrogativas jurídicas e institucionais em sua estruturação e vivência; no segundo caso, mediante instrumentos coletivos negociados sindicais, mas também pela relevante legislação trabalhista estatal.

O segundo modelo, é verdade, conheceu variante autoritária durante a primeira metade do século XX, em que se exacerbaram suas características intervencionistas e

---

(186) A respeito, consultar, o texto de DELGADO, Gabriela Neves Delgado. Princípios internacionais do Direito do Trabalho e do Direito Previdenciário. *In:* SENA, Adriana Goulart de; DELGADO, Gabriela Neves; NUNES, Raquel Portugal (Coords.). *Dignidade e inclusão social:* caminhos para a efetividade do Direito do Trabalho no Brasil. São Paulo: LTr, 2010. p. 451-463. Consultar também SÜSSEKIND, Arnaldo. *Direito Internacional do Trabalho*. 3. ed. São Paulo: LTr, 2000. p. 23-26. Ver ainda SÜSSEKIND, Arnaldo. *Convenções da OIT e outros tratados*. 3. ed. São Paulo: LTr, 2007. p. 13-30.

(187) Sobre o papel do Direito do Trabalho como instrumento de desmercantilização (desmercadorização) do trabalho na sociedade econômica, consultar a historiadora LOBO, Valéria Marques. *Fronteiras da cidadania:* sindicatos e (des)mercantilização do trabalho no Brasil (1950-2000). Belo Horizonte: Argumentum, 2010. p. 11-23, especialmente.

publicistas, dando origem a sistemas trabalhistas quase que estritamente legislados, sem qualquer espaço real para a livre organização e atuação das entidades sindicais dos trabalhadores e, muito menos, para a negociação coletiva trabalhista. Tratava-se dos experimentos fascistas e nazistas que vicejaram entre as décadas de 1920 e 1940, até o final da Segunda Guerra Mundial, com reflexos em países latino-americanos, inclusive no Brasil.

Porém, essa variante autoritária (modelo de *normatização estatal subordinada*) não invalida ou obscurece a importância histórica do modelo legislado democrático, que se mostrou, ao longo de décadas, notavelmente ajustado e partícipe da construção democrática no Ocidente, respeitadas suas feições peculiares em cada realidade nacional. Hoje, a propósito, o modelo legislado é claramente dominante em importantes países europeus notoriamente democráticos (França, por exemplo, e, de certo modo, Alemanha) e em países latino-americanos de destaque, como, ilustrativamente, Brasil, México e Argentina.

É inegável que o processo de efetiva e ampla desmercantilização do trabalho realizado pelo modelo de normatização autônoma e privatística (modelo negociado) supõe o respeito profundo à atuação sindical, com o reconhecimento às entidades sindicais de prerrogativas e poderes até mesmo inimagináveis nas ordens jurídicas de direito legislado — por exemplo, os impressionantes poderes das cláusulas *closed shop* e *union shop*, por mais de um século presentes no sistema sindical da Inglaterra[(188)]. Tais enormes poderes conferidos aos sindicatos tornaram menos relevante a existência de regra legal imperativa do Estado na direção da desmercantilização do trabalho, uma vez que esta já despontava garantida no próprio plano da sociedade civil.

Com o advento, entretanto, da hegemonia neoliberal no Ocidente, desde finais dos anos de 1970, o modelo negociado clássico perdeu parte importante de sua eficiência desmercantilizadora, em face dos significativos assédios e restrições direcionados aos sindicatos desde então nos países matrizes desse modelo, com destaque para a Inglaterra e os EUA.

III. Desmercantilização do trabalho e sistemas judiciais

Em qualquer sociedade democrática constitucionalizada, o Poder Judiciário cumpre, essencialmente, duas funções: a) *dirimir conflitos despontados na sociedade civil, no interior do Estado ou entre essas esferas e/ou seus integrantes*; b) *conferir clareza e efetividade à própria ordem jurídica imperante nessa sociedade civil e nesse Estado.*

Essa duplicidade de funções comparece, de maneira geral, com respeito à Justiça do Trabalho ou segmento judicial congênere existente.

Nem todos os países construíram ramos especializados do Judiciário para dirimir conflitos trabalhistas (Justiça do Trabalho) e nem todas as construções existentes são

(188) Tais cláusulas de reforço sindical, guardadas suas peculiaridades, conferiam verdadeiro monopólio aos sindicatos no tocante à contratação de trabalhadores pelas respectivas empresas. Nos sistemas constitucionais de direito legislado, tais cláusulas têm sido, tradicionalmente, consideradas inválidas.

parecidas. Porém, os diversos exemplos históricos demonstram a possibilidade da existência de órgãos judiciais trabalhistas especializados em quaisquer dos sistemas jurídicos padrões, sejam os negociados, sejam os legislados. Naturalmente que é mais comum a presença de um segmento judicial trabalhista especializado nos sistemas de normatização privatística mas subordinada (os ditos *sistemas legislados*), embora haja alguns exemplos concretos relativos a típicos sistemas negociados.

Entre os exemplos existentes, é mais comum a presença de um sistema judicial de primeiro grau especializado em matéria trabalhista, usualmente composto por órgão tripartite (uma autoridade estatal e dois representantes paritários de empregadores e empregados). Esse é o modelo dos *Conseils de Prud'hommes*, órgão pioneiro da França da primeira metade do século XIX. Observe-se também o modelo judicial alemão da Constituição de Weimar (1919-1933), "em que as cortes de primeira instância se compunham de um presidente e um vice-presidente (juízes togados), apontados pela administração de justiça do Estado, e dois juízes leigos representando empregadores e empregados, cada um desses últimos escolhido pelo presidente da corte distrital ordinária a partir de uma lista de candidatos preparada por sindicatos de trabalhadores e associações patronais"(189).

A propósito, a Alemanha subsequente à Segunda Guerra Mundial instituiu sistema judicial muito semelhante ao brasileiro, com três níveis de organização institucional e de competência decisória dentro da mesma instituição judicial especializada (Justiça do Trabalho): os tribunais do trabalho, de primeiro grau, com composição paritária leiga, ao lado do juiz togado (composição similar à das antigas Juntas de Conciliação de Julgamento brasileiras, extintas pela Emenda Constitucional n. 24/1999); os tribunais especiais do trabalho, que têm âmbito regional; e, finalmente, o Tribunal Federal do Trabalho, um dos cinco tribunais superiores da República da Alemanha.

Há casos, mais raros, em que a Justiça do Trabalho exerceu, concomitantemente às duas funções judiciais clássicas mencionadas, uma terceira função, específica do âmbito do Direito Coletivo do Trabalho: a de fixar normas e condições de trabalho para trabalhadores e empregadores de certa empresa ou de certo segmento empresarial.

Trata-se da singular prerrogativa de criar regras jurídicas para incidir sobre certa comunidade trabalhista, em exercício de atuação mais própria ao Poder Legislativo ou, no plano da sociedade civil, própria à negociação coletiva trabalhista. Consiste no poder normativo (assim denominado no caso brasileiro) ou do poder arbitral (mais próximo à experiência da Austrália e da Nova Zelândia, por exemplo) conferido por essas ordens jurídicas aos tribunais do trabalho.

Esse poder legiferante anômalo, de caráter normativo ou arbitral, surgiu, inicialmente, nas experiências da Austrália e da Nova Zelândia (primeiros anos do século XX), constando também, posteriormente, do sistema corporativista autoritário italiano,

(189) SILVA, Fernando Teixeira da. Justiça do Trabalho Brasileira e Magistratura *Del Lavoro* Italiana: apontamentos comparativos. *In:* CAIXETA, Maria Cristina Diniz *et alii* (Orgs.). *IV Encontro Nacional da Memória da Justiça do Trabalho – cidadania:* o trabalho da memória. São Paulo: LTr, 2010. p. 66.

criado no período do fascismo (décadas de 1920 a 1940). Com a instalação da Justiça do Trabalho no Brasil, em 1941, iria também caracterizar esse sistema jurídico nacional.

É, contudo, padrão que não se generalizou em distintas experiências nacionais do Ocidente, provavelmente pela circunstância de constituir forte concorrente normativo à negociação coletiva sindical, traduzindo, ademais, intervenção desproporcional do Estado no âmbito de matéria e de dinâmica próprias à atuação dos sindicatos e da negociação coletiva trabalhista. Afinal, não se trata de efetivo poder jurisdicional — próprio ao Judiciário, aplicando normas já existentes aos casos concretos —, mas poder legiferante, criador de normas jurídicas.

IV. A Justiça do Trabalho e a desmercantização do trabalho no Brasil

A instauração de um sistema de desmercantilização do trabalho na economia e na sociedade brasileiras teve como marcos, nas décadas de 1930 e 1940, três importantes fatores: *a estruturação do Direito do Trabalho, em seu ramo individual, com o objetivo de regular, de modo imperativo, a relação de emprego, principal forma de conexão do trabalhador ao sistema socioeconômico* (Direito Individual do Trabalho); *a generalização da inspeção administrativa trabalhista no País, como instrumento de busca da efetividade desse ramo jurídico instituído* (fiscalização pelo Estado das relações de trabalho no âmbito empresarial); *a estruturação de um segmento do Judiciário especializado na matéria trabalhista, como mecanismo de solução de conflitos individuais e coletivos, além de meio de sedimentação das regras e princípios componentes do Direito que lhe cabia aplicar* (Justiça do Trabalho)[(190)].

A índole autoritária existente no processo de estruturação desse sistema desmercantilizador comprometeu, em boa medida, uma de suas importantes dimensões, a do Direito Coletivo do Trabalho, seja por restringir, significativamente, a liberdade e autonomia dos sindicatos na época, seja por controlar e diminuir os cenários e instrumentos propícios à negociação coletiva trabalhista, seja por instituir e exacerbar o poder normativo estatal conferido à Justiça do Trabalho.

A dimensão autoritária presente na origem do sistema, nas décadas de 1930 e 1940, não teve o condão, entretanto, de eliminar ou restringir o significativo papel desmercantilizador e inclusivo do sistema trabalhista então sedimentado. Claro que essa dimensão poderia se suplantar nos anos de experimentação democrática subsequentes a 1945; porém, conforme se sabe, essa experimentação foi de curto período, não atingindo duas décadas, sendo logo a seguir inviabilizada pelo golpe de estado de 1964.

(190) Não se está tratando aqui da política trabalhista *geral* do período Vargas (1930-1945), que envolve, também, de modo correlato, por exemplo, três aspectos altamente autoritários, não inclusivos e sem relação necessária com os pontos desmercantilizantes enfocados neste artigo: de um lado, uma estratégia de repressão aos sindicatos livres e de criação de uma estrutura sindical vinculada ao Estado; de outro lado, o consequente comprometimento da negociação coletiva trabalhista; finalmente, a organização e o direcionamento do Ministério do Trabalho (na época, Ministério do Trabalho, Indústria e Comércio) como órgão controlador e repressor do sindicalismo. Está-se enfatizando, neste artigo, somente o sentido includente e desmercantilizador de parte do sistema trabalhista estruturado naquelas duas décadas da primeira metade do século XX no Brasil.

Tal faceta autoritária, tempos depois, foi diluída pela promulgação da Constituição Federal de 1988, que, em seus dispositivos, assegurou a liberdade de associação e a autonomia aos sindicatos, além de produzir fortes incentivos à negociação coletiva trabalhista. Apesar de a Constituição ter mantido a estrutura do poder normativo da Justiça do Trabalho, iria atenuar, pela Emenda Constitucional n. 45/2004, a tradicional amplitude de atuação desse poder.

Com a nova Constituição, portanto, o sistema trabalhista brasileiro de desmercantilização do trabalho ganhou três novos pilares, além dos três oriundos das décadas precedentes: um sistema sindical com maior liberdade de organização e atuação (embora os sindicatos passem por crise inegável nesse período, parcialmente provocada pela inadequação das regras legais de sua estruturação ainda vigentes); uma dinâmica de negociação coletiva mais generalizada do que em qualquer época no passado; o destaque alcançado pelo Ministério Público do Trabalho, entidade também promotora da efetividade do Direito do Trabalho, dotada de novo perfil após 1988.

Esse sistema de desmercantilização favorece a afirmação do trabalho ao estabelecer regras de proteção trabalhista superiores aos simples imperativos do mercado, destinadas à concretização do marco constitucional de proteção trabalhista, expresso pela afirmação dos direitos fundamentais.

V. Estruturação e desenvolvimento da Justiça do Trabalho no Brasil – síntese

1. Criação da Justiça do Trabalho

A Justiça do Trabalho foi instituída e estruturada por meio do Decreto-lei n. 1.237, de 1º de maio de 1939. Foi instalada e entrou em efetivo funcionamento, inaugurando-se em todo o País em 1º de maio de 1941.

Inicialmente com caráter administrativo, possuía órgãos em três níveis: o então chamado Conselho Nacional do Trabalho — CNT —, com sede na capital da República (Rio de Janeiro). Em seguida, os então denominados Conselhos Regionais do Trabalho — CRTs, distribuídos em 8 grandes regiões, que eram centralizadas nos maiores estados brasileiros, do ponto de vista populacional, com sede nas respectivas capitais do estado matriz. As regiões originais abrangiam, naturalmente, outros estados e territórios pátrios, de modo a englobar toda a federação.

As regiões pioneiras foram: 1ª: Rio de Janeiro, com sede na então capital da República; 2ª: São Paulo, com sede na capital do estado, São Paulo; 3ª: Minas Gerais, com sede em Belo Horizonte; 4ª: Rio Grande do Sul, com sede em Porto Alegre; 5ª: Bahia, sediada em Salvador; 6ª: Pernambuco, com sede em Recife; 7ª: Ceará, sediada em Fortaleza; 8ª Região: Pará, com sede em Belém.

Em 1º grau, havia as Juntas de Conciliação e Julgamento, que, à época da inauguração, representavam poucas dezenas em todo o Brasil. Em 1945, por exemplo, existiam somente 31 Juntas de Conciliação e Julgamento no País, que passaram a 39 em 1947.

Ou seja, inicialmente a Justiça do Trabalho estava presente em apenas algumas poucas grandes cidades brasileiras[(191)].

Embora tendo jurisdição por largos espaços geográficos, as Juntas de Conciliação e Julgamento não abrangiam, como visto, todos os municípios brasileiros, razão pela qual se tornou necessária a extensão da jurisdição trabalhista aos Juízes de Direito, relativamente aos locais não abrangidos por JCJs — medida já determinada pelo próprio Decreto-lei n. 1.237/1939.

Com a democratização do País em 1945/46, os debates constituintes direcionaram-se no sentido de incorporar a Justiça do Trabalho ao Poder Judiciário, suplantando sua origem administrativa. Nesse contexto, dias antes da promulgação da nova Lei Magna, o Decreto-lei n. 9.777, de 9.9.1946, preparou os termos do processo de incorporação do novo ramo ao sistema judicial. A nova Constituição, promulgada em 18 de setembro daquele ano, constitucionalizou a existência da Justiça do Trabalho, com sua plena integração ao Poder Judiciário brasileiro, inclusive no tocante às garantias clássicas asseguradas à magistratura.

Deixou a Justiça do Trabalho o âmbito do Poder Executivo, onde surgira. Nesse novo quadro institucional, os CRTs receberam nova designação — Tribunais Regionais do Trabalho —, passando o CNT a ser denominado Tribunal Superior do Trabalho.

Apesar de sua integração ao Judiciário, a Justiça do Trabalho manteve sua peculiaridade de ser constituída por órgãos paritários, com a presença de juízes togados ao lado da *representação classista*, composta por representantes de empregadores e de empregados. Em primeiro grau, as JCJs eram integradas por um Juiz do Trabalho e dois representantes leigos, o vogal representante dos empregadores e o vogal representante dos empregados. A paridade estava presente também nos TRTs e, até mesmo, no Tribunal Superior do Trabalho.

2. Evolução no período democrático de 1946 a 1964

A Constituição de 1946, como visto, conferiu *status* constitucional à Justiça do Trabalho, integrando-a, com todos os poderes e prerrogativas, ao Poder Judiciário Federal. A partir de então, rapidamente destacou-se no cenário institucional e social do País.

No plano institucional, o destaque se deu por despontar como único segmento efetivamente célere e eficaz do Judiciário, conferindo resposta pronta e efetiva aos litígios postos a seu exame. Por décadas, o processo do trabalho e seus magistrados aprofundaram a especificidade e a eficiência de seu *modus operandi* processual, quer no plano das lides individuais, quer no plano das lides coletivas, demarcando a existência de inquestionável novo paradigma no tocante ao funcionamento do Judiciário.

No plano social, o destaque se deu por despontar como segmento judicial dotado de notável reconhecimento da comunidade, que rapidamente se integrou às dinâmicas mais importantes dos conflitos individuais e coletivos trabalhistas.

(191) Fonte: Tribunal Superior do Trabalho – Coordenadoria de Estatística e Pesquisa – 2011.

Ao longo dos 18 anos de Democracia entre 1946 e 1964, a Justiça do Trabalho aprofundaria sua inserção na sociedade urbana e industrial brasileira, seja em face das disputas individuais levadas a seu exame, ou no tocante aos processos de dissídios coletivos, que se tornaram extremamente importantes nessa fase.

O segredo do rápido sucesso público da Justiça do Trabalho residia no fato de conferir efetividade a uma ordem jurídica nova, especialmente dirigida a regular as relações de emprego características do sistema capitalista em expansão no Brasil. Profundamente diverso do clássico Direito Civil — notoriamente individualista e não intervencionista, moldado para reger essencialmente relações entre seres iguais —, o jovem Direito do Trabalho era, ao revés, economicamente distributivista, intervencionista no contrato de emprego e com forte senso coletivo em sua diretriz geral. Em razão dessas características, o novo segmento jurídico decididamente deflagrava significativo e ágil processo de inclusão social, cultural e econômica das incontáveis levas de trabalhadores que chegavam às cidades em crescimento em diversas partes do País.

Naturalmente que se está falando, entre 1945 e 1964, de um segmento judicial que ainda não penetrava todo o interior da sociedade e do território brasileiros, ficando circunscrito às capitais e grandes cidades do País. A Justiça do Trabalho, tal como o Direito Trabalhista à época, nos limites do pacto político informalmente estabelecido nas décadas de 1930 a 1945, não chegara ao campo, mantendo estrutura urbana não muito distinta daquela que lhe fora conferida em 1º de maio de 1941. Ilustrativamente, não se criaram quaisquer novos Tribunais Regionais do Trabalho entre 1946 e 1964 nem se disseminaram as Juntas de Conciliação e Julgamento pelas cidades brasileiras, embora tivesse ocorrido crescimento no número de JCJs na época, até atingir 137 no ano de 1964. Mas, seguramente, não se pode considerar alcançada a real interiorização da Justiça do Trabalho no período[192].

Esse relativo isolamento da Justiça do Trabalho aos maiores centros urbanos respondia também à circunstância de não ser ainda o Direito do Trabalho aplicável às relações empregatícias rurais, omissão que propiciava irreprimível exercício do poder oligárquico rural sobre os trabalhadores do campo. Tal pacto político de exclusão das áreas rurais brasileiras da influência da nova ordem jurídica trabalhista, expressado no primitivo art. 7º, "*b*", da CLT, apenas começou a ser suplantado em 2 de junho de 1963, quando entrou em vigor o Estatuto do Trabalhador Rural (Lei n. 4.214/1963), revogando, tacitamente, o excludente art. 7º, "*b*", da Consolidação, e estendendo direitos trabalhistas aos rurícolas.

(192) Naturalmente, houve um processo de criação paulatina de novas Juntas de Conciliação e Julgamento entre 1946 e 1964, mas sem permitir a efetiva interiorização da Justiça do Trabalho no largo território brasileiro. De 1945 a 1964, ilustrativamente, o número de JCJs passou de 31 para 137, um crescimento expressivo, porém incapaz de ultrapassar a zona urbana e desenvolvida da sociedade e economia do Brasil. Quanto aos TRTs, a primeira criação em seguida a 1946 somente ocorreu quase 30 anos depois, em 1975: Tribunal Regional do Trabalho da 9ª Região, com sede em Curitiba-PR. (Fonte de dados sobre JCJs e TRTs: Tribunal Superior do Trabalho – Coordenadoria de Estatística e Pesquisa – 2011).

3. O período autoritário de 1964 a 1985

As duas décadas do período ditatorial iniciado em 1964 propiciaram o surgimento de fase curiosa com respeito à Justiça do Trabalho: é que, apesar de o novo regime ser manifestamente refratário aos movimentos sociais e coletivos trabalhistas, não se propôs a desconstruir o sistema judicial trabalhista, até mesmo possibilitando certa ampliação e interiorização de sua estrutura no território e sociedade brasileiros.

No período de cerca de duas décadas, foram criados quatro Tribunais Regionais do Trabalho, a saber: 9ª Região, com sede em Curitiba (Lei n. 6.241, de 1975); 10ª Região, com sede em Brasília (Lei n. 6.927, de 1981); 11ª Região, com sede em Manaus (Lei n. 6.915, de 1981); e 12ª Região, com sede em Florianópolis (Lei n. 6.928, de 1981).

Foram também inauguradas novas Juntas de Conciliação e Julgamento na época, em continuidade ao processo de disseminação da Justiça do Trabalho no território brasileiro. O número de JCJs passou de 137, em 1964, para 382, em 1984[(193)].

No plano do Direito Coletivo do Trabalho, a ordem jurídica buscou restringir a atuação dos tribunais do trabalho, em especial no tocante à fixação de reajustamentos de salários. Não obstante, em face do refluxo operário e da repressão ao movimento sindical, os dissídios coletivos mantiveram-se como importante canal de veiculação de reivindicações coletivas no sistema jurídico trabalhista brasileiro.

4. A Constituição de 1988 e o papel da Justiça do Trabalho

O período descortinado pela Constituição de 1988 é de notável importância na história da Justiça do Trabalho. Corresponde à fase de sua plena consagração como lídimo segmento concretizador da justiça social no campo do Judiciário.

O novo período constitucional foi precedido por quase quatro anos da Nova República, fase iniciada em março de 1985, com a superação do regime militar. Essa fase imediatamente anterior à Constituição já hauria as fortes orientações sociais que iriam se consumar em princípios e regras explícitos da Lei Máxima promulgada em 5.10.1988.

Nesse quadro de novos ventos democráticos e socialmente inclusivos, acelerou-se o processo de generalização da estrutura da Justiça do Trabalho no Brasil, criando-se, em apenas três anos e meio, quatro novos Tribunais Regionais no território nacional: 13ª Região, com sede em João Pessoa (Lei n. 7.324, de 1985); 14ª Região, com sede em Porto Velho (Lei n. 7.523, de 1986); 15ª Região, com sede em Campinas (Lei n. 7.520, de 1986); e 16ª Região, com sede em São Luís (Lei n. 7.671, de 21.9.1988).

A Constituição de 1988, entretanto, é que iria ter notável clareza quanto ao papel inclusivo e democrático da Justiça do Trabalho no sistema institucional brasileiro, compreendida como decisivo vértice da noção de justiça social no País.

---

(193) Os dados sobre a criação de JCJs e TRTs foram indicados pela Coordenadoria de Estatística e Pesquisa do Tribunal Superior do Trabalho, em junho de 2011.

Assim, determinou a Lei Magna, em seu texto original de 1988, a extensão dos tribunais do trabalho aos distintos estados da Federação. Nesse quadro, oito tribunais regionais foram criados desde a nova Constituição: 17ª Região, com sede em Vitória (Lei n. 7.872, de 1989); 18ª Região, com sede em Goiânia (Lei n. 7.873, de 1989); 19ª Região, com sede em Maceió(Lei n. 8.219, de 1991); 20ª Região, com sede em Aracaju (Lei n. 8.233, de 1991); 21ª Região, com sede em Natal (Lei n. 8.215, de 1991); 22ª Região, com sede em Teresina (Lei n. 8.221, de 1991); 23ª Região, com sede em Cuiabá (Lei n. 8.430, de 1992); 24ª Região, com sede em Campo Grande (Lei n. 8.431, de 1992)[(194)].

A Constituição também direcionou forte incremento na rede de juízos de primeira instância nas diversas localidades dos estados brasileiros. Número expressivo de juízos de primeiro grau foram criados desde 5.10.1988, ultrapassando o montante de *mais de 850 novas Varas Trabalhistas* (antigas Juntas de Conciliação e Julgamento), além de se ter ampliado o número de Juízes do Trabalho por unidade judicial[(195)]. No alvorecer de 2011, o País possuía mais de 1.370 Varas do Trabalho, com mais de 2.300 Juízes do Trabalho de 1ª instância em todo o Brasil, de modo a assegurar significativa presença da Justiça Trabalhista em todo o território nacional, mesmo nas áreas interioranas e preponderantemente rurais[(196)].

Consideradas as Varas Trabalhistas e cargos de Magistrados criados por lei ainda ao longo de 2011, tais números alcançariam 1.450 Varas e 2.460 Juízes de 1º Grau.

No contexto criado pela Constituição, novo avanço relevante ocorreu em 1999, com a extirpação da representação classista no Judiciário Trabalhista, por meio da Emenda Constitucional n. 24, de 1999. Com isso, a Justiça do Trabalho pôde aperfeiçoar sua feição técnico-jurídica, criando condições para a mais nítida melhoria no exercício da prestação jurisdicional[(197)].

---

(194) O art. 112 da Constituição de 1988 determinava a existência de, pelo menos, um TRT em cada Estado e no Distrito Federal. Teve sua redação alterada, contudo, pela Emenda Constitucional n. 45/2004, suprimindo-se esse comando institucional à União. No entanto, em 2004, data da EC n. 45, praticamente já se cumprira a determinação essencial do preceito constitucional primitivo, uma vez que todos os grandes estados federais sediavam cortes regionais trabalhistas (na verdade, em 2010, todos os estados federais com mais de 2 milhões de habitantes já possuíam TRS). Não havia TRTs, na época (e até hoje, julho de 2011), somente nos estados mais escassamente populosos, quais sejam, Roraima (cerca de 450 mil habitantes em 2010), Amapá (cerca de 670 mil habitantes em 2010), Acre (cerca de 730 mil habitantes em 2010) e Tocantins (cerca de 1.380 mil habitantes em 2010). Todos os demais estados e o DF passaram a sediar pelo menos um TRT (São Paulo, com mais de 40 milhões de habitantes em 2010, possui dois TRTs, o da 2ª Região e o da 15ª Região).

(195) A partir da Emenda Constitucional n. 24, de 1999, com a extinção da representação classista, as Juntas de Conciliação e Julgamento desapareceram, passando a existir, em seu lugar, as Varas do Trabalho, sob direção do Juiz do Trabalho.

(196) Considerado o período entre o fim do regime militar (março de 1985) e o ano de 2011, em torno de 1.000 novas Varas do Trabalho (ex-JCJs) foram criadas, passando de 382 a mais de 1.370, em crescimento de cerca de 258% em 26 anos. Em 2011, novas leis criaram 84 Varas Trabalhistas e 160 cargos de Juízes do Trabalho, para implantação em distintas regiões do País.

(197) A extinção da representação classista, ademais, eliminava um dos mais impressionantes mecanismos de vinculação da estrutura sindical ao aparelho de Estado, no Brasil. Sua manutenção por 11 anos após 1988 representava, na verdade, inquestionável contradição com os princípios da liberdade de associação e, em especial, da autonomia dos sindicatos, enfatizados pela mesma Constituição de 1988 – princípios fundamentais a qualquer construção e consolidação democráticas. Nessa medida, a Emenda Constitucional n. 24/1999 afirmou o melhor espírito da própria Constituição da República.

Ainda nesse mesmo contexto cultural, desponta a Emenda Constitucional n. 45, de dezembro de 2004, que alargou a competência da Justiça do Trabalho para relações de trabalho não empregatícias, lides intersindicais e litígios entre empregadores e União, em face dos atos praticados pela auditoria fiscal trabalhista (nova redação do art. 114 e incisos da Lei Máxima). Além disso, o novo texto reformado eliminou dúvidas reiteradas da jurisprudência acerca da competência judicial especializada(198).

A Constituição de 1988 é, pois, terreno fértil a propiciar a expansão da estrutura da Justiça do Trabalho, tanto em relação às Varas do Trabalho, como no tocante aos Tribunais Regionais.

Para além do incentivo à ampliação do quadro estrutural da Justiça Trabalhista propiciado pelo período democrático pós-1988, o Texto Constitucional também revigora a tese de compreensão da Justiça do Trabalho enquanto instrumento de justiça social; instrumento de desmercantilização do trabalho; e de democratização das relações trabalhistas no Brasil.

Portanto, a Constituição de 1988 também fortalece o sentido axiológico atribuído à Justiça do Trabalho, fundado e ancorado no valor da justiça social, e que deve vincular a interpretação e aplicação do Direito no marco do Estado Democrático de Direito. Ou seja, a Justiça do Trabalho é considerada um dos mais sólidos e democráticos instrumentos jurídicos e institucionais para a concretização da dignidade do ser humano e dos direitos fundamentais nos conflitos de interesse.

VI. Conclusão

A Justiça do Trabalho, estruturada há mais de setenta anos no Brasil, cumpre, naturalmente, as funções clássicas aos segmentos do Poder Judiciário, quais sejam, solucionar controvérsias trazidas a seu exame no âmbito de sua competência e, cumulativamente, interpretar a ordem jurídica, assegurando-lhe sentido e abrangência universais no território brasileiro.

Cumpre também à Justiça Trabalhista a função particularizada de se integrar a um sistema institucional amplo, que visa a garantir certa desmercantilização do trabalho humano na vida social e econômica.

Embora tenha iniciado sua história como um experimento aparentemente datado, mera parte das políticas sociais elaboradas nas décadas de 1930 a 1945, a Justiça do Trabalho firmou sua identidade e seu papel social, econômico e jurídico no período democrático subsequente (1945-64), preservando-se e se impondo também na regressão autoritária de 1964 a 1985.

Com a democratização do País em 1985 e subsequente promulgação da Constituição da República de 1988, encontrou seu inteiro papel como a Justiça Social da República

(198) Entre as dúvidas eliminadas, situam-se as relativas ao exercício do direito de greve e as concernentes às indenizações por dano moral e material. Por outro lado, a amplitude da expressão *relação de trabalho* tem propiciado dissidências interpretativas no âmbito da doutrina e jurisprudência dos últimos anos.

brasileira, contribuindo, decisivamente, para a realização da essencial função de desmercantilizar o trabalho humano no moinho incessante da economia e da sociedade.

Na verdade, a promulgação da Constituição Federal de 1988 é um marco no debate em torno desse processo de desmercantilização, por elaborar fundamentos mais sistematizados de proteção ao trabalho. Notadamente, o elenco de direitos fundamentais previstos na Constituição unifica o sentido de proteção ao trabalho e, em certa medida, direciona o sentido de atuação da Justiça do Trabalho.

Em sociedade civil e Estado fundados na dignidade da pessoa humana, na valorização do trabalho e especialmente do emprego, na submissão da propriedade à sua função social e ambiental — em conformidade com o que determina a Constituição da República —, é imprescindível a existência de uma sólida e universalizada estrutura dirigida à efetividade do Direito do Trabalho na vida econômica e social, inclusive com um segmento especializado, célere e eficiente de acesso ao Judiciário e de efetivação da ordem jurídica. Nesse sistema, cumpre papel decisivo a Justiça do Trabalho na democracia brasileira.

Referências bibliográficas

DELGADO, Gabriela Neves. Princípios internacionais do Direito do Trabalho e do Direito Previdenciário. *In:* SENA, Adriana Goulart de; DELGADO, Gabriela Neves; NUNES, Raquel Portugal (Coord.). *Dignidade e inclusão social:* caminhos para a efetividade do Direito do Trabalho no Brasil. São Paulo: LTr, 2010.

LOBO, Valéria Marques. *Fronteiras da cidadania:* sindicatos e (des)mercantilização do trabalho no Brasil (1950-2000). Belo Horizonte: Argumentum, 2010.

SILVA, Fernando Teixeira da. Justiça do Trabalho brasileira e magistratura *del lavoro* italiana: apontamentos comparativos. *In:* CAIXETA, Maria Cristina Diniz *et alii* (Orgs.). *IV Encontro Nacional da Memória da Justiça do Trabalho — cidadania:* o trabalho da memória. São Paulo: LTr, 2010.

SÜSSEKIND, Arnaldo. *Convenções da OIT e outros tratados.* 3. ed. São Paulo: LTr, 2007.

________________. *Direito Internacional do Trabalho.* 3. ed. São Paulo: LTr, 2000.

Tribunal Superior do Trabalho — Coordenadoria de Estatística e Pesquisa — 2011.

Capítulo X
Justiça do Trabalho e Sistema Trabalhista: Elementos para a Efetividade do Direito do Trabalho e do Direito Processual do Trabalho no Brasil[199]

Mauricio Godinho Delgado

I. Introdução

A reflexão e o debate acerca da efetividade do Direito do Trabalho e do Direito Processual do Trabalho, ao lado da efetividade da Justiça nas relações individuais e coletivas do trabalho, supõem uma abordagem, ainda que rápida, sobre o sistema trabalhista brasileiro e sua caracterização.

Em seguida, cabe se realizar a abordagem sobre a estrutura, a caracterização e o papel da Justiça do Trabalho no sistema trabalhista e judicial do País.

Finalmente, é preciso proceder-se à análise dos elementos convergentes no tocante à busca da efetividade da Justiça nas relações individuais e coletivas do trabalho.

É o que será feito no presente capítulo.

II. Sistema trabalhista brasileiro: caracterização

O sistema trabalhista brasileiro, como se sabe, foi estruturado essencialmente nas décadas de 1930 e 1940, durante as distintas fases do Governo Vargas.

Não obstante o esforço propagandístico da época no sentido de firmar a imagem da criação espontânea da ordem jurídica trabalhista pelo novo Governo Federal, a verdade é que traduziu, em importante medida, um resultado direto da Revolução de 30 e a derrubada da hegemonia excludente agroexportadora, com o recente peso relativo mais importante dos novos segmentos urbanos vinculados ao mundo do trabalho. Nessa medida, a novel ordem jurídica trabalhista é também expressão de conquista democrática pelos trabalhadores urbanos que, pela primeira vez na História, conseguiram alcançar a construção de políticas públicas, incorporando seus interesses.

Inegavelmente, a política trabalhista da época também traduz uma significativa dimensão da inovadora política macroeconômica implementada, com o redirecionamento

(199) Palestra proferida por este autor em 27.3.2010, em Angra dos Reis/RJ, sob o título "Efetividade da Justiça nas Relações Individuais e Coletivas do Trabalho" durante o *III Simpósio Nacional de Direito do Trabalho*, estruturado sob o título "A Efetividade do Direito e Processo do Trabalho". O texto original sofreu mudanças para ingresso no presente livro.

do País em favor da industrialização e urbanização, em detrimento do exclusivismo rural interno e externo até então vigorante.

Porém, sem dúvida, é também expressão de racional estratégia política de reforçar segmentos sociais e institucionais distintos das velhas oligarquias agrárias, especialmente a agroexportadora de café, de modo a contrabalançar sua força política recém-combatida e derribada.

Nesse quadro, incorporou o novo sistema jurídico os diplomas trabalhistas oriundos do período pré-1930 — que não traduziam ainda um conjunto jurídico sistemático, largo e diversificado, reconheça-se —, alargando-lhes a amplitude para todo o segmento *urbano* das relações empregatícias (menos a fração doméstica, como se sabe).

Em tal contexto multifacetado, produziu-se na época obra normativa variada e sistematizada, que daria origem a um conjunto jurídico e institucional claramente diferenciado.

O sistema jurídico trabalhista tinha alguns pilares fundamentais:

a) uma ordem jurídica legal instituidora e regulamentadora de direitos sociais, que normatizava os contratos trabalhistas entre empregadores e empregados — além das relações avulsas portuárias —, constitutivos da face mais nova, emergente e avançada da economia do País. O seu Direito Individual do Trabalho era, pois, claramente regulado pela norma jurídica estatal;

b) um sistema sindical também estruturado normativamente, porém com fortes controles e laços em face do aparelho de Estado. Esses controles se manifestavam no poder interventivo incisivo e permanente do Ministério do Trabalho na vida sindical, ao passo que os laços estavam presentes quer na organização previdenciária então estruturada, quer pela presença leiga na estrutura da recém-criada Justiça do Trabalho;

c) um sistema judicial de solução de conflitos, seja no plano das relações individuais (as chamadas *reclamações trabalhistas*), seja no plano das relações coletivas (*dissídio coletivo*);

d) uma estrutura previdenciária fundada nas categorias profissionais, com institucionalizada participação dos dirigentes sindicais no interior de suas direções;

e) um Ministério do Trabalho, órgão do Poder Executivo Federal, com o papel dirigente do conjunto do sistema, em especial com respeito à estrutura e dinâmica do sindicalismo no País.

Não obstante o caráter autoritário do novo sistema fosse manifesto, em especial pelo controle rigoroso que instituía sobre o sindicalismo, ele também representava, por outro lado, a primeira fórmula sistematizada de participação e integração das classes trabalhadoras urbanas na vida institucional do País, de sua integração e participação nos objetivos e resultados das políticas públicas e nas vantagens materiais e imateriais do sistema econômico em construção no Brasil. Havia, portanto, uma dimensão também *inclusiva* nesse novel sistema jurídico trabalhista — e não apenas uma dimensão autocrática e unilateral.

A Constituição de 1946, após extinta a ditadura, manteve intato o sistema, porém reposicionando a Justiça do Trabalho em direção a seu *locus* próprio, o Poder Judiciário.

Na década de 1960, com as reformas previdenciárias então realizadas (entre os anos de 1960 e 1966), o sistema trabalhista do País sofreu sua primeira grande transformação. Os antigos Institutos de Aposentadorias e Pensões, de matriz profissional e sindical, foram unificados em um órgão único de caráter público federal, o então INPS (hoje INSS). Com isso, eliminaram-se os laços de participação dos dirigentes sindicais na estrutura do organismo previdenciário unificado, que passou a se reestruturar sob diretriz estritamente técnica e burocrática, como qualquer órgão específico do Estado[(200)].

A Constituição de 1988, entretanto, é que trouxe as mudanças mais significativas no sistema trabalhista do País.

Em primeiro lugar, elevou o *status* jurídico dos direitos trabalhistas, enquadrando-os como *direitos sociais fundamentais*, de fundo normativo e, até mesmo, constitucional. Nessa linha, também erigiu *princípios constitucionais nucleares à estruturação do Estado, da sociedade e da economia*, vários deles acentuando a relevância do trabalho e do emprego na vida real e institucional.

Conferiu, em suma, *status* constitucional ao Direito Individual do Trabalho, ratificando, soberanamente, a escolha histórica precedente pelo *direito legislado* na seara trabalhista — de resto, à semelhança do que ocorre nos demais segmentos jurídicos existentes no Brasil.

No plano do Direito Coletivo, eliminou o papel do Ministério do Trabalho como órgão dirigente e controlador do conjunto do sistema trabalhista, em especial da estrutura e dinâmica do sindicalismo no País, proibindo sua intervenção nos sindicatos brasileiros.

Extinguiu também, onze anos depois de 1988 (com a EC n. 24, de 1999), um importante laço restante do sindicalismo com a estrutura estatal, a chamada representação classista na Justiça do Trabalho.

Reforçou, ainda, desde seu texto original de 5.10.1988, a negociação coletiva trabalhista, alargando caminho ainda pouco trilhado pela ordem justrabalhista na tradição jurídica das décadas precedentes.

Começou, ademais, tendência de restrição aos processos de dissídios coletivos, inicialmente exigindo a prévia tentativa conciliatória extrajudicial quanto a seu ajuizamento (texto original de 1988); em seguida, incrementou a restrição, firmando o

(200) A Lei Orgânica da Previdência Social (n. 3.807 – LOPS), que inicia o processo de mudanças previdenciárias, unificando a legislação dos IAPs, é de 1960. Contudo, a unificação dos próprios Institutos de Aposentadorias e Pensões em uma única instituição pública federal (INPS), extirpando-se também a participação sindical em seu interior, seria consumada apenas em 1966, com o Decreto-lei n. 72.

difícil requisito do prévio consenso (*mútuo acordo*) relativamente à propositura judicial dessa ação coletiva (EC n. 45, de 2004).

É bem verdade que, nesse plano juscoletivo, a Constituição decidiu manter traços da precedente estrutura sindical que se mostrariam incompatíveis ou contraditórios com o contexto democrático que ela própria sedimentou (ilustrativamente, unicidade sindical por categorias profissionais e mantença da contribuição sindical obrigatória). Essa escolha política e jurídica evidenciou-se malfazeja, favorecendo a pulverização e o enfraquecimento do sindicalismo nas duas décadas seguintes a 1988. Apesar disso, não se pode negar o avanço que as demais medidas implementadas na área juscoletiva propiciaram no Direito brasileiro.

O fato é que, estabelecido o balanço equilibrado e sem juízos preconcebidos de toda essa trajetória histórica, cultural e institucional do País, não se pode desconhecer que o sistema trabalhista do Brasil — agora com a direção sistematizada da Constituição de 1988 e suas emendas — consolidou na realidade um sistema normativo do tipo legislado, que se combina com um significativo espaço franqueado à negociação coletiva trabalhista.

Evidentemente que a negociação coletiva, no sistema da Constituição, não tem poderes para eliminar ou diminuir regras e direitos resultantes da normatividade heterônoma do Estado (excetuadas as hipóteses permissivas oriundas das próprias regras estatais). Cabe a ela produzir a adequação setorial negociada quer nos silêncios das regras constitucionais e legais imperativas, quer nas linhas permissivas que essas regras franqueiam à negociação, quer no sentido instaurador de patamar mais favorável do que o heteronomamente fixado.

III. A Justiça do Trabalho no sistema trabalhista e judicial brasileiro: caracterização

O Poder Judiciário, nos sistemas jurídicos constitucionais contemporâneos, ocupa posição singular: tem o papel de *solucionar conflitos surgidos no âmbito da sociedade civil e do Estado e, ao mesmo tempo, fixar parâmetros relativamente claros acerca do sentido da ordem jurídica imperante nessas realidades sociais e institucionais.*

Enquanto o primeiro papel lida com o conflito concreto já instaurado, o segundo realiza-se por meio das decisões repetidas nos litígios judicialmente propostos, inferindo linhas normativas gerais a partir da interpretação maturada da norma jurídica. Os dois papéis — cada um à sua maneira — cumprem o estratégico objetivo de cimentar as balizas de atuação dos distintos atores estatais e sociais, prevenindo, em vista do espontâneo cumprimento das normas jurídicas, a própria existência de futuros conflitos no cenário do Estado e da sociedade.

Em ordens jurídicas legalmente reguladas, como a brasileira, esse papel do Poder Judiciário ainda mais se destaca.

A Constituição de 1988, mais uma vez, com grande sabedoria, criou as condições estruturais para que a Justiça do Trabalho bem cumprisse esses dois papéis fundamentais.

Sua primeira medida estratégica foi generalizar a estrutura judicial trabalhista para todos os rincões do Brasil, suplantando a anterior inserção desse aparato público apenas nos grandes centros urbanos do País. A generalização fez-se não somente em primeiro grau — o que é mais relevante, do ponto de vista jurídico, institucional e econômico —, como também no plano dos tribunais regionais do trabalho.

Desse modo, o número de Varas Trabalhistas passou de, aproximadamente, 490 em 1988 para mais de 1.370 no ano de 2009, uma expansão de cerca de 180% em duas décadas(201). Além disso, procurou-se implementar a presença de igual número de Juízes Substitutos em correspondência a cada Vara do Trabalho e Juiz Titular existentes, inaugurando-se, tempos depois de 1988, a partir da experiência de São Paulo (2ª Região), até mesmo a designação de dois Juízes Substitutos por Juiz Titular e Vara do Trabalho existentes. Havia no País, em 2009, mais de 2300 Juízes do Trabalho, entre titulares e substitutos, uma expansão de mais de 130% perante 1988, se considerados exclusivamente os juízes togados de primeira instância.

Ora, a estruturação de um aparelho judiciário de 1ª Instância diversificado em todos os mais significativos rincões do País, com corpo técnico e administrativo concursado, garantindo notável capilaridade ao sistema judicial trabalhista, é elemento decisivo ao bom funcionamento de um modelo legislado de ordem jurídica.

Essa generalização do Judiciário do Trabalho fez-se também por meio da criação de vários novos TRTs em distintos estados brasileiros, até atingir a marca de um Tribunal Regional por estado relativamente populoso, assegurando-se, em consequência, condições de celeridade e efetividade à prestação jurisdicional no âmbito de toda a denominada *instância ordinária* (1º e 2º Graus)(202).

No plano do Tribunal Superior do Trabalho, finalmente, restaurou-se a composição plenária clássica da instituição, com a reposição das 10 vagas de Ministro resultantes da extinção da representação classista naquela Corte(203).

IV. Efetividade da Justiça nas relações individuais e coletivas do trabalho: elementos convergentes

Qual o papel do Judiciário na Democracia, em especial o papel de ramo judicial com as características e objetivos da Justiça do Trabalho?

---

(201) Até 1999, o Judiciário Trabalhista de 1ª Instância organizava-se nas *Juntas de Conciliação e Julgamento*, com um Juiz do Trabalho e dois representantes paritários classistas sindicais. Extinta a representação classista paritária sindical pela EC n. 24, de 9 de dezembro de 1999, os Juízes do Trabalho, titulares e substitutos, passaram a atuar, monocraticamente, nas respectivas Varas Trabalhistas resultantes.

(202) Antes da Constituição de 1988, existiam 15 TRTs instalados em todo o País (São Paulo, excepcionalmente, possuía dois: o TRT da 2ª Região, abrangendo a Capital, área metropolitana e outros municípios próximos, ao lado do TRT da 15ª Região, com sede em Campinas e competência territorial sobre centenas de municípios do interior do estado). A partir do novo Texto Magno, foram instalados 9 novos Tribunais Regionais (expansão de 60%), de modo que, hoje, apenas quatro estados com escassa população não possuem tribunal trabalhista próprio (no caso, somente Acre, Amapá, Roraima e Tocantins, os quais estão abrangidos por outros tribunais regionais sediados em estados maiores e próximos, respectivamente 14ª Região, 8ª Região, 11ª Região e 10ª Região).

(203) A EC n. 45, de 2004, é que determinou a reposição dessas 10 vagas, as quais somente tiveram seu provimento completado no final de 2007, restaurando-se o montante de 27 cargos de magistrados naquela Corte.

Conforme já exposto, não só *solucionar conflitos surgidos no âmbito da sociedade civil e do Estado*, como ainda, ao mesmo tempo, *fixar parâmetros relativamente claros acerca do sentido da ordem jurídica imperante nessas realidades sociais e institucionais*.

Os dois papéis — cada um à sua maneira — cumprem o estratégico objetivo de *cimentar as balizas de atuação dos distintos atores estatais e sociais*, assegurando a *efetividade* da ordem jurídica de Direito Material e, simultaneamente, garantindo segurança às relações sociais, econômicas e culturais existentes na realidade concreta do País. Com isso, estimulam o cumprimento espontâneo das normas jurídicas materiais de todos os campos do Direito, prevenindo, nessa dinâmica, a própria existência de futuros conflitos no cenário do Estado e da sociedade.

Para isso, é necessário que as decisões judiciais sejam céleres, objetivas e razoavelmente harmônicas, elaboradas sempre em estrita conformidade com os comandos maiores da Constituição da República.

Esse desafio foi enfatizado a partir da Constituição de 1988: o sistema judicial, o Ministério Público, particularmente o Ministério Público do Trabalho, a Advocacia, todos jamais tiveram papel tão importante no sistema institucional brasileiro, principalmente na Democracia brasileira. A responsabilidade do sistema judicial, o qual engloba essas três grandes instituições (Magistratura, Ministério Público, Advocacia), é muito grande, podendo ser muito ainda aperfeiçoada em seu cumprimento.

Boa parte dos problemas que as nossas instituições têm, hoje, não passam mais — ao contrário do que muito se diz — pela iniciativa do Parlamento, mas, sim, pela *interpretação conferida pela ordem jurídica pelo Judiciário*. Cabe ao Judiciário produzir interpretações que assegurem real efetividade à ordem constitucional, sob pena de graves problemas não serem jamais solucionados, sob pena, em suma, de os avanços institucionais, sociais e culturais previstos pela Constituição serem desenganadamente frustrados.

Temos uma Constituição que incorpora, de modo muito bem definido, um projeto de Estado de Bem-Estar Social. Embora haja problemas tópicos aqui e ali, trata-se de claro projeto de construção de um Estado de Bem-Estar Social no País — único meio historicamente comprovado de fazer respeitar os *fundamentos* da República (soberania, cidadania, dignidade da pessoa humana, valores sociais do trabalho e da livre-iniciativa, pluralismo político — art. 1º, CF) e permitir concretizar seus *objetivos fundamentais* de construir uma sociedade livre, justa e solidária no País, que garanta o desenvolvimento nacional, erradique a pobreza e a marginalização, além de reduzir as desigualdades sociais e regionais, promovendo o bem de todos sem preconceitos (art. 3º, CF).

Em função dessa estrutura e projeto constitucionais é que o Judiciário, o Ministério Público e a Advocacia se tornaram tão importantes. Isso muitas vezes não tem se refletido nas interpretações jurisprudenciais — com efeitos devastadores no aperfeiçoamento de nossas instituições, economia e sociedade. Se a jurisprudência não perceber essa linha de direcionamento e atuação da Constituição, evidentemente que não haverá reforma legislativa que possa aperfeiçoar o País. A jurisprudência não pode ser um obstáculo à concretização da bela matriz constitucional hoje vigorante, cuja eficiência institucional, econômica, social e cultural está historicamente comprovada.

Nesse processo de interpretação, parece-me fundamental que a jurisprudência passe a dar valor efetivo aos princípios. Os princípios são realmente normativos; tal concepção é conquista de mais de sessenta anos na história do Direito e na cultura jurídica ocidental. É preciso que se passe, de fato, a reconhecer aos princípios efetiva força normativa. Não é tolerável mais que vejamos certo modestíssimo artigo de lei, certo modestíssimo parágrafo ou inciso de texto de lei inviabilizando, esterilizando, frustrando comandos firmes, lógicos, transparentes, diretos de toda uma gama impressionante de princípios jurídicos constitucionais, tal como diuturnamente ainda temos assistido em certas decisões jurisprudenciais. Notem que graves problemas enfrentados pela República desde 1988 não são solucionados exatamente porque o Judiciário insiste em dar validade a certos insensatos, antissociais e corporativistas preceitos infraconstitucionais que vicejam em situação de manifesta agressão a diversos princípios e regras da Constituição.

O Judiciário é fundamental na Democracia; parte significativa das grandes decisões no mundo ocidental que foram fundamentais no desenvolvimento dos povos civilizados foram decisões do Judiciário. Na Democracia, o poder político parlamentar tem relevância exponencial; porém, de maneira geral, o Direito é muito mais amplo do que a simples construção parlamentar. Além disso, no regime de império da Constituição, esta, evidentemente, há de prevalecer sobre o labor mais cotidiano de construção e divulgação normativas infraconstitucionais. As leis, é claro, como se sabe, devem ser lidas em conformidade com o Texto Máximo — e não o inverso.

Temos uma Constituição extremamente rica em princípios, além de regras e institutos jurídicos, todos com caráter normativo. Ela tem um sistema de organização das instituições muito claro, lógico, progressista. Porém, o que instiga e viabiliza o bom funcionamento de tais instituições são, em boa medida, decisões judiciais adequadas e lógicas, na linha do espírito da Constituição — sob pena de as instituições não aperfeiçoarem seu funcionamento, ou o fazerem somente após décadas de retardo e sofrimento.

Feitas essas observações gerais, está muito claro no corpo e no espírito da Constituição que o sistema judicial se estrutura em dois grandes níveis, intercomunicados, que realizam, cada um à sua maneira, os dois papéis acima já enfatizados. No caso trabalhista, a chamada *instância ordinária* (Juízos de 1º e 2º Graus), ao lado dos tribunais superiores, ou seja, TST e STF.

A função da instância ordinária é dar solução aos litígios trazidos a seu exame, quer por meio da imprescindível conciliação judicial, quer por meio da decisão prolatada (sentença ou acórdão). Solução célere, pronta, rápida; solução eficaz e que confira efetividade à ordem jurídica.

A função constitucional precípua dos tribunais superiores é racionalizar e uniformizar a leitura da ordem jurídica, em suas matrizes legais e constitucionais, permitindo que a instância ordinária entregue a solução judicial concreta que lhe cabe a partir de parâmetros normativos relativamente harmônicos em toda a República e Federação. Essa função racionalizadora e uniformizadora também tem de ser cumprida de maneira célere, pronta, rápida, para que se permita conferir o máximo de eficácia e efetividade à ordem jurídica do País.

Quais instrumentos são colocados à disposição da instância ordinária para que bem cumpra o seu papel? Aqueles que já são classicamente próprios à Justiça do Trabalho, incorporados os avanços que a Constituição de 1988 trouxe à sua estrutura e dinâmica operacional.

São basicamente os seguintes: a) estrutura institucional bem distribuída ao longo de todo o País — respeitada a modulação segundo o critério populacional, evidentemente; b) composição de Varas do Trabalho e Tribunais Regionais com corpos técnicos e administrativos concursados, aptos a conferir a máxima eficiência ao funcionamento de todo o sistema; c) permanente dinamismo das Escolas da Magistratura e dos órgãos internos de capacitação dos servidores; d) permanente publicidade dos dados operativos de todo o sistema, em todos os seus níveis; e) alcance e manutenção de prazos objetivos e razoavelmente mínimos na tramitação dos processos (Programa Justiça Rápida); f) permanente manejo e aperfeiçoamento dos mecanismos assecuratórios da efetividade das decisões judiciais, como, ilustrativamente, o convênio BACEN-JUD, o depósito gradativo da condenação relativamente aos distintos recursos, a Certidão Negativa de Débitos Trabalhistas, além da incorporação interpretativa das inovações processuais civis, com as adequações cabíveis.

Quais os instrumentos colocados à disposição do Tribunal Superior do Trabalho para que bem cumpra o seu papel? Aqueles já existentes no conjunto do sistema, quer na tradição própria à Justiça do Trabalho, considerados os avanços que a Constituição de 1988 trouxe à sua estrutura e dinâmica operacional, assim como os instrumentos processuais já incorporados na legislação processual trabalhista e processual civil, prontos para serem efetivados na dinâmica operacional da Corte Superior.

Na qualidade de tribunal uniformizador do Direito do Trabalho e Direito Processual do Trabalho no âmbito da República e da Federação — a par dos ramos jurídicos conexos —, o essencial, no âmbito de seus processos, é que a Corte Superior realize, com o máximo de celeridade possível, essa sua função uniformizadora.

Não é o TST, evidentemente, suposto terceiro grau de jurisdição, destinado a realizar a justiça do caso concreto, como se se tratasse de suposta terceira chance aberta ao jurisdicionado. A sua função constitucional, republicana e federativa é outra, de interesse da ordem jurídica, de interesse da República e da Federação — não sendo mais apenas um mecanismo de solução de litígios concretos ocorridos na vida real.

A imensa gama de processos oriundos dos mais diversos rincões do País (são 24 tribunais regionais, afinal) permite à Corte Superior ter privilegiada visão do conjunto da sociedade, da economia, da cultura, das instituições e da Federação, principalmente uma visão privilegiada das distintas interpretações formuladas pela inteligência jurídica trabalhista nacional, de modo a construir, democraticamente, pelo cotejo dessas visões e interpretações jurídicas, a racional e uniformizadora interpretação hegemônica acerca da ordem jurídica.

Para que sua decisiva função macroprocessual seja bem e eficazmente realizada (racionalização e uniformização da jurisprudência), é necessário que os mecanismos microprocessuais criados pela legislação processual trabalhista e civil sejam manejados à exaustão, desobstruindo as pautas e atualizando, firmemente, a agenda processual da Corte. Trata-se, ilustrativamente, do caminho franqueado às decisões monocráticas simplificadas denegatórias de seguimento a recursos, a serem prolatadas pelo Ministro Relator nos casos de pressupostos processuais extrínsecos ou até mesmo envolvendo decisões recorridas que estejam em consonância com jurisprudência pacífica do TST (art. 5º, LXXVIII, CF/88; antigo art. 896, § 5º, da CLT; na mesma direção o art. 557, *caput* e § 1º-A, CPC/1973, conforme redação conferida pela Lei n. 9.756/1998). Ou, ilustrativamente, o manejo do mesmo instrumento pelo Presidente da Corte Superior.(204)

O pronto e hábil manejo, pela Corte Superior, desses instrumentos processuais consagrados (alguns deles já existentes há mais de uma década na ordem jurídica), em cenário institucional estruturado com as mais modernas conquistas da Democracia e da Ciência (servidores concursados; organização administrativa e operacional dos gabinetes segundo critérios garantidores da máxima eficiência determinada pela Constituição à Administração Pública; priorização à atividade-fim, ao invés das atividades-meio; informatização contínua; formação inicial e continuada eficaz das equipes; permanente publicidade dos dados operativos de todo o sistema; outras medidas convergentes), tudo seguramente propiciará a necessária celeridade e efetividade no exercício das funções precípuas da Corte Superior Trabalhista, centradas na racionalização e uniformização jurisprudenciais na República e Federação brasileiras.

V. Conclusão

A efetividade do Direito do Trabalho e do Processo do Trabalho, que se concretiza no debate sobre a efetividade da Justiça nas relações individuais e coletivas do trabalho, tudo remete, uma vez mais, à semelhança de toda pesquisa e diálogo sobre o Direito no Brasil contemporâneo, à linha diretora estabelecida pela Constituição de 1988.

Os caminhos traçados pela Constituição da República têm de ser concretamente realizados.

No plano do Direito e do sistema judicial, em particular, isso se traduz na busca da celeridade e efetividade no exercício e entrega da jurisdição, objetivo que se torna ainda mais decisivo em face do caráter de direito legislado que tem a ordem jurídica em nossa tradição antiga e moderna.

Os caminhos estão, clara e objetivamente, traçados. Resta cumpri-los.

(204) Com o advento da Lei n. 13.015, de 21.7.2014, alterando o processamento do recurso de revista e vários outros aspectos processuais no âmbito da CLT, o fundamento para essa atuação jurisdicional eficiente e célere do relator do processo mantém-se no art. 5º, LXXVIII, da Constituição da República combinado com o art. 557, *caput* e § 1º-A, do CPC, além do art. 769 da CLT.

Quarta Parte

Direito Internacional do Trabalho e Direitos Fundamentais Trabalhistas no Brasil

Capítulo XI
Direitos Humanos dos Trabalhadores: Perspectiva de análise a partir dos Princípios Internacionais do Direito do Trabalho e do Direito Previdenciário

Gabriela Neves Delgado

I. Introdução

A palavra princípio traduz, na língua portuguesa, a ideia de "origem, começo, causa primária, base ou germe"(205).

Para Antônio Houaiss e Mauro de Salles Villar, significa ainda "proposição elementar e fundamental que serve de base a uma ordem de conhecimentos" e, nessa dimensão, "proposição lógica fundamental sobre a qual se apoia o raciocínio"(206).

Nas Ciências, a palavra princípio é apreendida com sentido semelhante. Ou seja, os princípios são compreendidos como proposições ideais construídas a partir de dada realidade e direcionadas à compreensão dessa realidade examinada(207). São, portanto, proposições básicas e fundamentais de um sistema, que lhe garantem validade e legitimidade(208).

Nas Ciências Jurídicas, os princípios se destacam por contribuir para a compreensão global e integrada de qualquer universo normativo. São diretrizes centrais que se inferem de um sistema jurídico e que, após inferidas, a eles se reportam, informando-o(209).

No Direito, os princípios cumprem funções diferenciadas.

Na *fase pré-jurídica ou política*, despontam como proposições fundamentais que influenciam, enquanto veios iluminadores, a elaboração de regras e institutos jurídicos. Nesse momento, os princípios atuam como verdadeiras *fontes materiais do Direito*, na medida em que se apresentam como fatores de influência na produção da ordem jurídica(210).

---

(205) FERREIRA, Aurélio Buarque de Holanda. *Novo Aurélio – século XXI:* o dicionário da língua portuguesa. 3. ed. Rio de Janeiro: Nova Fronteira, 1999. p. 1.369.

(206) HOUAISS, Antônio; VILLAR, Mauro de Salles. *Dicionário Houaiss da língua portuguesa*. Rio de Janeiro: Objetiva, 2001. p. 2.299.

(207) DELGADO, Mauricio Godinho. *Curso de Direito do Trabalho*. 8. ed. São Paulo: LTr, 2009. p. 171.

(208) CRETELLA JR., José. *Curso de Direito Administrativo*. 18. ed. Rio de Janeiro: Forense, 2006. p. 3.

(209) DELGADO, Mauricio Godinho. *Curso de Direito do Trabalho*, p. 172.

(210) *Ibidem*, p. 174.

Na *fase jurídica*, desempenham funções diferenciadas. Revelam-se como *princípios informativos ou descritivos* quando auxiliam no processo de interpretação, contribuindo para a compreensão de regras e institutos jurídicos(211). Podem também cumprir o papel de *fonte supletiva ou subsidiária do Direito*, no caso da falta de regra jurídica própria utilizada pelo intérprete e aplicador do Direito em face de um caso concreto (art. 8º, CLT; art. 4º, LICC, e art. 126, CPC)(212).

Além das duas funções tradicionais destacadas, a doutrina contemporânea também identifica a *função normativa própria dos princípios*, reconhecendo-os por sua natureza de norma jurídica efetiva e não de simples enunciado meramente programático, não vinculante(213). Essa é uma das razões, inclusive, para a qualificação dos princípios como "normas-chave"(214) ou "superfonte"(215) do sistema jurídico, "verdadeiros mandamentos de otimização"(216) da ordem jurídica.

Nessa linha de reflexão, sobretudo a partir do destaque dado à função contemporânea dos princípios, é que se passou a concluir que as normas jurídicas revelam em si caráter duplo, ou seja, exteriorizam-se ao mesmo tempo como regras e princípios(217).

II. Princípios de direitos humanos

A formulação teórica sobre os Direitos Humanos é tarefa vasta e complexa, que exige do intérprete a sistematização de seus principais aspectos e prismas a partir de perspectivas diferenciadas de ordens filosófica, internacional e constitucional(218). O que importa, em verdade, é que tais perspectivas se ordenem a partir de um centro comum, que é a *concepção de dignidade da pessoa humana*, valor-fonte na contemporaneidade do Direito(219).

Especificamente quanto à discussão filosófica sobre os Direitos Humanos, algumas questões fundamentais devem ser enfrentadas: os Direitos Humanos existem? Qual a natureza e fonte dos Direitos Humanos? Quais são os Direitos Humanos e como eles

---

(211) *Ibidem*, p. 174-175.

(212) *Idem*.

(213) Sobre a função normativa própria dos princípios, consultar: BOBBIO, Norberto. *Teoria do ordenamento jurídico*. 4. ed. Brasília: UnB, 1994; ALEXY, Robert. *Teoría de los derechos fundamentales*. Madrid: Centro de Estudios Constitucionales, 1997; CANOTILHO, José Joaquim Gomes. *Direito constitucional*. 5. ed. Coimbra: Almedina, 1992; BONAVIDES, Paulo. *Curso de Direito Constitucional*. 10. ed. São Paulo: Malheiros, 2000.

(214) BONAVIDES, Paulo. *Curso de Direito Constitucional*, p. 257.

(215) FLÓREZ-VALDEZ, Joaquín Arce y. *Los principios generales del derecho y su formulación constitucional*. Madrid: Civitas, 1990. p. 53 e 56.

(216) ALEXY, Robert. *Teoría de los derechos fundamentales*, p. 86.

(217) *Ibidem*, p. 83.

(218) Importante análise de fundo filosófico e constitucional foi apresentada por NEVES, Marcelo. A força simbólica dos direitos humanos. *Revista Eletrônica de Direito do Estado*, Salvador, Instituto de Direito Público da Bahia, n. 4, p. 35, out./nov./dez. 2005. Disponível em: <http://www.direitodoestado.com.br> Acesso em: 24 jan. 2012.

(219) Sobre o valor da dignidade e o valor da dignidade no trabalho, consultar: DELGADO, Gabriela Neves. *Direito fundamental ao trabalho digno*. São Paulo: LTr, 2006.

são justificados? Qual é o modo de tutela dos Direitos Humanos? Os Direitos Humanos são universais ou relativos?(220)

A primeira questão, referente à *existência dos Direitos Humanos*, foi justificada originariamente pelo *jusnaturalismo*, corrente do pensamento filosófico que considerava os homens dotados de direitos naturais anteriores à formação da sociedade, direitos que lhes pertenciam, pura e simplesmente, pelo fato de serem humanos. Foi com o *contratualismo*, todavia, que despontou a exigência de reconhecimento e garantia dos direitos do homem pelo Estado, a fim de que se tornassem juridicamente exigíveis. Posteriormente, em fins do século XVIII, entraram em confronto o racionalismo jusnaturalista, de um lado, e o utilitarismo e o historicismo, de outro(221).

Atualmente, predomina concepção voltada para a *historicidade* dos Direitos Humanos, em manifesto contraponto às teorias do direito natural(222). Nessa perspectiva, os Direitos Humanos apresentam-se, no curso histórico, a partir de três momentos distintos do fenômeno jurídico: o da *conscientização* da existência de direitos naturais, evidentes à razão; o da positivação desses direitos no ordenamento constitucional; e, finalmente, o da *efetivação* dos direitos, eis que reconhecidos e concretizados no plano social de forma dinâmica e não compartimentada.

O segundo questionamento trata da *natureza dos Direitos Humanos*, variando, quanto ao tema, as correntes de pensamento. Os jusnaturalistas defendem que os Direitos Humanos são direitos naturais, decorrentes da natureza humana e que podem e devem ser reconhecidos pelo Estado. Corrente distinta — que se contrapõe ao jusnaturalismo — identifica os Direitos Humanos como "direitos subjetivos concedidos pelo Estado ao indivíduo, com base na autônoma soberania do Estado, que desta forma não se autolimita"(223). Na linha intermediária, seguem os adeptos do contratualismo, com a defesa dos Direitos Humanos fundados no contrato e expressos pela Constituição(224).

A terceira questão apresentada ocupa-se com a *identificação dos Direitos Humanos*.

Tradicionalmente, os Direitos Humanos foram identificados e classificados em *gerações de direitos*, conforme o momento histórico em que surgiram(225).

---

(220) HAYDEN, Patrick. *The philosophy of human rights*. Paragon House: St. Paul, 1965. XV. Sobre o tema, também consultar: DELGADO, Gabriela Neves. Direitos Humanos. *In:* TRAVESSONI, Alexandre (Coord. geral). *Dicionário de teoria e filosofia do direito*. São Paulo: LTr, 2011. p. 132-135.

(221) BOBBIO, Norberto; MATTEUCI, Nicola; PASQUINO, Gianfranco. *Dicionário de política*. Trad. Carmem C. Varriale *et al*. Coord. de João Ferreira e rev. João Ferreira e Luís Guerreiro Pinto Cascais. 5. ed. v. 1. Brasília: Editora Universidade de Brasília, 2000. p. 353.

(222) SALGADO, Joaquim Carlos. Os direitos fundamentais. *Revista Brasileira de Estudos Políticos*, Belo Horizonte: Universidade Federal de Minas Gerais, n. 82, p. 15-69, jan./1996. p. 16.

(223) BOBBIO, Norberto; MATTEUCI, Nicola; PASQUINO, Gianfranco. *Dicionário de política*. Trad. Carmem C. Varriale *et al*. Coord. de João Ferreira e rev. João Ferreira e Luís Guerreiro Pinto Cascais. 5. ed. v. 1. Brasília: Editora Universidade de Brasília, 2000. p. 354.

(224) *Idem*.

(225) *Idem*.

No curso do Estado Liberal de Direito desenvolveram-se, com predominância, os *direitos de primeira geração ou direitos de liberdade* (civis e políticos), que valorizam o homem enquanto indivíduo singular, livre e independente do Estado[(226)].

Os direitos civis, conquistados no século XVIII, fundamentam a concepção liberal clássica de direitos. Os políticos, oriundos do século XIX, referem-se à liberdade de associação e participação política, eleitoral ou sindical[(227)].

Importantes exemplos de constituições que exaltaram os direitos fundamentais de primeira geração são a Constituição Francesa de 1791 e a Constituição Norte-Americana de 1787.

Durante o Estado Social de Direito, predominaram os *direitos de segunda geração ou direitos de igualdade* (sociais, culturais e econômicos, bem como os direitos coletivos ou de coletividades[(228)]), os quais valorizam o homem enquanto indivíduo pertencente a uma coletividade institucionalizada por um poder estatal de intervenção[(229)]. Tais direitos desenvolveram-se sobretudo a partir do século XIX, parte em decorrência das grandes manifestações operárias e sindicais, principalmente pós-Revolução Industrial, e parte em razão da estratégia adotada pelo próprio Estado para a manutenção da hegemonia do poder.

As Constituições Mexicana, de 1917, e Alemã, de 1919 (Weimar), foram precursoras no processo de afirmação do Estado Social de Direito e de constitucionalização dos direitos de segunda geração, processo que também se difundiu largamente pela Europa Ocidental após a Segunda Guerra Mundial.

Com o Estado Democrático de Direito, algumas décadas depois, exaltam-se os *direitos de terceira geração ou direitos de fraternidade e solidariedade*, eminentemente difusos[(230)], eis que marcados por uma alta carga de humanismo e de universalidade, por se ocuparem da defesa dos direitos genericamente atribuídos à sociedade como um todo[(231)]. São seus exemplos: direito à paz, ao meio ambiente, ao patrimônio comum da humanidade, à autodeterminação dos povos, entre outros[(232)].

Há que se ressaltar que os Direitos Humanos não se revelam de forma estanque na marcha histórica. Enquanto *padrão de humanidade* e também *reivindicação de ordem moral*[(233)], encontram-se em permanente processo de construção e reconstrução[(234)],

---

(226) VIEIRA, Listz. *Cidadania e globalização*. Rio de Janeiro: Record, 1997. p. 22.

(227) *Idem*.

(228) BONAVIDES, Paulo. *Curso de Direito Constitucional*. 13. ed. São Paulo: Malheiros, 2003. p. 364.

(229) VIEIRA, Listz. *Cidadania e globalização*. Rio de Janeiro: Record, 1997. p. 22.

(230) *Ibidem*, p. 23. Sobre o tema dos direitos difusos, consultar também: VERONESE, Josiane Rose Petry. *Interesses difusos e direitos das crianças e dos adolescentes*. Belo Horizonte: Del Rey, 1997.

(231) BONAVIDES, Paulo. *Curso de Direito Constitucional*. 13. ed. São Paulo: Malheiros, 2003. p. 569-570.

(232) Alguns juristas, como Paulo Bonavides, defendem a existência de uma quarta geração de direitos fundamentais, com destaque para os direitos à democracia, à informação e ao pluralismo. Sobre o tema, consultar: BONAVIDES, Paulo. *Curso de Direito Constitucional*. 13. ed. São Paulo: Malheiros, 2003. p. 569-570.

(233) ROBLES, Gregorio. *Os direitos fundamentais e a ética na sociedade atual*. Trad. Roberto Barbosa Alves. Barueri, São Paulo: Manole, 2005. p. 7.

(234) ARENDT, Hannah. *Origens do totalitarismo*. Trad. Roberto Raposo. São Paulo: Cia. das Letras, 1989.

surgindo, no curso histórico, mediante processo cumulativo e qualitativo e não por meio de evolução linear(235).

É que os Direitos Humanos integram uma mesma realidade dinâmica, podendo e devendo ser compreendidos em múltiplas dimensões, respeitados seus movimentos dialéticos. Diante disso, o sentido da expressão "gerações de direitos" vem sendo insistentemente criticado, por revelar a impressão de que, no curso histórico, uma geração de direitos é automaticamente substituída por outra, num processo de necessária alternância(236). Ou, de outra sorte, que as três "gerações" se seguem cronologicamente no tempo, sem inversão possível (o que não se comprova, historicamente, pelo menos em certos países latino-americanos). Por essas razões, inclusive, é que também se fortalece na doutrina o uso da expressão "dimensões de direitos".

Em outra medida, a identificação do *caráter indivisível, interdependente e inter-relacionado dos Direitos Humanos* representa decisivo avanço em relação à clássica divisão compartimentada e isolada de direitos, na medida em que respeita e exige uma interseção permanente do "catálogo de direitos civis e políticos ao catálogo de direitos sociais, econômicos e culturais"(237).

Certo é que a *teoria da indivisibilidade* traduz um novo conceito de sujeito de direitos ao ultrapassar o paradigma liberal e elastecer o sentido de cidadania, assegurando-lhe o amplo leque de direitos fundamentais que lhe permita a plena integração à vida em sociedade(238).

III. A tutela dos direitos humanos

Quanto à *tutela dos Direitos Humanos*, três grandes *eixos jurídicos de proteção*, necessariamente complementares e interdependentes, se apresentam. São eles: eixo global, regional e nacional.

---

(235) BONAVIDES, Paulo. *Curso de Direito Constitucional*. 10. ed. São Paulo: Malheiros, 2000. p. 517.

(236) SARLET, Ingo Wolfgang. *A eficácia dos direitos fundamentais*. 4. ed. Porto Alegre: Livraria do Advogado, 2004. p. 53.

(237) PIOVESAN, Flávia. Direitos sociais, econômicos e culturais e direitos civis e políticos. *SUR – Revista Internacional de Direitos Humanos*, São Paulo, Rede Universitária de Direitos Humanos, ano 1, n. 1, p. 22, 2004. A respeito da indivisibilidade dos Direitos Humanos, Flávia Piovesan ressalta: "Em face da indivisibilidade dos direitos humanos, há de ser definitivamente afastada a equivocada noção de que uma classe de direitos (a dos direitos civis e políticos) merece inteiro reconhecimento e respeito, enquanto outra classe (a dos direitos sociais, econômicos e culturais), ao revés, não merece qualquer observância. Sob a perspectiva normativa internacional, está definitivamente superada a concepção de que os direitos sociais, econômicos e culturais não são direitos legais. A ideia da não acionabilidade dos direitos sociais é meramente ideológica e não científica. São eles autênticos e verdadeiros direitos fundamentais, acionáveis, exigíveis e demandam séria e responsável observância. Por isso, devem ser reivindicados como direitos e não como caridade ou generosidade". Nesse sentido, consultar: PIOVESAN, Flávia. Proteção Internacional dos Direitos Humanos: desafios e perspectivas. *In:* QUARESMA, Regina; OLIVEIRA, Maria Lúcia de Paula (Coords.). *Direito Constitucional Brasileiro:* perspectivas e controvérsias contemporânea. Rio de Janeiro: Forense, 2006. p. 342-343.

(238) MAGALHÃES, José Luiz Quadros de. *Poder municipal:* paradigmas para o Estado constitucional brasileiro. Belo Horizonte: Del Rey, 1997. p. 101.

O *primeiro eixo jurídico de proteção*, de amplitude universal, refere-se aos direitos estabelecidos na ordem internacional (tratados e convenções, por exemplo) que refletem um patamar civilizatório universal de direitos compartilhados pelos Estados enquanto parâmetro mínimo de proteção — o denominado "mínimo ético irredutível"(239).

Instrumento certamente decisivo na proteção internacional aos Direitos Humanos é a *Declaração Universal dos Direitos Humanos*, de 1948. Também compõem a carta mundial dos Direitos Humanos o *Pacto Internacional dos Direitos Civis e Políticos* e o *Pacto Internacional dos Direitos Econômicos, Sociais e Culturais*, ambos de 1966.

Permanecem válidas e atuais a *Declaração dos Direitos do Homem e do Cidadão*, de 1789, e a *Declaração Americana da Independência*, de 1776, ambas identificadas como documentos precursores, de franca inspiração jusnaturalista, a declarar direitos do ser humano.

O *segundo eixo jurídico de proteção* é composto pelos sistemas regionais de proteção aos Direitos Humanos, com destaque para os da Europa, América e África. Há também um sistema árabe e a "proposta de criação de um sistema regional asiático"(240).

Finalmente, o *terceiro eixo jurídico de proteção* é o nacional, cuja representação se dá especialmente pela previsão dos *direitos fundamentais* nas constituições, como é o caso brasileiro com a Constituição da República Federativa do Brasil de 1988, marco jurídico da institucionalização dos Direitos Humanos no País.

Aqui se percebe que a ideia de direitos fundamentais, quanto à sua formulação lógica, está diretamente relacionada à concepção de Direitos Humanos. É que os direitos fundamentais expressam e concretizam os Direitos Humanos, no ordenamento nacional, por meio das constituições. São, portanto, direitos reconhecidos e objetivamente regulamentados e vigentes a partir de uma ordem jurídica concreta e particularizada de cada Estado soberano(241).

Como os diversos eixos jurídicos de proteção devem interagir em benefício dos indivíduos protegidos, e o que importa é o grau de eficácia dessa proteção, deve-se aplicar, em cada caso concreto, "a norma que ofereça melhor proteção à vítima", adotando-se o valor humano, orientado pelo postulado da dignidade da pessoa humana, como referência maior para o cotejo da norma(242). No caso do Direito do Trabalho, a norma mais favorável ao trabalhador será identificada pela *teoria do conglobamento*(243).

---

(239) PIOVESAN, Flávia. Direitos sociais, econômicos e culturais e direitos civis e políticos. *SUR – Revista Internacional de Direitos Humanos*, São Paulo, Rede Universitária de Direitos Humanos, ano 1, n. 1, p. 24, 2004.

(240) *Ibidem*, p. 25.

(241) CANOTILHO, J. J. Gomes. *Direito constitucional e teoria da Constituição*. 3. ed. Coimbra: Almedina, 1999. p. 369. Consultar, ainda: LEITE, George Salomão; SARLET, Infgo Wolfgang (Coords.). *Direitos fundamentais e Estado Constitucional:* estudos em homenagem a J. J. Gomes Canotilho. São Paulo: Revista dos Tribunais. Coimbra: Coimbra Editora, 2009.

(242) PIOVESAN, Flávia. Direitos sociais, econômicos e culturais e direitos civis e políticos. *SUR – Revista Internacional de Direitos Humanos*, São Paulo, Rede Universitária de Direitos Humanos, ano 1, n. 1, p. 25, 2004.

(243) DELGADO, Mauricio Godinho. *Curso de Direito do Trabalho*, p. 166.

É, porém, pela *vedação a qualquer medida de retrocesso social* que os Direitos Humanos demonstram seu *caráter progressivo* decisivo(244).

O *princípio da progressividade*, em específico, pode ser analisado por meio das perspectivas estática e dinâmica.

A *perspectiva estática* destaca a existência de um núcleo duro de direitos que deve ser efetivado independentemente das condições econômicas e culturais de cada país ou do processo de ratificação dos diplomas internacionais (caso os estados-membros adotem formalmente o processo de ratificação, é claro). É a hipótese, por exemplo, da Declaração da OIT relativa aos princípios e direitos fundamentais no trabalho, adotada pela Conferência Internacional do Trabalho, em sua 86ª sessão, em Genebra (doravante Declaração de 1998)(245).

Quanto à *perspectiva dinâmica*, o princípio da progressividade exige que as normas internacionais aperfeiçoem a legislação nacional, não sendo adotadas, em hipótese alguma, para diminuir o padrão de proteção já firmado.

Resta comprovado, portanto, o sentido bidirecional do referido princípio: determinar e estimular a progressão social, além de vedar medidas de retrocesso(246).

Por todas as razões expostas é que se há de enfatizar que os eixos jurídicos de proteção aos Direitos Humanos revelam em seu conteúdo um prisma ético, já que exaltam o homem em sua condição valorosa e superior de ser humano, o que significa, em outra medida, *o direito de viver em elevadas condições de dignidade*.

IV. A universalidade dos direitos humanos

Outra discussão proposta neste texto indaga sobre a *universalidade dos Direitos Humanos*, atributo que legitima sua transcendência e presença no gênero humano sem fronteiras, vigorando enquanto máximas da civilização, o que lhes assegura validade, independentemente de sua positivação no ordenamento jurídico interno de cada país do globo(247).

O universalismo dos Direitos Humanos, como parte da concepção de "Humanidade global"(248), é criticado por aqueles que defendem a tese do *relativismo cultural*, sob o argumento de que os direitos considerados essenciais ao ser humano variam de cultura

(244) SARLET, Ingo Wolfgang. *A eficácia dos direitos fundamentais*. 4. ed. Porto Alegre: Livraria do Advogado, 2004. p. 415.

(245) Sobre o tema, consultar: BARZOTTO, Luciane Cardoso. *Direitos humanos e trabalhadores*. Porto Alegre: Livraria do Advogado, 2007.

(246) REIS, Daniela Muradas. *O princípio da vedação do retrocesso no Direito do Trabalho*. São Paulo: LTr, 2010.

(247) SARLET, Ingo Wolfgang. *A eficácia dos direitos fundamentais*. 4. ed. Porto Alegre: Livraria do Advogado, 2004. p. 143.

(248) FRANCO, Marcelo Veiga. Direitos humanos x direitos fundamentais: matriz histórica sob o prisma da tutela da dignidade da pessoa humana. *In:* OLIVEIRA, Márcio Luís de (Coord.). *O sistema interamericano de proteção dos direitos humanos:* interface com o direito constitucional contemporâneo. Belo Horizonte: Del Rey, 2007. p. 7.

para cultura, o que impede que transcendam fronteiras nacionais e contingências jurídicas específicas.

Recentemente, há também a defesa do *multiculturalismo dos Direitos Humanos*, corrente de pensamento que se contrapõe às demais, por defender "uma política progressista de direitos humanos com âmbito global e com legitimidade local"[(249)]. Alerta para a necessidade do respeito às especificidades culturais dos povos, mas desde que todas as culturas sejam percebidas como incompletas e imperfeitas. Nesse sentido, os Direitos Humanos se desenvolveriam pela interlocução entre as mais diversas culturas, operando como forma de "cosmopolitismo", como "globalização contra-hegemônica"[(250)].

Quanto a esse último aspecto, importa destacar, a propósito, que regimes autoritários de Estado, que impedem a formulação de experiências democráticas, têm o poder de esterilizar o desenvolvimento dos Direitos Humanos enquanto padrão de gestão social. É na Democracia, portanto, que se consolidam as necessidades e pressupostos básicos para a prática e proteção aos Direitos Humanos e, em última instância, para a valorização absoluta e prevalecente da dignidade da pessoa humana[(251)].

V. Princípios internacionais do Direito do Trabalho e do Direito Previdenciário

Os princípios de Direitos Humanos, enquanto postulados básicos dos sistemas jurídicos contemporâneos ocidentais, irradiam-se por todos eles, informando-os. Seu valor-fonte é a *dignidade do ser humano*, pressuposto indispensável para a sua construção normativa, valor de referência do pensamento jurídico e político moderno[(252)].

A compreensão de que *o ser humano é o centro convergente dos Direitos Humanos* é fundamento indispensável para a construção do arcabouço principiológico da Ciência do Direito, ainda mais quando se trata de direitos sociais, como é o caso do Direito do Trabalho e do Direito Previdenciário.

Veja que o Direito do Trabalho e o Direito Previdenciário, respeitadas suas particularidades, têm como princípio matriz, considerada a ordem internacional e a legislação pátria, o *Princípio da Proteção.* No Direito Previdenciário, o *Princípio da Solidariedade Social* também é seu postulado básico.

O princípio da proteção, à luz do Direito do Trabalho, informa a necessidade de esse ramo jurídico estruturar, mediante seu complexo normativo, uma teia de proteção à parte hipossuficiente da relação de emprego (o empregado e, por determinação constitucional, o trabalhador avulso) de modo a atenuar, no plano jurídico, o desequilíbrio

---

(249) SANTOS, Boaventura de Sousa. *Reconhecer para libertar*: os caminhos do cosmopolitismo multicultural. Rio de Janeiro: Civilização Brasileira, 2003.

(250) *Idem*.

(251) PIOVESAN, Flávia. Direitos sociais, econômicos e culturais e direitos civis e políticos. *SUR – Revista Internacional de Direitos Humanos*, São Paulo, Rede Universitária de Direitos Humanos, ano 1, n. 1, p. 26, 2004.

(252) BARZOTTO, Luciane Cardoso. *Direitos humanos e trabalhadores*. Porto Alegre: Livraria do Advogado, 2007.

fático de poder inerente às partes contratantes, além de promover melhores condições de pactuação da força de trabalho[253].

O princípio da proteção, para o Direito Previdenciário, ressalta o direito de todo trabalhador ser protegido pelo Estado em face de determinada contingência (o designado "risco social"), sob pena de perecimento. Destaca, ainda, o dever do Estado de suportar tais contingências quando houver eventos impeditivos da aquisição de meios habituais de subsistência pelo próprio trabalhador[254].

Evidentemente que, no plano do Direito Previdenciário, a tutela se estende para além da pessoa do trabalhador, atingindo também sua família, além de abranger outros segurados que não se enquadrem na posição efetiva de trabalhador (ilustrativamente, profissionais liberais, empresários, entre outros).

O princípio da solidariedade social conclama pela necessidade de contribuição coparticipada da sociedade para o sustento de seus cidadãos. Corresponde, portanto, à universalização da técnica de proteção social.

Para Wladimir Novaes Martinez, a solidariedade ou solidarismo é "instituição humana profunda e permeia toda a organização social". Eleita como um dos objetivos permanentes da sociedade brasileira, adota como estratégia de proteção "a obrigatoriedade de pessoas com maior capacidade contributiva aportarem recursos a favor de si e de outros seres humanos sem essa força de contribuição"[255]. Ou seja, as pessoas mais abastadas contribuem com parcela maior em relação aos mais empobrecidos[256]. Nas palavras de Arnaldo Süssekind e Délio Maranhão, "os que possuem rendimentos mais baixos se beneficiam da participação financeira dos que têm maior capacidade econômica"[257].

VI. A tutela dos direitos humanos trabalhistas e previdenciários: uma análise a partir dos princípios internacionais decorrentes

A tutela dos direitos trabalhistas e previdenciários também pode ser identificada a partir dos eixos jurídicos de proteção aos Direitos Humanos como um todo (eixos internacional, regional e nacional).

O presente texto concentra-se na análise do *eixo internacional de proteção social*, a partir da identificação dos princípios internacionais do Direito do Trabalho e do Direito Previdenciário alçados à condição de Direitos Humanos.

---

(253) DELGADO, Mauricio Godinho. *Curso de Direito do Trabalho*, p. 183.; RODRIGUEZ, Américo Plá. *Princípios de Direito do Trabalho*. São Paulo: LTr, 1993. p. 28, 42 e 43.

(254) MARTINEZ, Wladimir Novaes. *A seguridade social na Constituição Federal*. 2. ed. São Paulo: LTr, 1992. p. 49-70.

(255) *Ibidem*, p. 29.

(256) GONÇALES, Odonel Urbano. *Manual de direito previdenciário*. 10. ed. São Paulo: Atlas, 2002. p. 28.

(257) SÜSSEKIND; Arnaldo; MARANHÃO, Délio. *Direito do Trabalho e previdência social:* pareceres. São Paulo: LTr, [s.d.]. p. 285.

A *Declaração Universal dos Direitos do Homem*, de 1948, consagra princípios fundamentais da ordem jurídica internacional, sendo considerada fonte de máxima hierarquia no Direito(258).

Tamanha sua importância, "a Declaração transformou os direitos humanos num tema global e universal no sistema internacional e traçou a *vis directiva* de uma política do Direito voltada para a positivação dos Direitos Humanos no âmbito do Direito Internacional Público"(259).

No plano do *Direito Individual do Trabalho*, ressalta o direito de todo homem, sem qualquer distinção, a igual remuneração por igual trabalho; o direito a uma remuneração justa e satisfatória; o direito a repouso e lazer, inclusive com a limitação razoável das horas de trabalho; o direito às férias remuneradas periódicas; o direito ao trabalho; à livre escolha de emprego; a condições justas e favoráveis de trabalho e à proteção contra o desemprego.

No plano do *Direito Coletivo do Trabalho*, assegura ao homem o direito de organizar sindicatos e a neles ingressar para proteger seus interesses.

No âmbito *previdenciário*, assegura ao homem o direito a um padrão de vida capaz de assegurar a si e à sua família saúde e bem-estar, inclusive o direito à segurança em caso de desemprego, doença, invalidez, viuvez, velhice ou outros casos de perda dos meios de subsistência em circunstâncias fora de seu controle.

A *Declaração de Filadélfia* (declaração relativa aos fins e objetivos da OIT), de 1944, arrola os *princípios fundamentais do Direito Internacional do Trabalho*.

O primeiro de seus princípios afirma que "*o trabalho não é uma mercadoria*".

A afirmação do valor trabalho digno nas principais economias capitalistas ocidentais desponta como um dos marcos da estruturação da democracia social no mundo contemporâneo(260). Onde o direito ao trabalho não for minimamente assegurado (por meio, sobretudo, da garantia dos direitos fundamentais de indisponibilidade absoluta), não haverá dignidade humana que sobreviva. É, portanto, pelo trabalho digno que o homem encontra sentido para a vida. Nesse contexto, o Direito do Trabalho é o principal instrumento de desmercantilização do labor humano na economia capitalista, favorecendo esse trabalho com regras superiores aos simples imperativos do mercado(261).

O segundo princípio da Declaração de Filadélfia é o que manifesta *a liberdade de expressão e de associação como condições indispensáveis a um progresso ininterrupto.*

---

(258) SÜSSEKIND, Arnaldo. *Instituições de Direito do Trabalho*. v. II. São Paulo: LTr, 1996. p. 1.403. Consultar, ainda: TRINDADE, Antônio Augusto Cançado. *A proteção internacional dos direitos humanos e o Brasil (1948 - 1997):* as primeiras cinco décadas. 2. ed. Brasília: Universidade de Brasília, 2000. p. 23-27.

(259) LAFER, Celso. *A internacionalização dos direitos humanos:* o desafio de ter direitos. *Apud:* AGUIAR, Odílio Alves; PINHO, Celso de Moraes; FRANKLIN, Karen. *Filosofia e direitos humanos*. Fortaleza: Editora UFC, 2006. p. 30.

(260) DELGADO, Mauricio Godinho. *Capitalismo, trabalho e emprego:* entre o paradigma da destruição e os caminhos da reconstrução. São Paulo: LTr, 2005. p. 28-29.

(261) DELGADO, Gabriela Neves. *Direito fundamental ao trabalho digno*, p. 207.

A liberdade de expressão e associação firma a participação de toda a sociedade no Estado Democrático de Direito, garantindo a manifestação franca do pensamento e a larga possibilidade associativa no País.

A previsão do pluralismo político, no caso brasileiro, é exemplo do reconhecimento da liberdade de expressão, assim como o princípio da livre manifestação do pensamento(262).

Quanto à liberdade de associação, preceitua o art. 8º da Constituição Federal de 1988 o direito à livre associação profissional ou sindical, independentemente de autorização dos entes públicos(263).

O terceiro princípio fundamental do Direito Internacional do Trabalho dispõe que *"a penúria, seja onde for, constitui um perigo para a prosperidade geral"*.

A pobreza extrema e a exclusão social violam a dignidade da pessoa humana. Uma das alternativas para diminuir as desigualdades sociais se dá pela efetivação e generalização do Direito do Trabalho, por ser ele "o mais generalizante e consistente instrumento assecuratório de efetiva cidadania, no plano socioeconômico, e de efetiva dignidade, no plano individual"(264).

Finalmente, o quarto princípio fundamental do Direito Internacional do Trabalho expressa que *"a luta contra a carência, em qualquer nação, deve ser conduzida com infatigável energia, e por um esforço internacional contínuo e conjugado, no qual os representantes dos empregadores e dos empregados discutam, em igualdade com os do Governo, e tomem com eles decisões de caráter democrático, visando o bem comum"*.

A luta contra a carência constitui um dos principais objetivos da OIT e deverá ser promovida por meio de participação dos representantes dos empregados, empregadores e governo (estratégia do *diálogo social* ou *tripartismo*).

Além de discriminar os princípios fundamentais do Direito Internacional do Trabalho, a Declaração de Filadélfia afirma que a paz, para ser duradoura, deve assentar-se sobre a justiça social.

O Pacto Internacional dos Direitos Econômicos, Sociais e Culturais, adotado pela XXI Sessão da Assembleia-Geral das Nações Unidas, em 19 de dezembro de 1966, revela perfeita sintonia com os princípios sociais consagrados pelas inúmeras convenções e recomendações da OIT. No entanto, conforme ensina Arnaldo Süssekind, o nível de

---

(262) ALVARENGA, Rúbia Zanotelli de. A Organização Internacional do Trabalho e a proteção dos direitos humanos sociais do trabalhador. *In: Revista LTr*, v. 71, p. 604-615, 2007. Consultar também: ALVARENGA, Rúbia Zanotelli de. *O Direito do Trabalho como dimensão dos direitos humanos*. São Paulo: LTr, 2009.

(263) Essa liberdade, na Constituição brasileira, não dispensa o registro no órgão competente (art. 8º, II, CF/1988 e Súmula n. 677, STF).

(264) DELGADO, Mauricio Godinho. *Capitalismo, trabalho e emprego:* entre o paradigma da destruição e os caminhos da reconstrução, p. 142.

proteção dos instrumentos adotados pela OIT supera, em muitos casos, as garantias inseridas no Pacto. Além disso, muitos dos preceitos do Pacto, ao contrário do que ocorre com a maioria das convenções da OIT, são de caráter promocional — o que evidentemente não desobriga os Estados que o ratificaram de implantarem suas normas progressivamente(265).

O que se percebe é que a OIT, desde sua criação, em 1919, pelo Tratado de Versalhes, demonstra preocupação permanente em proteger o trabalhador, assegurando-lhe condições dignas de trabalho e de seguridade social.

Importante iniciativa nesse sentido foi tomada pela OIT, no seio da 86ª Conferência Internacional do Trabalho, em 1998, em que foi elaborada a *Declaração sobre os Princípios e Direitos Fundamentais no Trabalho* (*Declaração de 1998*).

Dito instrumento normativo definiu como Direitos Humanos dos trabalhadores os direitos à liberdade de associação e à negociação coletiva (Convenção n. 87 da OIT, não ratificada pelo Brasil, e Convenção n. 98 da OIT, ratificada pelo Brasil); à eliminação de todas as formas de trabalho forçado ou compulsório (Convenções ns. 29 e 105 da OIT, ambas ratificadas pelo Brasil); à efetiva abolição do trabalho infantil (Convenções ns. 138 e 182 da OIT, ambas ratificadas pelo Brasil); e à eliminação da discriminação no que diz respeito ao emprego e à ocupação (Convenções ns. 100 e 111 da OIT, ambas ratificadas pelo Brasil).

Graças à posição central que os Direitos Humanos dos trabalhadores ocupam, a Declaração de 1998 enfatiza que todos os estados-membros estão obrigados a respeitá-los, promovê-los e efetivá-los, pelo único motivo de se terem filiado à OIT e independentemente de terem ratificado as Convenções da Organização que tratam do assunto(266).

Aos estados-membros é assegurada liberdade para definir a forma que os direitos serão incorporados ao seu ordenamento jurídico, sendo o processo de ratificação apenas uma das opções. Assim, é possível adaptar as diretrizes da OIT às particularidades de cada país(267).

Certamente, o respeito aos Direitos Humanos dos trabalhadores implicará a concretização dos principais objetivos da OIT: promover o trabalho digno e, assim, "garantir que o desenvolvimento econômico seja acompanhado de um real desenvolvimento social"(268).

---

(265) SÜSSEKIND, Arnaldo. *Direito internacional do trabalho*, p. 325.

(266) ANDRADE, Fernanda Rodrigues Guimarães. *Direitos Humanos dos trabalhadores:* uma análise da Declaração da Organização Internacional do Trabalho (OIT) sobre os princípios e direitos fundamentais no trabalho. Projeto de pesquisa orientado pela Profa. Dra. Gabriela Neves Delgado e apresentado, pela aluna bolsista, ao Programa de Iniciação Científica da FAPEMIG. Elaborado conforme as diretrizes do NAPq da Faculdade de Direito da UFMG, 2010. Pesquisa concluída sob orientação do Professor Dr. Márcio Túlio Viana. O texto convolou-se no livro: ANDRADE, Fernanda Rodrigues Guimarães. *Direitos Humanos dos Trabalhadores:* uma análise da Declaração da Organização Internacional do Trabalho sobre Princípios e Direitos Fundamentais no Trabalho. Belo Horizonte: RTM, 2012.

(267) *Idem*.

(268) *Idem*.

VII. Tratados e convenções internacionais sobre direitos humanos: breve análise da integração no ordenamento jurídico brasileiro

Os tratados e convenções internacionais ratificados pelo Brasil integram o rol de suas *fontes formais heterônomas.*

Quando os tratados e convenções internacionais são ratificados no Brasil, ingressam na ordem jurídica interna com o *status* de norma infraconstitucional, com a qualificação de lei ordinária. Isso significa que se submetem aos critérios de constitucionalidade existentes, podendo ser declarados inválidos, mesmo após ratificados, se houver afronta a regra ou a princípio constitucional(269).

Com a reforma do Poder Judiciário, promulgada em dezembro de 2004 (EC n. 45), os tratados e convenções internacionais *sobre Direitos Humanos* adquiriram *status* de *emenda constitucional,* mas desde que aprovados com ritos e *quorum* similares aos de emenda constitucional (3/5 de cada Casa do Congresso Nacional, em dois turnos)(270).

Em dezembro de 2008, o STF modificou em parte sua jurisprudência ao determinar que os tratados e convenções internacionais sobre Direitos Humanos têm *patamar supralegal* (acima das leis ordinárias e complementares). Caso sua ratificação seja feita com o *quorum* especial das emendas constitucionais — e apenas nessa hipótese —, alcançam *status* de emenda constitucional(271).

Diante disso, a *hierarquia dos tratados internacionais no ordenamento jurídico brasileiro* respeita a seguinte orientação: caso os tratados internacionais de Direitos Humanos sejam aprovados com o *quorum* especial das emendas constitucionais (aprovação em dois turnos por voto de 3/5 dos membros das casas do Congresso), terão *status* de emenda constitucional; caso não sejam aprovados pelo processo legislativo das emendas constitucionais, serão considerados *norma supralegal.* Finalmente, os tratados internacionais que não versem sobre Direitos Humanos ingressam no ordenamento jurídico pátrio na condição hierárquica equivalente à das leis ordinárias(272).

VIII. Conclusão

Os princípios internacionais do Direito do Trabalho e do Direito Previdenciário, alçados à condição de Direitos Humanos, centralizam o homem em seu valor maior de ser humano. Promovem, assim, uma visão humanitária dos direitos sociais, revelando o trabalho digno e a seguridade social como direitos fundamentais universais.

---

(269) DELGADO, Mauricio Godinho. *Curso de Direito do Trabalho,* p. 144-145.

(270) Trata-se da regra do § 3º do art. 5º da CF/1988, inserida pela EC n. 45/2004.

(271) DELGADO, Mauricio Godinho. *Curso de Direito do Trabalho,* p. 144.

(272) FERNANDES, Mateus Beghini. *Eficácia privada dos direitos fundamentais nas relações trabalhistas no Brasil.* Dissertação de mestrado. Pontifícia Universidade Católica de Minas Gerais. Programa de Pós-Graduação em Direito. Belo Horizonte, 2008. p. 35-36.

Enfim, a matriz filosófica dos diversos instrumentos internacionais de proteção social identificados realça o sistema da seguridade social e o valor trabalho a partir de uma perspectiva ética, com suporte na dignidade do ser humano.

Obviamente que, além do reconhecimento da importância social dos princípios de Direitos Humanos dos trabalhadores, é preciso também concretizá-los, viabilizando sua afirmação ética, enquanto elemento indispensável para a constituição, crescimento e realização do sujeito-trabalhador.

Rerefências bibliográficas

ALEXY, Robert. *Teoría de los derechos fundamentales*. Madrid: Centro de Estudios Constitucionales, 1997.

ALVARENGA, Rúbia Zanotelli de. *O Direito do Trabalho como dimensão dos direitos humanos*. São Paulo: LTr, 2009.

______________. A Organização Internacional do Trabalho e a proteção dos direitos humanos sociais do trabalhador. *Revista LTr*, v. 71, p. 604-615, 2007.

ANDRADE, Fernanda Rodrigues Guimarães. *Direitos humanos dos trabalhadores:* uma análise da Declaração da Organização Internacional do Trabalho (OIT) sobre os princípios e direitos fundamentais no trabalho. Projeto de pesquisa orientado pela Profa. Dra. Gabriela Neves Delgado e apresentado, pela aluna bolsista, ao Programa de Iniciação Científica da FAPEMIG. Elaborado conforme as diretrizes do NAPq da Faculdade de Direito da UFMG, 2010. Pesquisa concluída sob orientação do Professor Dr. Márcio Túlio Viana. O texto tornou-se o seguinte livro: ANDRADE, Fernanda Rodrigues Guimarães. Direitos Humanos dos Trabalhadores: uma análise da Declaração da Organização Internacional do Trabalho sobre Princípios e Direitos Fundamentais no Trabalho. Belo Horizonte: RTM, 2012.

ARENDT, Hannah. *Origens do totalitarismo*. Trad. Roberto Raposo. São Paulo: Cia. das Letras, 1989.

BARZOTTO, Luciane Cardoso. *Direitos humanos e trabalhadores*. Porto Alegre: Livraria do Advogado, 2007.

BOBBIO, Norberto. *Teoria do ordenamento jurídico*. 4. ed. Brasília: UNB, 1994.

BOBBIO, Norberto; MATTEUCI, Nicola; PASQUINO, Gianfranco. *Dicionário de política*. Trad. Carmem C. Varriale *et al.* Coord. de João Ferreira e rev. João Ferreira e Luís Guerreiro Pinto Cascais. 5. ed. v. 1. Brasília: Editora Universidade de Brasília, 2000.

BONAVIDES, Paulo. *Curso de direito constitucional*. 10. ed. São Paulo: Malheiros, 2000.

______________. *Curso de direito constitucional*. 13. ed. São Paulo: Malheiros, 2003.

CANOTILHO, José Joaquim Gomes. *Direito constitucional*. 5. ed. Coimbra: Almedina, 1992.

CRETELLA JR., José. *Curso de direito administrativo*. 18. ed. Rio de Janeiro: Forense, 2006.

DELGADO, Gabriela Neves. Direitos Humanos. *In:* TRAVESSONI, Alexandre (Coord. geral). *Dicionário de teoria e filosofia do direito*. São Paulo: LTr, 2011. p. 132-135.

______________. *Direito fundamental ao trabalho digno*. São Paulo: LTr, 2006.

DELGADO, Mauricio Godinho. *Curso de Direito do Trabalho*. 8. ed. São Paulo: LTr, 2009.

______________. *Capitalismo, trabalho e emprego:* entre o paradigma da destruição e os caminhos da reconstrução. São Paulo: LTr, 2005.

FERNANDES, Mateus Beghini. *Eficácia privada dos direitos fundamentais nas relações trabalhistas no Brasil.* Dissertação de mestrado. Pontifícia Universidade Católica de Minas Gerais. Programa de Pós-Graduação em Direito. Belo Horizonte, 2008.

FERREIRA, Aurélio Buarque de Holanda. *Novo Aurélio — século XXI:* o dicionário da língua portuguesa. 3. ed. Rio de Janeiro: Nova Fronteira, 1999.

FLÓREZ-VALDEZ, Joaquín Arce y. *Los princípios generales del derecho y su formulación constitucional.* Madrid: Civitas, 1990.

FRANCO, Marcelo Veiga. Direitos humanos x direitos fundamentais: matriz histórica sob o prisma da tutela da dignidade da pessoa humana. *In:* OLIVEIRA, Márcio Luís de (Coord.). *O sistema interamericano de proteção dos direitos humanos:* interface com o direito constitucional contemporâneo. Belo Horizonte: Del Rey, 2007.

GONÇALVES, Odonel Urbano. *Manual de direito previdenciário.* 10. ed. São Paulo: Atlas, 2002.

HAYDEN, Patrick. *The philosophy of human rights.* Paragon House: St. Paul, 1965.

HOUAISS, Antônio. *Dicionário Houaiss da língua portuguesa.* Rio de Janeiro: Objetiva, 2001.

LAFER, Celso. *A internacionalização dos direitos humanos:* o desafio de ter direitos. *Apud:* AGUIAR, Odílio Alves; PINHO, Celso de Moraes; FRANKLIN, Karen. *Filosofia e direitos humanos.* Fortaleza: Editora UFC, 2006.

LEITE, George Salomão; SARLET, Infgo Wolfgang (Coords.). *Direitos fundamentais e estado constitucional:* estudos em homenagem a J. J. Gomes Canotilho. São Paulo: Revista dos Tribunais. Coimbra: Coimbra Editora, 2009.

MAGALHÃES, José Luiz Quadros de. *Poder municipal:* paradigmas para o Estado constitucional brasileiro. Belo Horizonte: Del Rey, 1997.

MARSHALL, T. H. *Cidadania, classe social e "status".* Rio de Janeiro: Zahar, 1967.

MARTINEZ, Wladimir Novaes. *A seguridade social na Constituição Federal.* 2. ed. São Paulo: LTr, 1992.

NEVES, Marcelo. A força simbólica dos direitos humanos. *Revista Eletrônica de Direito do Estado,* Salvador, Instituto de Direito Público da Bahia, n. 4, p. 35, out./nov./dez. 2005. Disponível em: <http://www.direitodoestado.com.br> Acesso em: 24 jan. 2012.

PIOVESAN, Flávia. Direitos sociais, econômicos e culturais e direitos civis e políticos. *SUR — Revista Internacional de Direitos Humanos,* São Paulo, Rede Universitária de Direitos Humanos, ano 1, n. 1, p. 21-43, 2004.

PIOVESAN, Flávia. Proteção internacional dos Direitos Humanos: desafios e perspectivas. In: QUARESMA, Regina; OLIVEIRA, Maria Lúcia de Paula (Coords.). *Direito Constitucional Brasileiro:* perspectivas e controvérsias contemporânea. Rio de Janeiro: Forense, 2006. p. 342-343.

REIS, Daniela Muradas. *O princípio da vedação do retrocesso no Direito do Trabalho.* São Paulo: LTr, 2010.

ROBLES, Gregorio. *Os direitos fundamentais e a ética na sociedade atual.* Trad. de Roberto Barbosa Alves. Barueri, São Paulo: Manole, 2005.

RODRIGUEZ, Américo Plá. *Princípios de Direito do Trabalho.* São Paulo: LTr, 1993.

SALGADO, Joaquim Carlos. Os direitos fundamentais. *Revista Brasileira de Estudos Políticos,* Belo Horizonte, Universidade Federal de Minas Gerais, n. 82, p. 15-69, jan. 1996.

SANTOS, Boaventura de Sousa. *Reconhecer para libertar:* os caminhos do cosmopolitismo multicultural. Rio de Janeiro: Civilização Brasileira, 2003.

SARLET, Ingo Wolfgang. *A eficácia dos direitos fundamentais.* 4. ed. Porto Alegre: Livraria do Advogado, 2004.

SÜSSEKIND, Arnaldo. *Instituições de Direito do Trabalho.* v. II. São Paulo: LTr, 1996.

______________. *Direito internacional do trabalho.* 2. ed. São Paulo: LTr, 1987.

SÜSSEKIND; Arnaldo; MARANHÃO, Délio. *Direito do Trabalho e previdência social:* pareceres. São Paulo: LTr, [s.d.].

Trabalho digno para todos: um mundo melhor começa aqui. Disponível em: <http://www.ilo.org/global/About_the_ILO/Mainpillars/WhatisDecentWork/lang--en/index.htm> Acesso em: 12 dez. 2009.

TRINDADE, Antônio Augusto Cançado. *A proteção internacional dos direitos humanos e o Brasil (1948 – 1997):* as primeiras cinco décadas. 2. ed. Brasília: Universidade de Brasília, 2000.

VERONESE, Josiane Rose Petry. *Interesses difusos e direitos das crianças e dos adolescentes.* Belo Horizonte: Del Rey, 1997.

VIEIRA, Listz. *Cidadania e globalização.* Rio de Janeiro: Record, 1997.

Produção Gráfica e Editoração Eletrônica: Peter Fritz Strotbek
Projeto de Capa: Fabio Giglio
Impressão: Pimenta Gráfica e Editora